Arles - Toulouse - Somport - Puente la Reina

La Via Tolosana
Itinéraire pour pèlerins et randonneurs à pied

Itinéraire à suivre, commerces, hébergements
et histoire du chemin de Saint-Jacques,
sur le chemin d'Arles et Toulouse, la via Tolosana.

LEPERE EDITIONS
13 Le Bourg
27 270 Grand Camp

Votre Credenciale chez
LEPERE EDITIONS
13 le Bourg
27 270 GRAND CAMP
envoyer 12 timbres à 0,54 euros
(Demande par courrier uniquement)

Ce guide est protégé par le code de la propriété intellectuelle et les articles L 122. 1, L 122.2, L 122.3. Aucune reproduction sous quelque procédé que ce soit, sans un accord écrit de l'auteur. Tous droits réservés pour tous pays.

<u>Textes historiques</u> : Céline Heckmann, Bernard Lepère.
<u>Maquette couverture</u> : Lepère Editions. Studio 8 communication.
<u>Maquette, illustration, investigation terrain et coordination</u> : André Dehnel, Francois Lepère.
<u>Photo</u> : Fabienne d'Arzacq, André Camau, André Dehnel, ✝ Michel Delattre, Marylène Delmarre, François Lepère, Yves Loquen, Bernard Schipman, Pierre Swalus.

Copyright LEPERE EDITIONS

Aucune reproduction sans un accord écrit des auteurs.

www.chemin-compostelle.fr

lepereeditions@aol.com

Merci à l'association des Amis de Saint-Jacques en Quercy - Rouergue - Languedoc à Mme Borel, à M. Espitalier, et aux membres de l'association, pour l'aide apportée à la réalisation de cet ouvrage, et à Mme Renée Debard qui oeuvre depuis des années en Arles, pour accueillir au mieux les pèlerins.

Ce guide est un hommage à tous les pèlerins qui nous ont précédés dans l'histoire et en particulier Michel Delattre, notre collaborateur, qui a rejoint le ciel des pèlerins, emporté trop vite par la maladie, sans voir l'achèvement de cet excellent ouvrage !

"Les extraits de cartes figurant dans cet ouvrage sont la propriété de l'institut Géographique National. Toute reproduction est soumise à l'autorisation de ce dernier". Convention N°8816.
Copyright. IGN carte 1/100 000 N° 66, 65, 64, 63, 70, 96.
GR est une marque déposée par la FRP.
Les extraits de cartes espagnoles qui se trouvent dans ce guide ont été reproduites avec l'autorisation du CEGET (Centro geográfico del Ejército) Centro geografico del Ejército, 8 Darío Gazapo, 28024 Madrid

"La critique est aisée, l'art est difficile". DESTOUCHES
ISBN : 978-2-915156-00-3   ISSN : 1950 - 2486

LA VIA TOLOSANA

Entre Méditerranée et Pyrénées

Bienheureux le pèlerin de Saint-Jacques qui, au départ d'Arles, envisage de marcher vers l'ouest pour atteindre la lointaine Galice. Avec d'autres compagnons venus d'Italie, de Provence, d'Allemagne méridionale, ou d'Europe centrale, il va vivre le passage entre versants méditerranéen et atlantique, là où se séparent les eaux, et traverser des régions d'antiques civilisations.

Aujourd'hui, le marcheur à la coquille va cheminer sur un itinéraire qui, à l'époque où le culte des "corps saints" était très développé, fut une route de foi et de dévotion. La voie d'Arles vit passer les jacquets en direction du sanctuaire compostellan, mais aussi les "paulmiers" se dirigeant vers Jérusalem, les "romieux" en route vers Rome, les pèlerins de Saint-Gilles, autre lieu réputé à part entière d'un pèlerinage médiéval.

Trophime, Gilles, Benoît d'Aniane, Guilhem, Vincent, Saturnin, Orens et bien d'autres saints allaient être honorés, tout au long du chemin, par la construction de sanctuaires prestigieux, faisant de la Via tolosana une route romane aux remarquables chefs-d'œuvre de l'art provençal et languedocien : Arles, Saint-Gilles-du-Gard, Saint-Guilhem du Désert, Toulouse, Morlaás, Lescar, Oloron, Jaca.
Peut-être le cheminant du XXIe siècle sera-t-il sensible à ce qui reste, imperceptible et pourtant présent, de l'esprit d'une des plus brillantes civilisations du Moyen-Age, celle des Comtes de Toulouse, des troubadours, de la langue occitane, de l'épopée cathare ... Le pèlerin ira à la découverte de l'accent chantant du Midi, du vent d'autan qui souffle de l'est ou des brises océanes qui l'accompagneront jusqu'en Galice.

Il appréciera la diversité d'une nature souvent généreuse, parfois austère, toujours authentique : plaines ensoleillées des garrigues, vignes et oliviers du Bas-Languedoc, vieilles montagnes au "dos rond" un peu secrètes, contreforts des monts de l'Espinouse, riches collines lauragaises rappelant l'ancien "pays de cocagne" et ses cultures pastelières, large passage toulousain de la Garonne, donnant accès à la douceur des paysages gascons, pays de piémont avant le franchissement des Pyrénées - depuis longtemps aperçues - par l'Aspe verdoyante et le col du Somport, descente vers l'Aragon lumineux.

Arrivé en terre espagnole, le jacquet empruntera le camino aragonés qui, traversant des paysages à la beauté émouvante, lui fera découvrir Jaca, San Juan de la Pena, Leyre, Sangüesa, Eunate. A Puente la Reina, il rejoindra le camino francés et pourra lire sur le socle d'une statue moderne représentant un pèlerin : "Y desde aqui, todos los caminos se hacen uno" (à partir d'ici, tous les chemins ne font plus qu'un).

Voie singulière et de caractère, exempte d'une très forte fréquentation par ailleurs constatée, la Via tolosana gagne à être découverte et ne manquera pas de se faire aimer. Alors, ami pèlerin, prends le chemin des étoiles et, en compagnie de cet excellent guide, va, confiant, vers Saint-Jacques de Compostelle.

ULTREIA ! ...

    Francis ESPITALIER
    Ancien Président de l'Association des Amis du chemin
    de Saint-Jacques de Compostelle en
    Quercy - Rouergue - Languedoc

ABONNEZ-VOUS

A
C A M I N O

Cyber-bulletin international d'information
du pèlerin et du randonneur

12 numéros par an, format A4, 3 à 6 pages par numéro.

Abonnement libre et gratuit

Dans chaque numéro, des rubriques pratiques, des conseils aux futurs pèlerins-randonneurs. Des réflexions, les nouveaux itinéraires, l'information des associations jacquaires et des témoignages sur les chemins. Camino est envoyé par mail, chaque mois.

Inscrivez-vous à l'adresse e-mail suivante :
bulletincamino@aol.com

Camino est un cyber-bulletin gratuit. Pour le recevoir, il est impératif d'avoir une adresse e-mail et une connection Internet. Ce cyber bulletin est GRATUIT et ouvert à tous...

Un vieux chemin toujours nouveau...

"Partir, marcher, me libérer, respirer, faire une coupure dans ma vie, aller au bout de mes moyens, me prouver que je peux relever un défi, réfléchir à ce qui compte pour moi dans la vie, méditer, prier…"

Voilà ce qu'ils disent, voilà comment ils expliquent leur décision de prendre la route. Je devrais plutôt dire le chemin, car c'est ainsi qu'ils désignent l'itinéraire qu'ils vont emprunter pour rejoindre Saint-Jacques-de-Compostelle, après des semaines ou des mois de marche.

Et c'est bien une histoire d'aujourd'hui, car ils sont plusieurs milliers à passer à Roncevaux chaque été. Une très vieille histoire toujours actuelle….

L'histoire du chemin

Elle débute à Jérusalem en 44 après Jésus-Christ, par le martyre de l'apôtre Jacques ordonné par le roi Hérode. Deux de ses disciples dérobent son corps et le chargent dans une barque qui, mystérieusement poussée par les vents et les courants, s'échoue un jour sur les côtes de Galice au nord-ouest de la péninsule ibérique.

La reine du lieu se convertit et offre son palais pour abriter le corps du Saint. Mais le temps passe et la tombe est oubliée.

Redécouverte en 813 par un ermite après un songe et quelques manifestations miraculeuses, elle devient vite un but de pèlerinage. Le roi des Asturies, Alphonse II, fait construire une église et très vite, les pèlerins de toute la chrétienté convergent vers ce point qui se situe à l'extrême ouest de notre continent et que l'on atteint en suivant la route des étoiles, la voie lactée….

Compostelle, c'est aussi le "champ des étoiles".

Au long des chemins se bâtissent chapelles, abbayes et hospices pour aider les pèlerins en leur offrant nourriture et soins, et en permettant une meilleure sécurité sur ces chemins où les mauvaises rencontres ne sont pas rares.

Aux XIVème et XVème siècles, qui marquent la splendeur du pèlerinage compostellan, on comptait dans l'année près de 200.000 marcheurs en route vers l'ouest et autant sur la route du retour.

Ce furent ensuite les guerres de Religion, puis le siècle des Lumières et enfin la Révolution Française. Autant d'époques durant lesquelles on se souciait bien peu de pèlerinages...

Le chemin semble alors oublié... Il devient ensuite une curiosité pour les historiens…. Là où le Moyen-Age voyait passer des milliers de pèlerins, on ne dénombre alors plus que quelques dizaines de voyageurs par an. Mais le goût de la randonnée revient et les récits de voyage se multiplient dans les années 1980.

L'appel de la route se fait à nouveau sentir. Si en 1982, 120 "credenciales" furent délivrées, il y en aura 100.000 pour l'année sainte en 1993 et près de 69 000 en 2003.

Le chemin… ou les chemins de Saint-Jacques

Parler du chemin, c'est parler de tous les chemins de Saint-Jacques… C'est évoquer les motivations de chacun, les rencontres, l'accueil dans certains gîtes, les difficultés partagées, la fatigue et la soif, les ampoules aux pieds, les courbatures du réveil au petit matin, les chants de la fête le soir et la joie de l'arrivée sur la plazza del Obradorio à Santiago.

Tous les randonneurs, tous les pèlerins racontent le chemin, mais tous n'ont pas emprunté les mêmes chemins.

Saint-Jacques-de-Compostelle est situé en Galice au nord-ouest de l'Espagne et l'itinéraire emprunté sera différent si l'on vient des pays scandinaves, de la Pologne, de l'Autriche, de l'Italie ou encore de l'Angleterre ou du Portugal.

- Venant de Suède par exemple, on passe par le Danemark, où Arhus est une étape importante. Traversant les grandes plaines de l'Allemagne du Nord et de la Belgique, on rejoint la France à Valenciennes. Cette route passe ensuite par Paris et Tours. De là vient son nom de Via TURONENSIS, la route de TOURS.

- La route de Pologne, qui part de Gdansk ou de Varsovie, traverse la Pologne, l'Allemagne, le Grand-Duché du Luxembourg avant de rejoindre la France vers Verdun et continue par la "colline éternelle " de Vézelay, puis par Limoges, c'est de là qu'elle prend le nom de Via LEMOVICENSIS.

- La route de Hongrie part de Budapest. Après la Hongrie, elle traverse l'Autriche, le Liechtenstein, la Suisse avant de rejoindre la France en Haute-Savoie à proximité de Genève. Puis elle atteint Le Puy-en-Velay, c'est à partir de là qu'elle porte le nom de Via PODIENSIS.

- La route d'Italie, qui part de Naples remonte vers le Nord en traversant la Toscane et en longeant la Méditerranée, atteint la France à Menton. **Passant par Arles, elle devient alors la Via Tolosana.**

Elle franchit le col du Somport pour rejoindre Jaca puis Puente la Reina en Navarre où ce chemin se connecte sur le Camino frances pour les 700 kilomètres jusqu'à Compostelle.

- La route du Portugal part de Lisbonne, longe la côte océanique par Porto et Barcelos pour atteindre la Galice espagnole et Santiago. Et, bien sûr, elle est appelée le CAMINO PORTUGUESE.

Voilà rapidement quels sont les cinq grands itinéraires jacquaires. La France a la grande chance de voir son territoire traversé par quatre d'entre eux.

En Espagne, ces quatre chemins se réunissent à Puente la Reina pour former le CAMINO FRANCES.

C'est ce trajet qu'utilise la majorité des randonneurs entre Roncevaux et la cathédrale de Compostelle.

Pour cette raison, il est aussi le mieux équipé en gîtes d'étape et le mieux balisé. Mais certains préfèrent emprunter le chemin primitif (CAMINO PRIMITIVO) qui longe la côte nord de l'Espagne par Billar et Santander. Il est apprécié en particulier par les amateurs de montagne et de dénivelés, car il traverse sur presque toute sa longueur la Cordillère Cantabrique qui prolonge la chaîne des Pyrénées.

Mais il existe aussi d'autres chemins, moins populaires et moins fréquentés. Venant d'Angleterre, les pèlerins s'embarquaient dans un port du sud de la Cornouaille et rejoignaient La Corogne par la mer, pour atteindre Santiago en passant par CAMBRE et BRUMA. Cette route maritime est souvent appelée le CAMINO INGLES.

Quant aux marcheurs venant du sud de l'Espagne, ils prenaient La via de la Plata (la voie de l'argent) en partant de Séville. Mais cette route du sud est réputée difficile car le climat est extrêmement chaud.

Les premiers itinéraires de pèlerins s'établirent en tenant compte des gués ou des ponts existant alors pour traverser les cours d'eau, des cols pour franchir les zones montagneuses, et surtout des monastères où l'on trouvait le gîte et le couvert pour retrouver des forces.

Au fil du temps, les grands ordres religieux ou quelques grands seigneurs firent construire des hospices pour pèlerins, des chapelles ou de nouveaux ponts comme à Puente La Reina.

Tous ces chemins convergeant vers la tombe de l'apôtre témoignent ainsi de la foi très vivante de ces aventuriers-voyageurs du Moyen-Age. Utilisés par des hommes provenant de toutes les régions d'Europe, facilitant les contacts entre les peuples et les cultures, occasion d'échanges artistiques entre pays, ces chemins ont sûrement permis la première éclosion d'un sentiment d'unité européenne. Voilà pourquoi le Conseil de l'Europe les a classés "Routes Européennes".

Les plans de villes

Dans certaines villes, nous avons pu obtenir un plan du centre ville. Ce plan vous aidera à situer aisément les hébergements dans les villes suivantes : Arles, Montpellier, Castres, Toulouse, Auch, Lescar, Oloron-Sainte-Marie, Jaca.

Les tarifs indiqués dans ce guide

Les tarifs indiqués dans cet ouvrage ont été relevés lors de nos investigations. Ils ne sont pas contractuels et sont susceptibles d'évoluer à la hausse comme à la baisse. Ils vous permettent de mieux cibler les conditions financières de votre hébergement.

Il est fortement conseillé de se renseigner sur les tarifs en vigueur avant votre réservation ou votre passage. Certains pèlerins ou randonneurs voient des factures exagérées leur être présentées peu avant leur départ, parce qu'ils ne se sont pas assurés des tarifs appliqués dans l'établissement.

La sécurité en chemin

L'éditeur de cet ouvrage ne peut être tenu pour responsable d'éventuels dommages corporels qui interviendraient lors de votre progression sur le chemin. Ce guide est informatif et ne saurait vous inciter à quitter le sentier. Vous êtes responsable de votre sécurité et êtes tenu d'avoir une attitude ne mettant pas en cause votre intégrité physique.

La mise à jour de cet ouvrage... une exlusivité Lepère Editions

Les Editions Lepère garantissent au moment de l'impression du présent guide la fiabilité des hébergements proposés.

En effet, nous vérifions régulièrement le bon fonctionnement des refuges, chambres d'hôtes, gîtes d'étape, hôtels, contenus dans ce guide. Certains établissements ouvrent leurs portes, et d'autres ferment pour rénovation ou cessation d'activité...

Quelques semaines (2 minimum) avant votre départ, contactez-nous par courrier (uniquement), pour connaître les changements portés à notre connaissance en utilisant le coupon "mise à jour", contenu dans ce guide. Nous vous ferons parvenir ces informations nouvelles. Vous n'aurez donc pas de mauvaises surprises avec des hébergements fermés ou en travaux.

Comment rejoindre Arles ou Toulouse ?

Les villes d'Arles, Montpellier, Castres, Toulouse, Auch, Pau-Lescar et Oloron-Sainte-Marie possèdent des gares SNCF, il est donc relativement facile de rallier l'un de ces points pour arrêter son chemin ou le reprendre.

Pour la traversée de Toulouse et l'étape vers Léguevin (étape 19)

La traversé de Toulouse à pied vous fera forcément marcher en zone urbaine jusqu'à la sortie de Colomiers, avec bruits et circulation automobile. Pour les piétons, c'est la trajet que nous décrivons. Il est préconisé par l'Association Quercy-Rouergues-Languedoc, qui assure l'entretien d'un balisage européen permanent.

A Colomiers, il est préférable d'oublier le fléchage bicolore rouge et blanc, qui passant plus au nord en zone aéroportuaire, vous ferait ajouter 4 km à votre parcours.

En partant de Pibrac, veillez à bien suivre les indications du guide. En effet, plusieurs balisages existent et peuvent vous faire douter.

Votre choix se fera 2.3 km aprés Pibrac, au niveau de l'indication "Saint-Jacques-de-Compostelle par Léguevin" : si vous allez à Léguevin, prenez obligatoirement à gauche et vous serez accueilli à la maison Saint-Jacques, gérée par des bénévoles locaux qui vous renseigneront en particulier pour ne pas vous égarer le lendemain.

Si vous continuez jusqu'à l'Isle-Jourdain (ce que feront ceux qui auront pris le bus ou le TER), vous avez deux possibilité : soit continuer sur Léguevin puis l'Isle-Jourdain en suivant les étapes 19 et 20, soit partir à droite pour traverser toute la forêt de Bouconne. Ce parcours est légérement plus long (2 km de plus), et il faut être attentif aux balisages qui peuvent vous tromper, mais il offre une douzaine de kilométres en pleine forêt et vous risquez d'y croiser quelques animaux sauvages, ou les gardes ONF à cheval qui vous remmettront, si besoin sur le chemin...

Pour parcourir le chemin en plusieurs fois.

Les pèlerins ou les randonneurs n'ont pas durant leur activité professionnelle la possibilité de partir 1 mois complet pour effectuer en une seule fois le chemin d'Arles.

Il est possible de fractionner le parcours en plusieurs voyages. Les gares SNCF permettent de rejoindre aisément votre domicile ou votre véhicule laissé au point de départ.

Exemple de chemin parcouru en plusieurs fois :

Arles - Castres (14 jours),
Arles - Toulouse (18 ou 19 jours),
Toulouse - Pau (Lescar) (11 jours),
Pau (Lescar) - Puente la Reina (11 jours),

Les Haltes vers Compostelle

L'association à but non lucratif "Les Haltes vers Compostelle" regroupe les hébergements qui expriment, par leur adhésion, leur volonté d'assurer un accueil de qualité dans des locaux adaptés pour les marcheurs au long cours. Ils sont reconnus "Halte vers Compostelle" sur recommandation explicite des pèlerins qui vous ont précédés, et non selon des critères de confort ou de luxe.

Les "Haltes vers Compostelle" développent un concept d'hébergement avec une éthique spécifique et précise: chaque hébergeur s'engage à respecter un cahier des charges et son adhésion est réévaluée chaque année, en fonction de l'avis des pèlerins. Nous souhaitons que l'attention particulière, apportée par certains hébergeurs à cette forme de pérégrination, permette de maintenir l'esprit de solidarité, de tolérance et de respect qui doit continuer à régner sur les chemins de Compostelle.

L'aventure en VTT...

Il faut vérifier certains points importants avant de partir, la sécurité de votre matériel contribuera à la réussite de votre entreprise.

Vérifier :
- les câbles, ils ne doivent pas être entamés ni rouillés.
- La chaîne, en bon état. Si elle nécessite d'être changée, pensez à la roder.
- Les vis et points de serrage.
Il serait dommage de perdre une roue en pleine descente…
- Les jantes doivent être en bon état.

Apporter en rechange :
- une ou deux chambres à air,
- quelques rayons,
- des patins de freinage,
- des câbles de freins avec leur gaine.

La trousse de réparation :
- chambres à air et un kit de réparation,
- clé multifonctions ou sacoche outils VTT,
- huile, graisse, chiffons,
- pompe à vélo,
- bombe anti-crevaison.

Le rôle de la crédenciale

La lettre de créance est le passeport du pèlerin. Il s'agit d'un document que les associations vous délivrent et qu'il vous faut faire tamponner deux fois par jour et à chaque étape afin de prouver votre condition de pèlerin/randonneur et avoir ainsi accès aux infrastructures d'accueil (liste des associations accréditées à la fin de ce dossier conseil).

Lors de votre arrivée au bureau des pèlerins à Compostelle (1 rua de Villar), il vous sera remis un certificat de pèlerinage, "La Compostela", qui prouvera que vous avez bien effectué le pèlerinage.

Le parcours minimum exigé est de 100 km à pied (les 100 derniers) et de 200 km pour les cyclistes (les 200 derniers). A chacun son certificat selon ses motivations !

Quel matériel prendre ?

Partir le plus léger possible contribue grandement à la réussite du pèlerinage ou de la randonnée. Il faut faire un choix très strict. Un sac bien constitué ne doit pas dépasser 1/8 du poids de la personne. Par exemple, un randonneur pesant 80 kg devra porter un maximum de 10 kg.

Liste du matériel à emporter pour voyager léger

1 duvet, 1 matelas mousse, des affaires de toilette, 1 serviette de toilette, des affaires de nuit, 1 parka, 1 poncho, chaussures de marche, 1 bâton de marche, 1 pull-over, 3 tee-shirts, du linge de corps, 3 paires de chaussettes, sandales, 1 chapeau, 2 shorts, 1 pantalon long, un foulard, lunettes de soleil, 1 gros morceau de savon, 1 trousse à pharmacie (Compeed, Bétadine, Homéoplasmine, Nifluril, Biafine, Imodium, anti-inflammatoire, pansements, crème solaire, coupe-ongles, épingles à nourrice, 4 pinces à linge), 1 gourde, 1 appareil photo, 1 lampe de poche, 1 lettre de créance (crédenciale), 1 guide du pèlerin ou du randonneur des Editions LEPERE, 1 moyen de paiement international (traveller's chèques, carte bleue internationale, eurochèques), quelques petites provisions de dépannage et surtout… des boules Quiès !

Les campings, les auberges de jeunesse, les centres équestres

Le camping
Certains pèlerins/randonneurs préfèrent emporter une tente pour être autonomes. Il est vrai que cela est très agréable de pouvoir bivouaquer n'importe où.
Cependant les campings sont les seuls lieux officiels où il est autorisé de camper. Attention au camping sauvage où vous pourriez vous retrouver nez à nez avec un sanglier, un essaim d'abeilles ou, pire... un propriétaire en colère !

Les auberges de jeunesse sont accessibles aux jeunes et aux moins jeunes, mais il vous faudra acheter la carte d'affiliation à la Fédération des Auberges de Jeunesse.

Les auberges de jeunesse
L.F.A.J. 67, rue de Vergniaud. Bat K - 75013 Paris ou sur le web : http://www.auberges-de-jeunesse.com. Tél : 01 44 16 78 78 Fax : 01 44 16 78 80. Ouvert de 9 h - 13 h et 14 h - 16 h 45.

F.U.A.J. 27 rue Pajol - 75018 Paris. Tél : 01 44 89 87 27 ou sur le web http://www.fuaj.org. mail : fuaj@fuaj.org
La carte individuelle coûte 15 € (pour les plus de 26 ans, ou 10 .70 € si moins de 26 ans), la carte groupe coûte 46 €, la carte famille coûte 23 €.

Les centres équestres
Ils permettent au pèlerin/randonneur de dispenser les soins indispensables à son cheval. Vous y trouverez box, granulés...

et tout ce dont vous pourriez avoir besoin pour votre fidèle compagnon ! Y sont souvent associées des possibilités d'hébergement pour les randonneurs.

Quelques précisions sur les hébergements en France, en Espagne

Hôtel = Lieu où vous pouvez dormir, dîner, et prendre le petit-déjeuner. Le prix varie de 23 à 60 € la chambre.

Chambre(s) d'hôte(s) = Chambre chez l'habitant où vous pouvez parfois trouver la formule table d'hôtes. Le prix varie de 28 à 60 € la chambre et le petit déjeuner.

Gîte d'étape = Les gîtes d'étapes proposent souvent un hébergement en dortoirs et une cuisine pour préparer vos repas. Vous devez vous munir de votre duvet. Le prix varie de 10 à 15 € pour la nuit.

Le refuge pèlerin, ou gîte pèlerin = C'est une structure privée ou de l'association jacquaire locale, mise en place pour n'héberger que des pèlerins avec leur passeport (crédenciale). Le nuitée est bon marché (entre 5 et 15 €). La cuisine est en gestion libre. Souvent en été, un bénévole est présent pour organiser le gîte et vous aider dans la suite de votre chemin.

Centre équestre = L'accueil des chevaux y est possible. Vous trouverez des granulés (avoine) et un box. Cette formule est souvent associée au gîte pour le cavalier. Le prix varie de 18 à 31 € pour la nuit.

Auberge de jeunesse = Souvent située dans les grandes villes. L'accès est conditionné par l'achat de la carte correspondante. Le prix varie de 13 à 20 € pour la nuit.

Communauté religieuse (accueil Chrétien) = Communauté de religieux qui pratique l'accueil désintéressé et bénévole des pèlerins aux motivations spirituelles. Il est préférable de réserver à l'avance et de prévenir de son arrivée. Quelquefois il faut prévoir son repas. Il faut toujours participer aux frais.

Foyer de jeunes travailleurs = Maison commune gérée par une municipalité ou une association locale. Pour les fins négociateurs, il est possible de trouver une chambre. Le prix est aussi à négocier.

Bed & Breakfast = Maison où vous pouvez passer la nuit et prendre le petit-déjeuner. Le prix varie de 27 à 45 €.

Camping = Lieu où avec votre tente (ou votre bâche plastique) vous pouvez vous installer pour la nuit. Le prix varie de 6 à 10 € par nuit.

Pension = (en Espagne uniquement), c'est un hôtel sans étoile, ou l'on trouve des chambre à bon prix (généralement entre 20 et 30 €). Généralement on y trouve aussi les repas.

La préparation physique

Tout athlète qui participe à une épreuve sportive se prépare. Même si la randonnée est d'abord un plaisir, il semble difficile d'atteindre le but si l'on n'est pas en bonne condition physique.

Ainsi, quelques journées de marche en forêt sont indispensables pour provoquer un " réveil musculaire ". Partez la journée avec votre musette... vous comprendrez qu'il faut partir léger et ne pas surcharger son sac à dos (8 à 10 kg maximum).

La diététique du marcheur

Même si la randonnée ou le pèlerinage sur le chemin de Saint-Jacques n'est pas comparable à une épreuve sportive de haut niveau, il n'en demeure pas moins que les repas et la nourriture peuvent contribuer au bon déroulement du parcours.

Il est important de se nourrir correctement en vue de l'effort physique que l'on va fournir. Ainsi deux types d'alimentation et de sucres sont nécessaires à un effort prolongé.

Les sucres lents : pâtes, riz, semoule, purée. Ils sont assimilés lentement par l'organisme et donnent le maximum de leur énergie en passant dans le sang, 9 à 12 heures après le repas.

Les sucres rapides : sucre, confiture, chocolat, céréales, jus d'orange, sodas, fruits secs, fruits frais. Ils sont assimilés rapidement par l'organisme et donnent le maximum de leur énergie en passant dans le sang, 15 à 30 minutes après le repas.

Ces 2 types de sucres sont indispensables au marcheur. Il faut conjuguer ces 2 sortes d'alimentation en consommant les sucres lents le soir et les sucres rapides le matin et le midi. Il est naturellement conseillé de manger équilibré et de ne jamais négliger les légumes, les laitages et les viandes.

Afin de faciliter la récupération musculaire après un effort, il est indispensable de faire quelques étirements musculaires pour permettre aux muscles d'éliminer l'acide lactique (toxine musculaire de l'effort).

Après l'arrivée, il est conseillé de boire de l'eau ou une boisson sucrée par petites gorgées, en évitant à l'estomac de faire une indigestion d'eau !

Si vous ressentez le soir quelques douleurs musculaires, vous pouvez prendre ½ cachet d'aspirine dans un grand verre d'eau, ceci fluidifiera le sang et accélèrera l'élimination des toxines et la récupération de l'élasticité musculaire (il est impératif de consulter votre médecin afin de vous assurer que vous n'êtes pas allergique à l'aspirine).

Le meilleur des remèdes reste le sommeil. Dans la mesure du possible, des nuits de 8 à 10 heures seront indispensables pour un repos correct.

A propos des tendinites

Tout sportif a eu ou aura un jour à souffrir d'une tendinite. Une tendinite est une inflammation d'un tendon. Principal symptôme : une forte douleur. La tendinite est un mal inhérent au sport, mais n'est pas une fatalité. Si elle se guérit avec le temps et le repos, il est plutôt préférable de l'éviter en s'entrainant à la marche avant le départ.

Le budget du pèlerin

Quel budget prévoir ?

Les gîtes et autres hébergements en France sont presque tous des gîtes privés. Les quelques gîtes pour pèlerins sont des structures mises en place par les mairies ou les associations locales. Si aucune somme n'est imposée pour la nuitée, il est recommandé de laisser son obole pour participer aux frais.

Un budget alimentaire de 13 € par jour permettra à un pèlerin/randonneur de cuisiner lui-même ses repas. Un budget d'environ 25 € par jour vous permettra de prendre un repas dans un petit bar de campagne ou dans une auberge.

Les repas de midi en France (souvent des plats du jour) sont appelés à la campagne "repas ouvriers...", et en Espagne "menu del dia". Composé d'une entrée, d'un plat et d'un désert ils sont l'occasion d'un déjeuner chaud, ce qui change du piquenique froid. Profitez d'une éventuelle table commune avec des autochtones pour parler de leur région et des traditions locales. Il y aura toujours quelqu'un pour vous conseiller !

Pour la nuit, votre budget dépendra du type d'hébergement choisi. Une nuit en gîte d'étape coûte environ de 9.50 € à 15 €. La vie en Espagne est encore légèrement meilleur marché qu'en France, (une nuitée en refuge pèlerin coûte de 4 à 7 €) mais l'écart tend à se réduire de plus en plus.

La sécurité sur le chemin

Le chemin n'est pas dangereux et reste beaucoup plus sûr qu'une "sombre banlieue" le soir ! La petite délinquance reste, en très grande majorité, hors du chemin qui traverse 90 % de villes ou villages de taille modeste. Sur le Chemin, les agressions sont extrêmement rares, mais pas impossibles. Ceci ne veut pas dire qu'il n'y a jamais de vols... ni qu'il n'y a jamais d'objets qui disparaissent !

Voici quelques règles de sécurité simples qui vous éviteront de mauvaises surprises.

1- Lorsque vous marchez sur le Chemin, prenez un bourdon. Ce bâton vous sera utile si vous rencontrez un chien errant et agressif !

2- Lorsque vous prenez votre douche dans les refuges, ne laissez jamais votre portefeuille dans votre sac à dos. Prenez-le avec vous, dans un sac plastique.

3- Evitez de retirer de grosses sommes d'argent dans les distributeurs de billets, aucune commission n'est prélevée sur les retraits CB, il n'y a donc aucune raison d'avoir sur vous plus de 150 € !

4- Ne laissez **JAMAIS** votre portefeuille seul dans votre sac et sans surveillance. Prenez un sac "banane" facilement transportable à la ceinture qui vous permettra d'avoir toujours votre portefeuille avec vous.

5- Evitez de payer vos petites dépenses (café, cartes postales...) en déballant en public vos 150 € que vous avez retirés au guichet voisin. Gardez à portée de main un billet d'une somme moyenne, ce qui laissera supposer que c'est le seul billet que vous ayez sur vous.

Quelques précisions concernant l'itinéraire

Le livre de route (ou déroulé d'itinéraire) vous permettra de ne pas vous égarer et de ne pas hésiter sur le chemin à suivre. Nous avons suivi le chemin officiel mis en place par les associations jacquaires locales, les mairies.

Quelques précisions vous permettront de comprendre l'utilisation de certains mots.

1- Lorsque nous expliquons " église dans le dos ", nous avons choisi de faire débuter un grand nombre de nos étapes depuis l'église du village parce que c'est un bâtiment généralement central que vous pourrez trouver facilement. Le départ est toujours effectué depuis les marches de l'église, le bâtiment dans votre dos.

2- Très souvent nous vous indiquons des noms de rues ou de grands repères naturels qui permettront de vous situer et de valider votre progression d'itinéraire (ex : rue du chemin à droite, transformateur électrique à gauche, calvaire au centre de la fourche...).

3- Pour vous aider à mieux situer les pistes ou chemins à emprunter dans les étapes numérotées de 1 à 29, nous avons quelquefois utilisé le cadran fictif d'une montre à aiguille.

Ex : Tourner sur la droite (à 2 heures)
Ce qui explique qu'il faut virer à droite mais pas en angle droit. 2 heures étant sur le cadran d'une montre à aiguille, à droite dans un angle de 60 degrés.

4- Pour des raisons de sécurité lors de votre progression sur les quelques routes bitumées, nous vous recommandons de marcher sur le côté gauche de la route afin d'avoir les voitures de face.

En effet, pour les piétons circulant seuls, il est recommandé par la sécurité routière d'avoir le danger face à soi (et visible) plutôt que dans le dos (invisible).

Les associations pouvant vous délivrer "La credencial ou la lettre de créance "

Elles sont une trentaine à informer les pèlerins/randonneurs sur tout ce qui touche de près ou de loin aux Chemins de Saint-Jacques-de-Compostelle. Les responsables de ces associations, pour avoir été eux-mêmes pèlerins dans le passé, connaissent bien le Chemin. Il vous sera demandé une cotisation annuelle de 30 à 45 €.

Attention : une très grande partie de ces associations sont organisées par des bénévoles et le courrier n'est pas géré quotidiennement. Veillez donc à demander suffisamment à l'avance votre Crédenciale, et non 3 jours avant de partir !

Votre carnet du pèlerin chez

Lepère Editions, 13 le Bourg
27270 GrandCamp
1 crédencial contre 12 timbres à 0,54 €
Demande par courrier uniquement.

Les associations partenaires, que nous vous recommandons pour obtenir la crédenciale :
Association des Amis de Saint Jacques en Quercy - Rouergue - Languedoc (membre de l'union jacquaire de France,
www.union-jacquaire-france.net)
107 avenue de Lavaur
31500 Toulouse
http://compostelle.toulouse.free.fr

Association Compostelle 2000
26 rue de Sévigné 75004 PARIS
Tél : 01 43 20 71 66

Du lundi au vendredi de 10 h à 12 h et 14 h 18 h
Tel/Fax : 01 43 20 71 66 (M° St Paul)
compostelle2000@wanadoo.fr
http://www.compostelle2000.com
A deux pas de la tour Saint-Jacques, des pèlerins confirmés aident ceux qui veulent vivre l'aventure du chemin de Compostelle. Contactez-nous !

Association des Amis de Saint-Jacques en Berry.
4 rue Louis-Billant
18 000 Bourges
Fax : 02 48 70 69 71

Association Saintaise des chemins de Saint-Jacques.
Maison des associations
31 rue Cormier
17100 Saintes
Téléphone refuge : 06 73 56 94 04.

(Associations vous souhaitez figurer sur cette page, contactez LEPERE EDITIONS).

La mise à jour de la partie hébergement

Alors que, sur le Chemin de Saint-Jacques, les nombreux chemins s'équipent en gîtes d'étapes, tandis que des établissements disparaissent ou sont provisoirement fermés (souvent pour cause de travaux), il est désormais possible d'avoir en temps réel les dernières modifications d'hébergements et de refuges constatées sur les Chemins.

Comment faire ?

Vous possédez une connexion internet ?
Envoyez un mail à majlepere@aol.com (avec Isbn et titre du guide) et recevez la mise à jour par courriel.

Vous ne possédez pas de connexion internet ?
Faites-nous parvenir **une photocopie du petit coupon (en bas de la page)** par la poste, pour que nous puissions vous faire parvenir par courrier la mise à jour de l'ouvrage (attention si vous utilisez ce coupon vous supprimez le début de l'étape 1 au dos de cette page !).

Inversement, si vous constatez une erreur ou une modification sur l'itinéraire, merci de nous en faire part afin que nous puissions l'intégrer dans la liste des modifications et en faire profiter d'autres pèlerins.

LEPERE Editions 13 le Bourg 27 270 GrandCamp
Tél : 02 32 46 34 99

Partie à retourner

Titre : La via Tolosana, la voie du soleil.

Votre adresse postale :

Votre mail : ....@..

(Merci d'écrire en majuscules et lisiblement vos coordonnées)

Souhaite la mise à jour de la partie hébergement,
avec toutes les modifications (nouveaux refuges) intervenues depuis l'impression de ce guide.

Important : Merci de joindre une enveloppe timbrée au tarif LETTRE.

Etape N°1 22.6 km
D'Arles à Saint-Gilles

5 h 40
6 h 00

Itinéraire par le chemin historique

Au **pont de Gimeaux** vous avez marché 2 h 45 et parcouru 11 km.
Au **pont sur le petit Rhône** vous avez marché 4 h 45 et parcouru 18.5 km.
A **Saint-Gilles** vous avez marché 5 h 40 et parcouru 22.6 km.

En Arles, visitez donc les arènes !

Arles
Hébergement et accueil pèlerins, contacter Mme Renée Debard, tél: 06 83 26 13 16, ou M. Gueroult, tél : 04 90 96 45 87 ou 04 90 96 28 65 (bureau), qui ré-oriente les pèlerins vers des familles d'accueil.

Accueil familial possible (mais pas obligatoire), chez Bénédicte et Jean-Pierre, tél : 04 90 96 18 16 ou 06 17 98 18 85. Cuisine à disposition. 1/2 pension à 20 € par personne.

Arles, "la petite Rome des Gaules", est une ville mystérieuse et fascinante à la fois. Son histoire deux fois millénaire est issue de la culture de nos lointains ancêtres Romains.

En Arles, si vous prenez le temps, il faut visiter l'Amphithéâtre romain (les arènes), le Théâtre antique, les Cryptoportiques, les Thermes romains de Constantin, les vestiges du cirque romain, le cloître Saint-Trophime, le portail de Saint-Trophime et les Alyscamps, autant de richesses de cette très belle ville au coeur du Parc naturel régional de Camargue.

Lorsque vous parcourrez les premiers kilomètres sur la Via Tolosana, vous éloignant peu à peu de la

Accueil familial possible (mais pas obligatoire) chez M. et Mme Guillot, (crédencial obligatoire) en sortie d'Arles à 200 mètres du chemin, tél : 04 90 43 37 06, 06 19 97 42 19. 1/2 pension à 25 €, cuisine à disposition.

Accueil possible des pèlerins à la communauté Emmaüs en Arles, tél : 04 90 49 79 76, route des Saintes-Maries-de-la-Mer, (à 3 km d'Arles, accessible en bus). Libre participation.

Auberge de jeunesse, 20 avenue Maréchal Foch, Quartier Fourchon, tél : 04 90 96 18 25 (avec la carte d'adhésion FUAJ), nuitée et PdJ à 15 €.

Hôtel Rhodania, (à côté du pont de Trinquetaille), tél : 04 90 96 08 14, ou 06 10 10 79 16, 1 rue du Pont. Nuitée à partir de 23 € pour 1, et 30 à 39 € pour 2, PdJ à 5 €.

Hôtel Le Camarguais (Quartier des Arènes), tél : 04 90 96 01 23, 44 rue Amédée Pichot. Chambres à 25 ou 30 €

Hôtel-restaurant Le Voltaire, tél : 04 90 96 49 18, 1 place Voltaire, chambres à partir de 28 E et jusqu'à 38 €, formule du jour à 12 €.

Saliers
Camping Crin Blanc, tél : 04 66 87 48 78, emplacement à 15.20 €, restaurant, pizzéria et bar à proximité.

Saint-Gilles-du-Gard
Accueil pèlerins munis d'un crédenciale à la basilique, tous les jours. Accueil pèlerins au gîte d'étape de 8 places. 2 Impasse du Cloître (à proximité de l'Abbatiale), tél : 06 10 39 87 07, ou 04 66 87 31 16, nuitée à 5 €, ou le Père Chapu au 04 66 87 32 76, qui peux ouvrir une salle paroissiale si le gîte est plein.

Camargue, terres préférées de Frédéric Mistral, sans doute ressentirez-vous une légère appréhension de partir vers l'ouest, à pied, pour une aventure physique ou/et spirituelle hors du commun.
Devant vous à 800 km au-delà des Pyrénées, l'Aragon, puis la Navarre, et d'autres découvertes encore... L'appel du chemin est toujours plus exaltant !

Après plus de 5 heures (ou 6 h par le petit Rhône) de marche, vous retrouverez la petite ville calme de Saint-Gilles-du-Gard, qui abrite le tombeau de saint Gilles.

Comme pour Saint-Jacques en Espagne, le reliquaire de saint Gilles fut caché pour échapper aux pillages de la région (à Saint-Gilles : les réformés), et celui-ci ne fut ensuite retrouvé que 300 ans après en 1865 par l'abbé Goubier, qui l'offrit de nouveau à la vénération des fidèles.

Il faut noter que nous proposons dans cette étape 2 itinéraires différents pour rejoindre Saint-Gilles. Le premier par Pont de Gimeaux est un itinéraire fortement bitumé, l'autre par le chemin le long de la digue du petit Rhône, où vous ne cheminerez que le long de pistes de terres.

Cette proposition de parcours (6 h de marche) est donc très calme et vous met completement à l'abri du trafic automobile. Nous avons aussi la faiblesse de le trouver bien plus beau que le parcours bitumé ! A vous de choisir !

Le petit port de plaisance de Saint-Gilles

Camping La Chicanette, (centre ville), ouvert du 1/4 au 31/10, tél : 04 66 87 28 32, emplacement à 11 €.

3 chambres pour pèlerins chez M. et Mme Andrieu, (face à l'église), tél : 04 66 27 18 34 ou 06 88 11 27 74, demi-pension à 28 €. La nuit seule à 12 €, la nuit et le petit déjeuner à 17 €.

Hôtel-restaurant Le Cours**, 10 avenue François Griffeuille, tél : 04 66 87 31 93. Chambres entre 55 € et 65 €, menu à 12 € et jusqu'à 33 € + carte.

Le sentier calme le long du petit Rhône

A voir, à visiter à Arles

Les arènes. Le cloître Saint-Trophime et les Alyscamps. Eglise de la Major roman provençal, bas-côté XIVème, choeur XVIème, façade XVIIIème, clocher XIXème

A voir, à visiter à Saint Gilles

Abbatiale du XIIe siècle classée au patrimoine mondial de l'Unesco. Le tombeau de Saint-Gilles. Porte des Maréchaux XIVème.

Attention !
Les fêtes d'Arles (généralement de début juin à début juillet) occupent très souvent la totalité des hôtels et des structures d'hébergements !

Chemin à suivre pour les pèlerins à pied

Arles - Saint-Gilles (par le Petit Rhône)

Le dos tourné à l'église de Saint-Trophime, traverser la place en diagonale à gauche et emprunter la rue de la République, qui se prolonge ensuite vers la rue du Pont.

Traverser le pont de Trinquetaille, au bout descendre l'escalier à droite sur le Quai Saint-Pierre et longer le fleuve (qui est à votre droite) sur cette rue.

Arrivé au cimetière, continuer entre son mur et le Rhône, laisser à gauche deux lions sur des colonnes (vestiges d'un pont de chemin de fer) et poursuivre tout droit sur la digue qui s'éloigne du fleuve, en ignorant le chemin goudronné qui croise la digue (barrières blanches et rouges).

Arrivé au pont à votre droite - le traverser et prendre tout de suite à gauche un chemin goudronné (vitesse limitée à 30, signe cul-de-sac). La route goudronnée se transforme en chemin de terre, le poursuivre jusqu'au pont. Passer sous le pont routier et atteindre une digue à 200 m à votre droite - monter dessus et la prendre à gauche.

Mettre le "pilote automatique" et poursuivre sur cette digue durant une heure et demie. Quand le pont autoroutier est en vue, la digue se dédouble, prendre l'embranchement de gauche. À 50 m avant l'autoroute descendre dans le ravin, passer sous le pont et poursuivre sur le chemin de terre qui se transforme progressivement en digue.

Face à un bâtiment blanc à votre droite traverser le petit pont et continuer tout droit soit sur la digue, soit sur un chemin qui la longe à gauche, plus ombragé, mais éventuellement boueux. Continuer ainsi jusqu'à rencontrer une ligne de chemin de fer désaffectée (son pont à votre gauche).

Monter sur son talus et longer les rails à droite sur un sentier agréable à marcher. Après 1,5 km arriver au premier passage à niveau, le traverser et prendre tout droit (à droite par rapport aux rails) un chemin de terre qui longe les rails - on y retrouve le balisage bicolore. Il s'éloigne de la ligne de chemin de fer et sinue entre les champs.

Dans un net virage à gauche, face à un transformateur EDF à votre droite, quitter ce chemin pour un petit chemin de terre à droite, passer trois passerelles consécutives. Monter tout droit par une rue en direction de château d'eau. Nous sommes Chemin du Canalet.

Traverser une rue et continuer tout droit (signe cul-de-sac). Monter les escaliers, prendre à gauche la rue des Cigales, arriver à la rue Marceau, prendre à gauche la rue du Château pour arriver à proximité de la Mairie.

Accés internet à Arles
Cyber café
41, rue du 4 septembre 04
90 96 87 76

Cyber espace
10, boulevard Gambetta
04 90 52 51 30

Accés internet à Saint Gilles
Clair et Net.com
32 bis rue Emile Zola
06 83 18 31 32

Emprunter avant elle la rue de la Tour, dans une intersection en T prendre à gauche et tout de suite à droite, flèche Circuit Piéton, Abbatiale du XII siècle…

Continuer dans l'ancienne rue de la Draperie. Tourner à gauche flèche Maison Romaine, Abbatiale - vous êtes devant l'Abbatiale de Saint-Gilles.

Arles - Saint-Gilles (par Gimeaux)

Le dos tourné à l'église de Saint-Trophime, traverser la place en diagonale à gauche et emprunter la rue de la République. qui se prolonge ensuite vers la rue du Pont. Traverser le pont de Trinquetaille. Après le pont prendre sur la gauche le quai de Trinquetaille, puis la première à droite la rue André Benoit. Sur l'avenue de Camargue virer à gauche. Passer sous un pont métallique puis sous la voie rapide (rocade d'Arles) en laissant plus loin la papeterie Etienne sur la gauche.

Au rond point suivre Gimeaux, tout droit, pour entrer après 8 km sur la petite route dans le hameau de Palunlongue et poursuivre tout droit sans quitter la petite route bitumée jusqu'à la D37.

Sur cette D37, prendre tout droit vers Saint-Gilles. Laisser sur la droite la direction de Saliers 1 Km. Franchir la D572N pour poursuivre tout droit vers Les Cabanettes.

Après 700 mètres franchir le pont sur le petit Rhône, et tout de suite après le pont descendre par les ecaliers de bois pour s'engager en face en laissant à droite un mas. Rester en contrebas du chemin de halage.

A la hauteur d'une maison (grande cheminée de brique rouge à gauche), descendre le talus pour contourner la maison et retrouver à la sortie (mas des Poulinières) le chemin blanc que vous emprunterez à gauche.

Après 300 mètres tourner à droite pour franchir la voie SNCF, et virer après celle ci à gauche.

Lorsque le chemin redevient bitumé, s'engager sur la droite par la passerelle. Passer ensuite un pont plus important, puis une autre passerelle discrète.

Remonter vers le château d'eau par le chemin de Canalet, puis la rue en sens interdit et les escaliers.

Tourner ensuite complètement à gauche (rue Marceau). Dans la rue du Château virer à gauche vers la place.

Face à la mairie prendre à droite la rue de La Tour, qui descend vers l'abbatiale.

Saint-Gilles, vestiges romains

Arles

Avec Tours, Vézelay et le Puy, on considère qu'Arles est le point de départ d'une des routes de Compostelle. C'est en effet de cette ville que pour les Français part la route du Midi. Mais c'est aussi la prolongation de la "Francigena" qui depuis Rome, Bologne et Turin, permettait de gagner la vallée du Rhône et de là, le nord de l'Europe ou l'Espagne.

Point de passage sur le Rhône et carrefour de routes, cette situation privilégiée explique l'importance d'Arles dès le VIème siècle avant J-C, lors de la colonisation grecque.

Lorsque Marius, général romain, fait creuser un canal reliant le golfe de Fos au Rhône, Arles devient à la fois un port fluvial et un port maritime. Aussi ne tarde-t-elle pas à supplanter Marseille comme chef-lieu de la "Provincia" romaine et comme capitale administrative, militaire et commerciale.

Enfermée dans une enceinte fortifiée, avec un réseau de rues dallées se coupant à angle droit, elle est abondamment alimentée en eau grâce un aqueduc, et pourvue de fontaines publiques, d'égouts et de latrines publiques…De l'autre côté du fleuve que l'on traverse par un pont de bateaux, se trouvent de luxueuses villas.

De cette période romaine subsistent quelques monuments importants. Les arènes datent du Ier siècle avant J.-C. et mesurent 136 m sur 107 m. Elles pouvaient contenir jusqu'à 21 000 spectateurs, pour lesquels on organisait des combats de fauves ou de gladiateurs.

Cet édifice impressionnant fut transformé après la fin de l'empire romain en une forteresse, constituant une petite ville de près de 200 maisons, ayant même une église.

Le début de la restauration des arènes ne viendra qu'au début du XIXème siècle. Du théâtre, il reste peu de choses. Construit à la fin du Ier siècle avant J.-C., il accueillait près de 7 000 spectateurs. Délaissé à la fin de l'empire, il sert alors de carrière et ses pierres serviront à construire remparts, églises ou maisons.

L'importance économique d'Arles se développe pendant plusieurs siècles. On y échange des produits agricoles, on y fabrique des tissus, de l'orfèvrerie, des armes. On y frappe la monnaie.

Vers l'an 400, elle devient la Préfecture des Gaules, siège de l'administration d'un vaste territoire regroupant, outre la Gaule proprement dite, l'Espagne et la Bretagne (l'Angleterre d'aujourd'hui).

Elle devient archevêché au détriment de Lyon, et, à ce titre, abritera plusieurs conciles.

De fondation carolingienne, l'église Saint-Trophime, qui porte le nom d'un apôtre grec évangélisateur de la Provence, a été totalement transformée entre le XIème et le XVIème siècle. Le portail à l'iconographie très riche, comprenant un jugement dernier et des statues d'apôtres est un chef-d'œuvre de l'école romane provençale.

Le cloître qui doit sa célébrité à son élégance et à la qualité de la statuaire qui le décore a été construit en deux fois aux XIIème et XIVème siècles.

Arles propose encore bien d'autres trésors évoquant son prestigieux passé et la vie provençale, et il est difficile de tout visiter. Mais il faut réserver un peu de temps pour aller voir les Alyscamps.

Cette allée ombragée bordée de sarcophages est un site romantique qui incite à la méditation. C'est aussi un des hauts lieux de la Provence.

Saint-Gilles

Saint Gilles était un ermite vivant au fond des bois près de Nîmes. Il se nourrissait du lait d'une biche apprivoisée. Il était né à Athènes et avait vécu quelques temps à Rome, avant de se retirer dans cette forêt. Vint à passer un roi en chasse qui tua la biche. Conscient de son erreur, le roi qui voulait se faire pardonner fit construire un monastère et demanda à Gilles, l'ermite, d'en devenir l'abbé. Légende ou histoire vraie ?

En chemin vers saint-Gilles !

On raconte encore que Charles Martel - d'autres disent Charlemagne - serait venu confesser à Gilles son péché d'inceste commis avec sa sœur. Gilles décide alors de célébrer la messe et d'implorer le pardon pour Charles, mais au-dessus de sa tête, un ange déroule un parchemin racontant son péché.

Pourtant voici que peu à peu, au rythme même de la prière, le texte et la faute s'effacent. Légende ou histoire vraie ?

Ce qui est plus sûr est que ce monastère devint un grand lieu de pèlerinage. On venait de loin, comme Charles Martel, pour obtenir la rémission de ses fautes.

C'était aussi une halte sur la route de Saint-Jacques-de-Compostelle et le port d'embarquement pour la Terre Sainte, car les bateaux remontaient alors le petit Rhône jusque là. Plus tard, c'est à Aigues-Mortes que l'on s'embarquera pour la Croisade.

De cette grande époque subsiste encore l'abbatiale dont la construction commence au début du XIIème siècle. Mais les guerres de Religion et la Révolution ont fortement abîmé ce joyau de l'art roman provençal.

La façade comporte trois portails très importants construits entre 1140 et 1160. C'est un fantastique livre de pierre sur lequel on déchiffre des scènes de la Passion du Christ au portail central.

Au nord, adoration des mages et entrée à Jérusalem, au portail sud, un Christ en croix avec la Vierge et Saint-Jean.

Dans la crypte se trouve le tombeau du légat du Pape dont l'assassinat en 1208 déclencha la violente croisade contre les Albigeois, épisode tragique pour le sud de notre pays.

Saint-Gilles, détail du portail de l'abbatiale

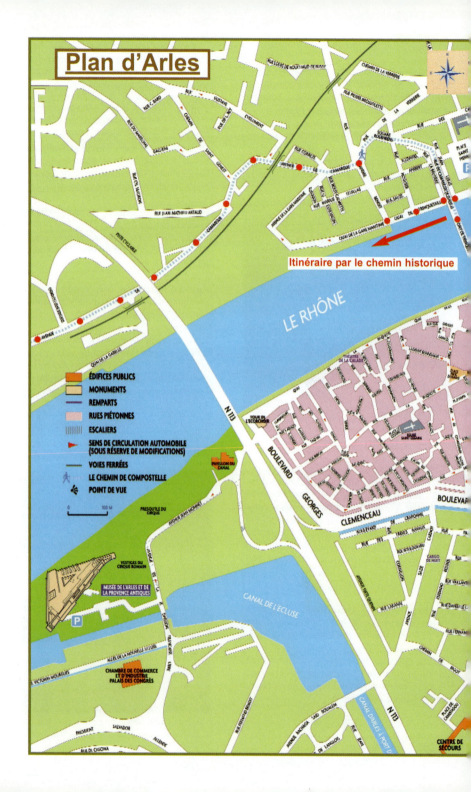

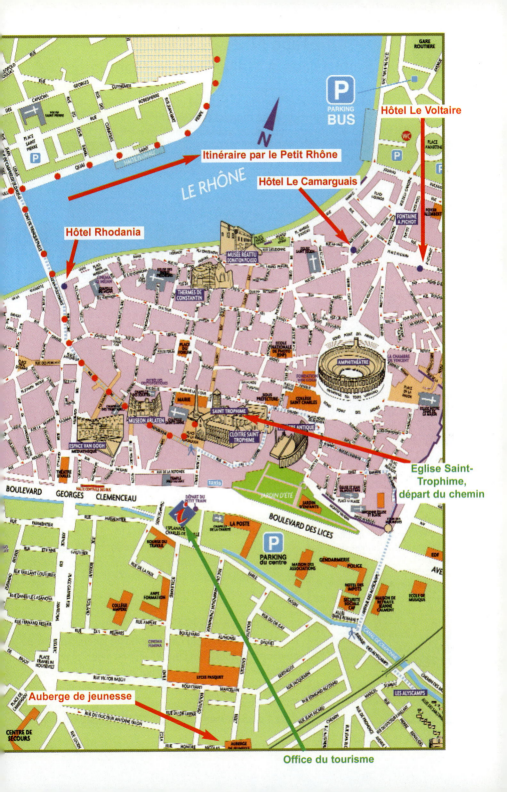

Etape N°2 29.9 Km
De Saint-Gilles à Gallargues-le-Montueux

7 h 5

A **Vauvert** vous avez marché 4 h 30 et parcouru 17.8 km.
Au **pont de l'Hôpital** vous avez marché 6 h 30 et parcouru 25.3 km.
A **Gallargues-le-Montueux** vous avez marché 7 h 50 et parcouru 29.9 km.

L'église Saint-Gilles à Saint-Gilles-du-Gard

Vauvert

Hébergement et repas au centre de Loisir pour groupe uniquement de plus de 10 personnes. Rue du Chaillot. Réservation indispensable. Ouvert toute l'année, tél : 04 66 88 22 13

Accueil de la paroisse, dans le gymnase, 2 lits de camp, cuisine, eau, wc. Contacter M. Brouhers, tél : 04 66 88 46 43 ou Mme Pujalte au 04 66 88 76 74, ou la paroisse au 04 66 88 21 96 ou le 06 71 29 15 33.

Hôtel Le Lys d'Or**, 41 rue de la République, tél : 04 66 88 20 65, chambres de 45 à 70 €.

L'étape est longue aujourd'hui, s'approchant de la trentaine de kilomètres. Profitez du calme de cette deuxième étape car la suivante sera moins paisible, le tissu urbain se resserrant à l'approche de Montpellier, capitale du Languedoc-Roussillon. Les hameaux traversés aujourd'hui sont très souvent des mas avec leur grands jardins ombragés et leur larges toits de tuiles clairs.

C'est la traversée des vergers et des exploitations fruitières qui sont au cœur de notre cheminement où quelques vignes viennent se mêler pour produire le Muscat de Lunel et les vins agréables et "gouleyants" des coteaux du Languedoc. Mais inexorablement la Camargue s'éloigne peu à peu. Du haut de sa colline, culminant à 63 mètres, Gallargues-le-Montueux domine la

Gallargues-le-Montueux

Hébergement possible du (lundi au vendredi, mais attention fermé le WE) dans les anciennes écoles maternelles, rue Marcel-Dublet (avec une petite cuisine), 8 places, nuitée à 5 €. Contacter la mairie au tél : 04 66 35 02 91, ou Mme Cruzio au 04 66 53 13 95.

Camping les Amandiers, avec pèlerins possédant leur tente, tél : 04 66 35 28 02. Nuitée 16 €.

A voir, à visiter à Gallargues-le-Montueux

L'ancien hôpital Saint-Jacques, rue de la Bonnette-Rouge. La Tour Royale. Vestiges de l'ancien château fort. Eglise Saint-Martin. Musée des traditions populaires.

plaine du Vidourle et vous referme les portes de la Camargue que vous quittez. Le village posséda un très ancien hôpital de pèlerins qui fonctionna jusqu'à la Révolution (1, rue de la Bonnette-Rouge).

On comprend très vite, en arrivant à Gallargues, pourquoi on lui a accolé le nom de "Montueux", car l'arrivée dans le bourg s'envole vers les cieux !

Au bourg, les pèlerins sont accueillis au mieux dans les anciennes écoles maternelles, mais il est impératif de vous renseigner avant votre arrivée en mairie, car les samedi-dimanche, cette possibilité est incertaine !!

En quittant la Camargue !

Chemin à suivre pour les pèlerins à pied

Dos à l'Abbatiale, emprunter tout droit la rue de la Porte-aux-Maréchaux, passer sous une porte médiévale, traverser la rue Gambetta et prendre en face la rue Emile-Jamais, direction Vauvert.

Au carrefour suivant, laisser filer à droite la route pour Générac et continuer tout droit sur l'Avenue de Verdun. À la fourche suivante, prendre à gauche (flèche Château d'Espeyran - Archives Nationales), puis laisser filer à gauche la rue de Bellevue et continuer tout droit.

Au stop, continuer tout droit (Stade d'Espeyran, Château d'Espeyran), passer un pont de chemin de fer et tout de suite prendre à droite un chemin goudronné.

Ignorer une route à gauche, passer sous la ligne de haute tension et continuer sur du goudron. En face d'une station d'épuration, prendre à droite, puis longer la ligne de chemin de fer et la traverser. Arrivé à une départementale, l'emprunter à gauche. 100 m après un pont, la quitter pour un petit chemin goudronné à droite, flèche Château-St-Cyrgue.

Passer devant le Château Lamargue, puis continuer tout droit en ignorant le chemin du Château-St-Cyrgue à droite, le long d'une ligne de moyenne tension. Après des serres (à votre gauche) et avant d'arriver au pont, prendre à gauche un chemin de terre qui longe le canal.

Saint-Gilles - Gallargues-le-Montueux

Rester sur le chemin de halage en ignorant quatre ponts et traverser à droite le cinquième (balise rando lieu Beau-Bois flèche à droite Vauvert) et emprunter un chemin pierreux qui monte tout droit (à 11 heures). Il sinue entre les vergers, sans balisage, mais sans risque de le perdre non plus.

Gallargues, l'ancien hopital saintJacques

À la fourche, (ligne électrique) obliquer à gauche (10 heures) - fléchage. On chemine entre les vergers et on rencontre un bosquet de thuyas à gauche, qu'on longe. On passe à côté d'un bunker en ignorant un chemin qui part à droite et on continue à longer la haie de thuyas. Au bout de celle-ci, on oblique à droite (à 1 heure).

Le chemin descend, passe un petit pont, puis remonte. 100 m après ce pont, monter à droite (à 4 heures) un chemin de terre. A la sortie d'un bosquet, à côté d'une ruine, continuer tout droit. Faire de même arrivé au macadam.

En haut de la côte (un arbre solitaire et une maison en ruine), tourner à droite dans un chemin de terre entre les vignes puis, 400 m plus loin, à gauche.

Parvenu à une station de pompage (à droite), traverser la départementale et descendre en face un chemin de terre. Il traverse un petit pont puis remonte et arrive à une intersection en T où on tourne à gauche. Continuer en lisière de bois sur le chemin le plus accentué.

Arrivé au macadam (beau chêne solitaire), continuer tout droit. Arrivé à une intersection, descendre tout droit sur Vauvert. On y entre par la rue de La Barre. A la fourche, quitter cette rue et prendre à droite le sens interdit, continuer sur la route de Milan et, en arrivant à la place du Jeu-de-Ballon, prendre à gauche vers l'église de Vauvert.

Poursuivre à gauche sur la rue Gambetta, puis sur la rue Victor-Hugo et la Place du Marché et, 100 m après celle-ci, prendre à droite la rue de la République. 300 m plus loin, prendre à gauche la rue du Moulin-d'Etienne (direction Montpellier). Continuer tout droit en longeant le cimetière à votre droite.

Puis laisser filer à gauche le chemin Montpellier-Arles et continuer tout droit vers le passage à niveau. Le franchir ainsi que le pont sur le canal. À la fourche, prendre à gauche le chemin du Moulin-d'Etienne. Traverser une départementale et poursuivre tout droit dans un chemin de terre. Il tourne à gauche et arrive à une propriété.

La contourner par sa gauche et franchir un pont, 400 m plus loin, arrivé à un bosquet à votre gauche, tourner à droite, suivre une haie et entrer dans un autre bosquet. Arrivé à une route goudronnée, la prendre à gauche. 400 m après le mas du Soleil, prendre à droite un chemin empierré (flèche Mas Saint-Louis).

Après l'habitation, poursuivre tout droit un chemin de terre entre les champs.

À l'intersection suivante, poursuivre tout droit en direction d'une exploitation, traverser le macadam et poursuivre tout droit sur un chemin goudronné.

À l'intersection suivante avec un chemin goudronné, poursuivre tout droit en suivant une ligne électrique dans un chemin de terre.
Dans une intersection en T, poursuivre une route goudronnée à droite qui longe la ligne électrique.
À l'intersection en T suivante, obliquer à gauche. Arrivé à la N 113, la longer à gauche sur un chemin de terre qui la surplombe pour arriver au pont.

Le traverser et tourner à droite tout de suite après (direction Codogan 2 km), 200 m plus loin, tourner à gauche sur une route goudronnée en direction du Mas de Flandres.

Arrivé à la nationale, la traverser avec prudence et prendre juste en face un chemin de terre en direction d'un transformateur. Arrivé à un chemin goudronné, le prendre à droite.

On entre dans le lieu-dit Le Mas-de-la-Coulondre. Traverser le pont sur le canal du Bas-Rhône et tout de suite après, prendre à gauche un chemin qui longe le canal. Après avoir rencontré un rond-point (à votre droite) continuer à longer le canal sur un chemin devenu goudronné.

Traverser la rue en face d'Antics Meubles et, avant le rond-point, emprunteur une allée (sens interdit sauf services). Longer l'autoroute et, arrivé à la ligne de chemin de fer, prendre à gauche en passant sous l'autoroute.

Arriver à un pont sur la voie ferrée à votre droite, le traverser et, après avoir traversé une route, aller en face à côté d'une pharmacie. Arrivé en haut (signe cul-de-sac en face) prendre à droite la rue sous le Mas.

A l'intersection en T suivante, prendre à gauche et encore à gauche rue Jean-Bérard. Poursuivre dans la Grande-Rue et arriver la place des Halles. Juste après, prendre à droite la rue de la Bonette-Rouge pour arriver place du Coudoulié - la Mairie et un peu plus haut place de la Concorde, avant de rejoindre l'église.

Les vestiges d'Ambrussum, sur la Voie Domitienne

Aux environs de Gallargues, à Villetelle (le chemin passe à 4 km), Ambrussum est un remarquable site archéologique romain au bord du fleuve Vidourle. Cet ancien oppidum gaulois connut une importante expansion grâce au trafic de la Voie Domitienne (Via Domitia), route romaine dont la construction commença en 118 av. J.-C. à l'instigation du général Cneus Domitius Ahenobarbus.

La voie romaine enjambait le Vidourle par le pont Ambroix (construit de 63 à 14 av. J.-C.), dont on ne peut admirer aujourd'hui qu'une seule arche. A l'origine, le pont en comportait dix autres, emportées par les flots. Les ruines du pont inspirèrent Courbet, qui en fit le sujet d'une toile aujourd'hui exposée au musée Fabre de Montpellier.

Près du pont Ambroix, des tronçons de la Via Domitia sont encore en très bon état. Première voie romaine construite en Gaule, elle traversait les Alpes au col du Mont Genève, longeait la vallée de la Durance jusqu'au Rhône.

Elle traversait ensuite les plaines du Languedoc et du Roussillon avant de passer les Pyrénées par le col de Panissars. Tous les 15 Km, on pouvait trouver un relais pour changer les animaux d'attelage, et tous les 30 Km, une auberge d'étape offrait le repos au voyageur.

Ambrussum était une de ces étapes, entre Narbonne et Nîmes. Les quartiers bas comportent les vestiges d'un établissement thermal et d'une auberge. Malheureusement pour le pèlerin, ces établissements fondés vers 30 av. J.-C. sont abandonnés depuis l'an 240 environ…

Sur sa colline, Gallargues-le-Montueux !

Gallargues-le-Montueux

Gallargues-le-Montueux, entre Nîmes et Montpellier, est située sur la première colline qui se dresse au-dessus de la Petite Camargue, territoire de marécages asséchés qui s'étend jusqu'à la Méditerranée. L'origine du bourg actuel remonte à un domaine attribué au tribun militaire Quintius Statius Gallus.

Cependant, l'actuel Gallargues n'est alors qu'une villa, tandis que la population se concentre à 2 Km de là, à Ambrussum, le long du Vidourle et de la Voie Domitienne.

A Ambrussum, qui se dépeuple à la fin de l'Antiquité, succède Gallargues qui se développe dès l'époque carolingienne autour de son église Saint-Martin.

De même qu'Ambrussum avait été une étape sur la Voie Domitienne, Gallargues devient une halte sur le Chemin de Compostelle.

Une tradition, sans doute erronée, veut qu'une des demeures médiévales de la ville ait été l'Hôpital Saint-Jacques.

A la Renaissance, la majorité des Guallarguois se convertissent au protestantisme. Mais en 1628, les troupes de Louis XIII, dirigées par le duc de Montmorency, assiègent et incendient la ville puis pendent 63 de leurs prisonniers à Montpellier.

Malgré ces destructions, la ville redevient prospère aux XVIIIème et XIXème siècles.

La ville produit et vend de la maurelle (colorant rouge utilisé dans la fabrication des fromages de Hollande). Elle est aussi réputée pour le tissage des indiennes.

Après une période de relatif déclin au XXème siècle, la ville retrouve un certain dynamisme grâce à la proximité de Nîmes et de Montpellier.

Etape N°3 35.4 km
De Gallargues-le-Montueux à Montpellier

9h30

A **Villetelle** vous avez marché 0 h 55 et parcouru 4 km.
A **Vendargues** vous avez marché 6 h 00 et parcouru 22 km.
A **Castelnau-le-Lez** vous avez marché 8 h 15 et parcouru 31.1km.
A **Montpellier** vous avez marché 9 h 30 et parcouru 35.4 km.

Après Villetelle, le calme de la forêt.

Villetelle
1 chambre d'hôte chez Mme Oosterhoff, tél : 04 67 86 84 95, nuitée à 52 € pour 1, 55 € pour 2. Ne fait pas table d'hôtes. Du 1/5 au 30/9.

Baillargues
Chambres d'hôtes, Domaine de Saint-Antoine, M. Michel Vitou, tél : 04 67 70 15 58, vient vous chercher devant l'église de Baillargues. Nuitée 31 € pour 1 et 36 € pour 2.

Hôtel-restaurant Les Grillons, tél : 04 67 16 27 36, chambre de 35 à 50 €. Menus de 12 à 20 €.

Vendargues
Hôtel-restaurant Les Châtaigniers, RN 113, tél : 04 67 70 20 16. Chambres de 32 à 35 €. Menu de 10 à 30 €.

L'étape d'aujourd'hui de plus de 35 km est longue, bien trop longue pour qui veut visiter Montpellier et prendre le temps d'y déambuler. Après 36 km de marche dans la journée, a-t-on vraiment envie de rallonger la journée de quelques kilomètres ? Alors essayons de voyager ensemble…. ! Montpellier est une histoire d'eau… !
Située sur l'axe Espagne- Italie, à quelques kilomètres de la mer méditerranéenne et du port de commerce de Lattes, Montpellier possède une histoire assez récente puisque la création du bourg ne date que de 985.
C'est le consul Domitius qui créa et encouragea les échanges de marchandises entre les 3 pays, la France, l'Espagne et l'Italie, et cet axe commercial prit le nom de Via Domitienne, pour plus tard être

Chambre d'hôtes chez Mme Bona, (centre bourg), tél : 04 67 70 74 88, ou 06 26 35 10 09. Nuitée 60 € pour 1, 70 E pour 2 €, table d'hôtes sur réservation.

Le Cres
Hôtel-bar des Sports, 7 Grande rue, 6 chambres, tél : 04 67 70 32 02, chambres à partir de 23 € et jusqu'à 26 €.

Castelnau-Le-Lez
Hôtel Le Clos de l'Aube Rouge***, 115 avenue de L'Aube-Rouge, tél : 04 99 58 80 00.

Hôtel-restaurant Les Romarins, 1666 av de L'Europe, tél : 04 67 79 48 29. Chambre simple à 32 E, double 35 €. PdJ à 6 €. Menu de 12 à 17 € + carte. Fermé dimanche.

Hotêl Le Clos de L'Aube Rouge, 115 avenue de L'Aube-Rouge, tél : 04 99 58 80 00.

Chambre d'hôte, M. et Mme Dolino, 20 chemin du Château d'eau, tél : 04 67 72 17 51 ou 06 60 61 17 51. Nuitée à 64 € pour 1 et 69 € pour 2, fermé en juillet-aout.

Montpellier
Accueil possible dans une des communautés du diocèse :
Au Sanctuaire Saint-Roch, 4 rue de Vallat, tél : 04 67 52 74 87, 10 places, participation financiére libre.

Hôtel Saint Charles, 241 rue Auguste-Broussonnet, tél : 04 67 75 37 68, chambres à partir de 37 € et jusqu'à 53 €.

Hôtel Les Fauvettes*, 8 rue Bonnard (Quartier Saint-Charles), tél : 04 67 63 17 60, chambres à partir de 26 € et jusqu'à 45 €.

Auberge de jeunesse, rue des Ecoles-Laïques, tél : 04 67 60 32 22, nuitée et PdJ à 12.50 €, carte d'adhésion obligatoire. Ouvert toute l'année.

remplacé par Cami Roumieu, le chemin des Romains, et très vite Montpellier devint une ville forte de 35000 à 40 000 habitants, pour devenir la seconde cité du royaume de France.

A l'époque la ville est bâtie entre le Lez et son affluent le Verdanson qui alimentaient tous deux la cité en eaux potables. De nos jours Montpellier conserve toujours l'aqueduc Saint-Clément qui emmène l'eau dans le quartier du Peyroux pour ensuite la redistribuer aux habitants, et alimente une centaine de fontaines dans les différents quartiers de la ville !

Castelnau-le-Lez

Chemin à suivre pour les pèlerins à pied

Dos à la Mairie, descendre l'escalier à gauche, revenir par la rue de la Bonette Rouge à la Grande-Rue et l'emprunter à droite (sens interdit). Au bout, prendre à droite (2 heures) rue de la Promenade.

À une intersection en T prendre à gauche rue Fanfonne-Guillerme-d'Abivado, puis la rue Neuve et poursuivre tout droit jusqu'à une place goudronnée avec un parking, passer par un passage au milieu d'une barrière en bois, traverser la départementale et prendre une rue en face.

A voir, à visiter à Montpellier

La promenade royale du Peyroux. Le viaduc Saint-Clément. Palais des rois d'Aragon : portails XIVème et XVIIème. Vestiges de fortifications : tour des Pins XIIIème et XIVème. Le Musée de l'histoire de Montpellier, Xème et XVIème et la crypte Notre-Dame-des-Tables. Cathédrale Saint-Pierre XIVème. Eglise Saint-Mathieu (1624).

Accès internet à Montpellier

Le Nautilus,
23, quai du Verdansson,
04 67 79 27 46

Dimension 4,
11, rue des Balances,
04 67 60 57 57

Etech Informatique,
26, avenue Clemenceau,
04 67 92 20 12

À l'intersection suivante, prendre à droite le Chemin du Pont Romain en laissant filer le Chemin Occitan tout droit. Sortir de l'agglomération et continuer sur le goudron. Arrivé à une digue empierrée, prendre à droite et la longer.

En arrivant vers l'autoroute, enjamber la digue et passer sous l'autoroute, continuer sur le chemin de terre tout droit. À la fourche, prendre à gauche et 200 m plus loin à droite. Poursuivre ce chemin de terre qui s'approche de la Vidourle.

Arrivé au macadam, traverser le pont sur la Vidourle à gauche et entrer par la départementale à Villetelle, à une bifurcation avec une passion prendre à gauche.

Au stop, poursuivre tout droit D110 E1 direction Lunel. À l'intersection suivante, prendre à droite (flèche "Chemin de Saint-Jacques-de-Compostelle") en poursuivant sur la même départementale.

Prendre presque tout de suite à droite le Chemin de Montpellier puis, arrivé à une intersection en T, prendre à gauche. Dans un virage du chemin principal à gauche (une passion, flèche Capitelle) continuer tout droit sur le Chemin de Montpellier.

Arrivé à une fourche pas très nette, continuer tout droit. Entrer dans la belle forêt de conifères et, à une fourche, continuer tout droit c'est-à-dire à gauche. À l'intersection suivante continuer tout droit.

Arrivé à la D 34 (vous pouvez traverser cette route ici, avec énormément de précautions, pour retrouver en face la suite du parcours), tourner à droite et la longer sur le chemin de terre qui la surplombe, passer à côté d'un bas bâtiment en pierre. Ce chemin donne accès à la route. Au stop traverser la route avec précaution et prendre à gauche le chemin goudronné qui la longe.

Arrivé à proximité de l'autoroute, rester sur cette route qui tourne à droite et suit l'autoroute à quelques centaines de mètres - les vignobles à votre droite. Continuer ainsi pendant 2 km et arriver à la D 110, l'emprunter à gauche, passer sous l'autoroute et arriver à une bifurcation.

Prendre à droite la D 110 direction Lunel-Vieil, traverser un pont et, à la bifurcation suivante, prendre à droite la D 171 E1. 250 m plus loin prendre à gauche une route goudronnée direction Mas de Fontcendreuse. Arrivé à une départementale (171), obliquer légèrement à gauche, la traverser et reprendre la suite en face. Continuer à longer l'autoroute, passer un petit pont en laissant filer un passage sous l'autoroute à votre droite.

Puis traverser la D 54 et continuer sur le chemin de terre. A la première fourche, laisser filer un chemin à droite et continuer sur le chemin le mieux dessiné. Arrivé à une intersection en T, prendre à droite. À la départementale suivante (105), l'emprunter 150 m à gauche, la traverser, descendre en face sur le chemin qui immanquablement va continuer à longer l'autoroute.

Arrivé à un ruisseau, passer sous l'autoroute, tourner à gauche et traverser le ruisseau à gué. Longer l'autoroute maintenant à votre gauche. Dans une fourche, prendre à gauche en restant au plus près possible d'elle.

Arrivé à la D 106 (un haut talus devant vous), l'emprunter à droite sur 500 m et, à la première intersection, prendre à gauche un chemin de terre direction Moulin du Mas du Roux.

Traverser un petit pont à proximité de l'habitation et suivre un chemin de terre qui s'approche de l'autoroute. Juste avant une ferme, tourner à gauche et longer la ferme à votre droite, puis, face à la clôture, tourner à droite en longeant les murs de la ferme.
Poursuivre à travers la garrigue. À une patte d'oie, poursuivre tout droit. Suivre le chemin le plus accentué. Arrivé à une petite clairière, prendre tout droit un chemin (à 11 heures) en laissant à 1 heure le chemin plus accentué.

Il monte très légèrement. À la clairière suivante, prendre à droite (à 4 heures). Vous passez à côté d'une maison en bois à votre droite. 50 m plus loin, tourner à gauche. Face à une maison blanche, tourner à droite, la longer sur votre gauche, monter sur un talus et traverser un fossé, continuer à gauche sur un chemin qui longe un bois de conifères à votre gauche, puis une déchetterie du même côté.

Arrivé au macadam, le prendre à droite sur 100 m, puis emprunter un chemin de terre à gauche. À la première fourche, continuer tout droit puis, dans une clairière avec un arbre solitaire au milieu, continuer tout droit. Après un autre arbre solitaire, tourner à droite et tout de suite à gauche dans un large chemin de terre.

À une bifurcation face à une clôture, prendre à droite et 300 m plus loin continuer le long d'une clôture à votre droite. À la fin de cette clôture, continuer tout droit. Arrivé à une intersection en T avec les habitations à votre droite, choisir le chemin de gauche.

Traverser un cours d'eau sur les pierres et poursuivre à gauche. Arrivé à une intersection (entourée d'habitations), continuer tout droit sur un chemin de terre large. Traverser la nationale et emprunter en face rue de la Monnaie - on est à Vendargues. Vous tombez immédiatement sur un arrêt de bus 21 qui peut vous avancer jusqu'à Castelnau-le-Lez d'où vous pouvez continuer en tramway (un bus par heure, sauf entre 16 et 18 heures, deux bus par heure, les samedis trafic identique, fin de service 19 heures, les dimanches très rare).

Continuer tout droit sur cette rue jusqu'à la place des Ecoles-Laïques, puis continuer (à 1 heure) sur la rue de la Monnaie et prendre à droite rue de la Fontaine (sens interdit). Au rond-point, traverser tout droit et emprunter la piste cyclable qui longe la D 65 (route de Jacou) sur sa à droite.

Après le rond-point suivant, traverser cette route et continuer à la longer à gauche. À l'entrée du Crès emprunter tout droit l'avenue de Saint-Exupéry.

En face de l'école, prendre à gauche une rue en sens interdit (avenue de Languedoc) qui tourne rapidement à droite. À une intersection en T, prendre à gauche (avenue de Languedoc), passer un rond-point et un pont et tourner à droite juste après dans la rue de Chantrelles (signe sens unique).

Au bout de cette rue (après le cimetière), tourner à droite rue de Substantion, continuer rue de Rocaille, rue Recantou, puis Via Domitia et rue de la Monnaie. Aux feux tricolores, traverser tout droit l'Avenue Mistral en direction du stade, sur la Voie Domitienne.

Passer devant le stade et le collège et arriver au rond-point. (Etant donné les travaux, il n'y a là aucun balisage). Le traverser et emprunter en face une route goudronnée (interdiction d'entrer sauf pompiers) qui vous emmène rapidement à la piste cyclable qui longe une ligne de tramway.

Prendre la piste à droite. Au premier feu tricolore, quitter le tramway et prendre à gauche l'avenue de-Lattre-de-Tassigny. (On peut naturellement prendre ici le tramway vers le centre).

Continuer, passer devant le Palais des Sports - vous êtes avenue de la Monnaie (reprise du balisage). Après le cimetière, continuer direction Castelnau Centre par le Chemin du Romarin, puis à gauche Chemin du Thym.

Arrivé à la place du Four-à-Chaux (à votre gauche) poursuivre tout droit Chemin de l'Éclair (sens interdit), qui se transforme en rue Jules-Ferry. Elle vous amène à la Mairie puis à l'église.

Traverser la place de la Liberté, aller vers l'église et passer à sa droite. Remonter à gauche rue Camille-Pelletan (signe cul-de-sac), tourner à droite en épingle (à 5 heures), puis 20 m plus loin tourner à gauche rue Anatole-France, ensuite dans une intersection en T à droite et 20 m plus loin à gauche. À une bifurcation, prendre à droite rue du Prado.

À un rond-point, monter à droite vers la ligne de tramway et sa piste cyclable, et l'emprunter à droite. Traverser le Lez sur la piste cyclable et entrer à Montpellier. Après le cimetière (à votre gauche) tourner à gauche direction Centre Ville, rue de Ferran et continuer par l'avenue Saint-Lazare (longer à votre gauche le parc Edith Piaf).

La ligne de chemin de fer en vue, emprunter à droite l'avenue de François-Delmas. Arrivé à la station de tramway Corum, longer la ligne bleue de tramway (N° 1) à droite, qui passe par d'agréables rues piétonnes (Bd Louis-Blanc, Bd Louis-Pasteur) et vous emmène place Albert-1er (deux platanes sur le terre-plein central, et le tramway tourne à angle droit à droite).

Prendre à gauche la rue du Cardinal-de-Cabrières, qui vous emmène à la Cathédrale Saint-Pierre.

Montpellier

L'origine de la ville est incertaine. Selon certains, elle se serait appelée d'abord "Montepestelario". On trouve en effet cette appellation dans l'acte de donation du Comte et de la Comtesse de Mauguio, à Guilhem, en 985. Mais d'autres explications toutes aussi peu fondées sont aussi proposées.

Ce qui est attesté est qu'à cette date elle fait partie du fief de l'importante dynastie des Guilhem. Un siècle plus tard, elle est devenue un bourg fortifié, doté d'un château et d'une église. Mais sa croissance rapide laisse apparaître deux pôles, l'un autour du château, l'autre autour de l'église.

Ceci impose dès le début du XIIIème siècle la construction de nouveaux remparts - "la commune clôture" - pour réunir le bourg seigneurial et la partie épiscopale.

La création d'une monnaie (le sceau des consuls), d'une université de médecine puis d'une école de droit et d'art reflètent la prospérité d'alors. De nombreux vestiges de cette époque subsistent encore au cœur de la ville.

Montpellier se rattachera toutefois à la couronne d'Aragon et s'achèvera ainsi la dynastie des Guilhem, laissant place à une administration quasi républicaine avec la Charte des Coutumes et Libertés.

Au milieu du XIVème siècle, la vente de Montpellier au royaume de France augure une période de déclin que les deux siècles suivants confirmeront.

Au XVIème siècle, les luttes religieuses entre catholiques et réformés sont dramatiques et ne prennent fin qu'avec l'intervention des troupes de Louis XIII.

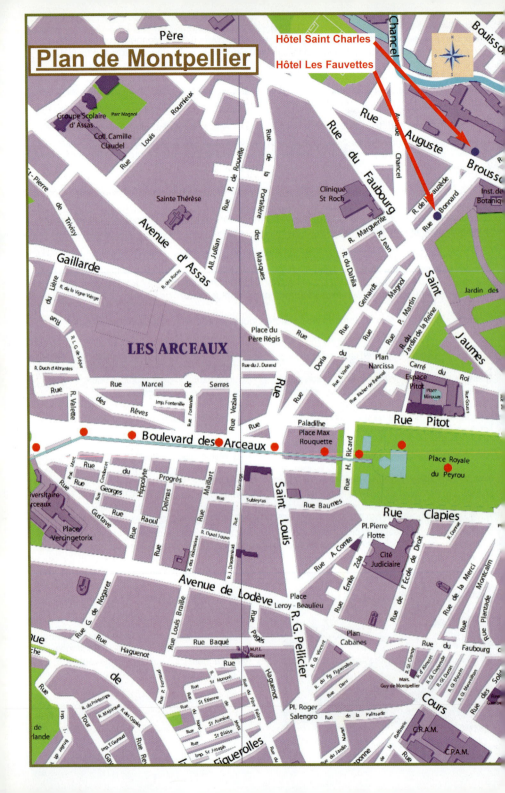

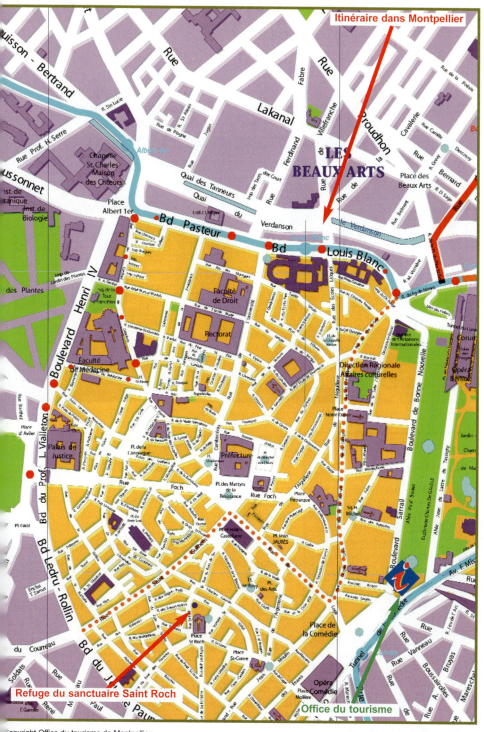

Etape N°4 19.2 Km
De Montpellier à Montarnaud
 5 h 0

Au **pont sur la Mosson** vous avez marché 2 h 40 et parcouru 10.3 km.
Au **carrefour de Bel-Air** vous avez marché 3 h 45 et parcouru 14.8 km.
A **Montarnaud** vous avez marché 5 h 00 et parcouru 19.2 km.

Promenade dans Montpellier

Grabels
Hôtel Confort Inn, tél : 04 67 52 43 33, mais à 4 km du parcours !

Chambre d'hôtes Le Mazet chez M. Robardet-Caffin, tél : 04 67 03 36 57, ou 06 20 80 21 75, chambre à partir de 42 € pour 1 et 54 € pour 2. Table d'hôte sur réservation à 11 €.

Montarnaud
Epicerie, boulangerie, charcuterie, bar, restaurant

Chambre et tables d'hôtes Les Muriers de Notre Dame, chez M. et Mme Pierre Thivolle, chemin de la Tour, tél : 04 67 55 65 95 ou 06 08 04 28 42, (route du stade), 32 € pour 1 et 52 € pour 2.

On quitte Montpellier après plus de 2 heures de progression dans un dédale urbain dans lequel on ne veut pas se perdre… Il faut être attentif au balisage quelquefois peu visible ! Nous déroulons notre fil imaginaire vers Aniane que nous n'atteindrons que demain.

Le Pèlerin retrouve le calme, passé Grabels, mais l'étape est volontairement courte. Les bons marcheurs pourront sans difficulté rejoindre Saint-Guilhem en début de soirée mais la visite de l'abbaye de Gellone ne sera pas possible et manquer un tel joyau classé au patrimoine mondial de l'Unesco en 1998 nous paraît impensable !

Ce sera un vrai plaisir de déambuler demain à l'ombre des ruelles étroites du bourg, de ne rien entendre d'autre que le vent qui siffle dans les ruines du Géant, dominant le village…. Mais pour cela une nuit à Montarnaud s'impose.

A voir, à visiter à Montarnaud

Le campanile. Eglise Notre-Dame-du-Fort. Château du XIIème. Camp retranché néolithique au nord. Villa romaine à la Tour. Inscription funéraire romaine.

Chemin à suivre pour les pèlerins à pied

Il y a deux façons de simplifier la sortie de Montpellier. Prendre le tramway N° 1 (ou encore plus direct le bus N° 15 de la gare Saint-Roch - très fréquent) jusqu'à l'arrêt Mosson et aboutir au repère **A** de la description.

Ou bien prendre ce même tramway jusqu'à Euromédecine, puis l'autobus 24 pour Grabels direction Le Pradas. Descendre à l'arrêt la Source, descendre à gauche, traverser le pont sur La Mosson et longer à gauche, à travers le parcours de santé jusqu'au prochain petit pont. Vous avez rejoint le balisage au repère **B**.

Dos à la Cathédrale, monter les marches en face et prendre à droite la rue de l'Ecole de Médecine. Arrivé au Bd Henri IV, le prendre à gauche. Face à l'Arc de Triomphe à votre gauche, traverser à droite et entrer dans la Place Royale du Peyrou.

Aller au bout, descendre l'escalier à droite puis longer l'Aqueduc à votre gauche sur le Bd des Arceaux. Quand l'Aqueduc oblique à gauche, continuer à le suivre (Bd Benjamin Milhaud, direction Millau) pour aboutir sur l'avenue de Lodève. La suivre une petite heure.

Garder cette direction et après avoir passé sous un pont de la voie rapide, traverser à droite et longer le talus de cette voie rapide en passant par un parking. Vous aboutissez dans une allée avec deux rangées d'arbres, puis arrivez à proximité du terminus du tramway N° 1 (Mosson), Place Robert Schuman.

A. Garder la même direction en obliquant légèrement à gauche sur l'avenue de Heidelberg en vous dirigeant vers le stade bien visible. Longer le stade puis ses parkings. Après leur fin (terrain de volley à votre gauche), descendre à gauche par une chicane dans un parc. Reprise du balisage.

Traverser ce parc, en vous dirigeant vers un mur blanc à votre droite (à quelque 300 m) et en longeant le terrain de jeux à votre droite, puis un muret à votre gauche.

En vue des immeubles, sortir du parc par un tourniquet, prendre à gauche et tout de suite à droite sur un chemin qui longe la Mosson. Continuer sur ce chemin tantôt de terre, tantôt goudronné. La traverser par une passerelle en bois puis retraverser sur une passerelle en béton. Entre une maison et un garage, traverser le pont sur un affluent et continuer tout droit.

Peu après, quand le macadam part à droite, continuer tout droit sur un chemin de terre. Arrivé à un rocher solitaire, vous êtes à la hauteur de Grabels. Traverser le pont et poursuivre tout droit en montant en face.

B. À la première fourche prendre à droite. À l'approche d'une barrière, prendre à droite, traverser un ruisseau et à la bifurcation suivante, prendre à droite. Arrivé sur un chemin plus large, monter à gauche. Arrivé sur un plateau, poursuivre sur ce chemin qui oblique à gauche. Poursuivre sur le même chemin qui s'approche d'une ligne de moyenne tension.

Arrivé au groupe de trois poteaux électriques, obliquer à gauche. Des pierres bloquent le passage, continuer le long de la ligne électrique. Une carrière à votre droite, continuer vers trois autres poteaux en haut de la colline. 200 m après les avoir dépassés, virer à gauche (balise) et longer un circuit de karting à votre droite.

Quelques centaines de mètres plus loin, le chemin très bien balisé vire à droite vers la ligne de moyenne tension et arrivé à celle-ci, tourner à gauche pour la suivre. Continuer à suivre le chemin en direction des habitations. Avant de les atteindre, il oblique et passe sous la ligne électrique.

Arrivé à une intersection en T, tourner à gauche. Traverser la départementale à proximité d'une barrière et continuer en face sur un chemin de terre en suivant approximativement la ligne électrique. On est à proximité de Bel-Air. Traverser une autre départementale et emprunter en face un chemin de terre qui suit la même ligne électrique.

On passe face à un grand haras à votre gauche et on continue sur le même chemin avec la même ligne. À l'intersection suivante, avec un transformateur sur un poteau, continuer tout droit. À une intersection en T, tourner à gauche et tout de suite à droite pour garder la même direction.

Arrivé à la départementale, la prendre à gauche. Entrer à Montarnaud et continuer tout droit. Arrivé à une intersection en T, avec la fontaine, tourner à gauche et tout de suite à droite pour atteindre l'église.

La garrigue et le vin

L'arrière-pays méditerranéen se caractérise par son paysage de garrigue. Ce mot viendrait de l'occitan "garrigua" désignant les landes où l'on trouve les chênes kermès.

Loin d'être figé, ce milieu naturel a évolué au cours des siècles et regroupe une multitude de terroirs.

Il y a plusieurs milliers d'années, ces espaces étaient occupés par d'épaisses forêts de chênes pubescents.

La végétation, de moins en moins dense (et cela est surtout vrai depuis le XIXème siècle), est composée d'essences variées : chêne vert, chêne blanc, buis, genévrier cade, pin d'Alep, plantes aromatiques telles que le romarin, le thym, la sauge.

La garrigue se développe sur des sols divers qui correspondent à plusieurs terroirs viticoles. Les vignobles du Pic Saint-Loup (AOC) s'étendent sur des sols sableux et caillouteux colorés par de l'argile brun-rouge. On y cultive ces cépages : syrah, grenache noir et grenache blanc.

Séparés des terroirs précédents par des espaces de transition, des sols marno-calcaires permettent la culture de cépages moins méridionaux tels que le merlot, le cabernet pour le vin rouge, le chardonnay ou encore le sauvignon pour le vin blanc.

Etape N°5 20 km
De Montarnaud à Saint-Guilhem-le-Désert
5 h 20

A **La Boissière** vous avez marché 1 h 15 et parcouru 5 km.
A **Aniane** vous avez marché 3 h 05 et parcouru 12.2 km.
Au **Pont du Diable** vous avez marché 4 h 20 et parcouru 16.2 km.
A **Saint-Guilhem** vous avez marché 5 h 20 et parcouru 20 km.

Le pont du Diable, peu avant Saint-Guilhem-le-Désert.

Aniane
Hôtel restaurant Saint-Benoît, route de Saint-Guilhem, tél : 04 67 57 71 63. Chambre de 60 à 70 €. Repas à partir de 19 €, 1/2 pension entre 55 et 60 €.

Camping : Moulin de Sciau, chemin Moulin de Sciau, tél : 04 67 57 01 08, petite épicerie de dépannage.

Chambres et tables d'hôtes La Colombe Verte, Mme Duplessis-Kergomard, Chemin des Horts, tél: 04 67 57 23 97, à 5 mn du bourg, nuitée de 39 à 50 €. Repas 17 €. lejardindannie@9online.fr

Saint-Jean-de-Fos
Gîte d'étape Les Lilas, 13 rue du Jeu de Ballons, tél : 04 67 57 32 97, route de Gignac

En route de nouveau pour une étape courte au milieu des pieds de vignes dans les cépages les plus connus: Carignan, Cinsault, Cabernet, Sauvignon, pour rejoindre les terres arides du piémont cévenol… où à Aniane nous nous trouverons dans les premiers contreforts du Larzac. Attention l'étape comporte un court passage dans un tunnel SNCF entre les hameaux de La Boissière et Aniane, sans danger car très court (350 mètres), désaffecté, mais il est obligatoire de s'équiper d'une bonne lampe torche. Cette variante de parcours que nous vous suggerons permet de gagner 2 km sur l'étape ! Faites votre choix !

Pour nous l'étape débute vraiment à Saint Guilhem-le-Désert, nous ne boudons pas notre plaisir d'avoir eu aujourd'hui une étape courte, afin de prendre le temps de déambuler au calme dans le village médiéval, où l'abbaye de Gellone est l'objet principal de notre visite.

Chambre d'hôte la Maison d'hôtes, M et Mme du Boullay, 13 rue de Caminol, tél : 04 67 57 31 41.

2 chambres d'hôte M et Mme Langlois , tél : 04 67 57 45 29, ou 06 83 51 75 75, à l'entrée du village à 300 mètres du pont du Diable ne fait pas table d'hôtes mais cuisine en libre gestion.

Saint-Guilhem-le-Désert
Accueil possible à la communauté du Carmel Saint-Joseph, tél : 04 67 57 75 80, pas de repas, cuisine en gestion libre, réservation souhaitée.

Gîte de la Tour, tél : 04 67 57 34 00, M. Peltier, 38 rue de la Font de Portal, nuitée à 12 €, cuisine à disposition. gitedelatour@free.fr

Gîte d'étape pèlerin au dessus de la Crêperie Le logis des Pénitents, rue Font du Portal, M. Maurice, tél: 04 67 57 48 63 ou 06 60 57 07 51, nuitée à 9.90 €. Menu à 14.50 €. lelogisdespenitents@wanadoo.fr

A 3 km entre Saint-Jean de Fos et Saint-Guilhem, fléché depuis Saint-Jean-de-Fos, gîte d'étape des Plos, tél : 04 67 57 47 72, ou 06 28 28 06 03. Nuitée de 6 à 8.50 €. 1/2 pension de 27 à 30 € selon la fomule. Cuisine en gestion libre.

(A 10 km du chemin, au hameau de Lavagne, sur la D122, route de Monpeyroux) Gîte d'étape l'Auberge des Lavagnes, tél : 04 67 73 12 79, 22 places, nuitée à 15 E. 1/2 pension à 34 €. Cuisine en gestion libre. Réservation souhaitée.

Hôtel (et restauration rapide) La Taverne de L'Escuelle, 11 Grand Chemin Val Gellone, tél : 04 67 57 72 05. Chambre à 50 €. PdJ 6 €.

Elle renferme le tombeau de saint Guilhem, depuis presque 14 siècles, et il y a tant de richesses à voir, l'église, le cloître, l'abside, l'après-midi va passer très vite ! Guilhem a pour origine la forme romane du nom franc Whilhelm, composé de Whil qui veut dire la volonté et de helm : la tête casquée. C'est à peu près comme cela que l'on pourrait résumer la vie de saint Guillaume...

Il ne quitta jamais son armure et fut l'un des plus fidèles conseillers de Charlemagne dont il était également un grand ami, et quand on apprend que son grand-père était Charles Martel, on s'imprègne de ce sentiment de force tranquille du village !

Le cloître de l'abbaye de Gellone

Chemin à suivre pour les pèlerins à pied

(Attention ! L'un des itinéraires que nous vous proposons comporte le passage d'un tunnel, donc la nécessité d'avoir un éclairage).

Dos tourné à l'église, revenir sur vos pas vers la fontaine et prendre tout droit la direction Argelliers sur la D 27 E1. 150 m plus loin, traverser un pont et tourner à gauche dans la rue de la Fontaine.

Continuer tout droit et, à l'intersection suivante, tourner à gauche sur une placette, traverser un pont. Sur une place devant un groupe scolaire, prendre tout droit une rue qui monte.

Au fond à une bifurcation, prendre à droite la flèche Larroque à Pétrou et, à la fourche suivante, prendre à droite un chemin (signe cul-de-sac).

Le roc de la Bissonne et le cirque de l'Infernet en quittant Saint-Guilhem-le-Désert.

Au bout du goudron, continuer sur le chemin de terre, longer les falaises à votre gauche et à côté d'un poteau électrique sur lequel la ligne se termine, tourner à gauche et encore à gauche. (Vous pouvez aussi monter tout droit sur une pente beaucoup plus raide).

Le sentier sinue à travers la garrigue, continuer à monter pour arriver à un chemin plus large. Arrivé presque en haut (en vue de la barrière en bois) tourner à droite et 30 m plus loin à gauche. Vous êtes arrivé à la départementale.

La prendre à droite. Vous allez la suivre jusqu'à La Boissière - à un moment donné vous pouvez la quitter à droite en suivant le balisage pour y revenir quelques centaines de mètres plus loin ; ça diminue légèrement la dose du macadam.

En vue de La Boissière, la départementale tourne à gauche, la suivre et entrer dans l'agglomération. Juste avant le rond-point, tourner à droite et, après le monument aux morts, tourner à gauche (8 heures) et traverser un ancien pont de chemin de fer fermé à la circulation pour prendre à droite le Chemin de l'Église qui devient Chemin Rural N° 4.

Continuer tout droit en obliquant légèrement à droite dans une intersection pour marcher sur une ancienne ligne de chemin de fer (dépourvue de rails) longée par une ligne de moyenne tension. Suivre cette voie en traversant une départementale, traverser plusieurs ponts, longer un lac à votre gauche pour arriver à un pont désaffecté qui enjambe la piste.

Pour passer par le tunnel : 200 m plus loin, laisser filer le balisage à gauche et rester sur cette ancienne ligne de chemin de fer. Suivre cette voie sans s'occuper des voies transversales. 800 mètres après avoir quitté le GR franchir le viaduc. L'entrée du tunnel est à 500 mètres. Continuer après en être sorti pour passer un autre viaduc.

Traverser une première route goudronnée et 200 m plus loin à l'intersection suivante, tourner à droite (vous retrouvez le balisage). Vous êtes à Aniane. À l'intersection suivante, descendre à droite le Chemin du Jougarel (sens interdit), continuer entre les murs et arriver à une intersection en T (un temple à votre gauche, une fontaine) où l'on prend à droite.

A = Longer l'église et passer sous trois arches, prendre à droite et tout de suite à gauche. Arrivé Place de la Liberté, traverser la D 27 et emprunter tout droit la D 32 (av Saint-Guilhem).

À la fourche, continuer tout droit et sortir d'Aniane. À la fourche suivante, prendre à gauche une route goudronnée qui descend et, 150 m après un petit pont, prendre à gauche un chemin goudronné (3,5 T) direction Mas de Carottes.

Arrivé à l'entrée de la carrière, prendre à gauche et continuer sur le chemin qui suit l'Hérault, puis tourne à droite et s'en éloigne. Il devient goudronné et tourne à gauche. Arrivé à une intersection en T, prendre à gauche puis, arrivé à la départementale 27, prendre à gauche direction Saint-Guilhem-le-Désert. Arrivé au Pont du Diable, prendre à droite la D 4.

La longer dans les belles gorges de l'Hérault. À un moment, le balisage vous permet de la quitter à droite pour la longer sur un sentier quelques mètres en contre-bas, puis à l'entrée de Saint-Guilhem-le-Désert le sentier remonte sur la départementale.

Après la place du Portal, prendre à gauche la Font du Portal et, en haut, passer sous un arc pour aboutir à la place de la Liberté et l'Abbatiale.

Pour suivre le chemin rouge et blanc : 200 mètres plus loin virer à gauche (panneau HES1 à gauche) par la piste qui descend (bon balisage). Après 1 km vous êtes en contrebas d'une d'une route.

Poursuivre par la piste, et s'engager ensuite par une piste qui part sur la droite et qui monte fortement. Après 300 mètres, faire de même pour prendre à droite la piste qui monte.

Dans la descente avant la route bitumée, laisser une petite habitation sur la droite. Traverser ensuite prudemment la route (qui est en virage) et poursuivre la descente. Sur la D27, poursuivre tout droit, puis prendre sur la gauche (avant le village) le chemin de Jougarel, pour tourner ensuite plus loin à droite vers l'église (puis suivre **A**, 20 lignes plus haut).

Saint-Guilhem-le-Désert

Guilhem (à l'époque un sympathique surnom lui est trouvé : le marquis au court Nez) était de race royale : petit-fils de Charles Martel par sa mère Aude, il était donc cousin germain de Charlemagne auquel il restera attaché toute sa vie. Elevé à la Cour avec ses cousins, il est remarqué pour son habileté dans les armes, mais aussi pour son intelligence et sa piété.

Lorsque Charlemagne monte sur le trône, Guilhem devient un de ses vaillants lieutenants. Il conquiert l'Aquitaine et la défend devant les invasions des Sarrasins. Il accumule les victoires et se voit récompenser par le titre de prince d'Orange. Au retour de sa victoire de Barcelone, il apprend la mort de sa femme. Il a alors 45 ans. Désemparé, il aspire à la solitude, remet sa principauté d'Orange à son fils, et vient à Paris avertir son roi. A la demande de celui-ci, il l'accompagne à Rome.

A son retour, il découvre ce val de Gellone qui lui semble convenir pour établir sa retraite. A quelques lieux de là, il retrouve aussi son compagnon d'enfance Witiza, devenu Benoît fondateur de l'abbaye d'Aniane. Il fait alors construire un monastère à Gellone et s'y installe avec quelques religieux. Rappelé par Charlemagne, il l'assiste lors de sa mort et reçoit au moment des adieux une relique de la Vraie Croix que l'empereur avait ramenée de Rome. Il regagne son monastère et un an plus tard se retire définitivement dans sa cellule où il meurt pieusement en 812.
Il est enterré dans l'abbatiale.

L'abbaye devient alors lieu de pèlerinages où l'on vient prier l'ermite et où l'on vénère la relique de la Croix. Trois siècles plus tard, le site prend le nom de Saint-Guilhem-le-Désert.
De l'abbaye, il ne reste aujourd'hui que l'église consacrée en 1076. Le cloître et les bâtiments monastiques ont été dispersés.

La nef romane est dépouillée de toute ornementation.

Haute de 18 m et large de 6 m seulement, elle est couverte d'une voûte en berceau, soutenue par des arcs-doubleaux qui retombent sur des pilastres.
Des baies hautes éclairent la nef d'une belle lumière. Des collatéraux eux-mêmes voûtés en plein-cintre complètent l'édifice dont la sobriété et l'élégance en font l'un des chefs-d'œuvre du Languedoc.

L'huile de cade

Le genévrier cade (Juniperus oxycedrus) est un petit arbre caractéristique des garrigues méditerranéennes. Son bois, réputé imputrescible, est utilisé pour faire des statues ou des linteaux de portes, mais on peut aussi en extraire par pyrolyse un liquide sombre, à l'odeur âcre, dont les vertus sont reconnues depuis l'Antiquité : l'huile de cade.

L'huile de cade est connue surtout pour ses vertus antiseptiques et cicatrisantes : les bergers s'en servaient pour traiter la gale des moutons, tandis que les maréchaux-ferrants l'incorporaient dans leurs préparations pour soigner les sabots des chevaux. La forte odeur de l'huile de cade en fait un répulsif puissant pour les insectes et les rongeurs.

Aujourd'hui, cette huile est surtout utilisée par les laboratoires cosmétiques et pharmaceutiques ; elle entre en très faible quantité dans la composition de shampooings, pommades et savons.
Jadis extraite en pleine garrigue dans des fours à cade, l'huile de cade est aujourd'hui produite en usine. La dernière de ces fabriques encore en activité se situe à Claret, au milieu du vignoble du Pic Saint-Loup. Créée en 1936 par les Boissier, cette usine appartient toujours à cette famille.

Souvenirs ferroviaires entre La Boissière et Aniane !

La ligne de chemin de fer sur laquelle vous marchez reliait Montpellier à Rabieux. Elle a été créée progressivement à partir de 1892 et le tronçon que vous arpentez a été inauguré le 26 août 1894.

Elle assurait, hors le trafic de voyageurs, le transport de marchandises - du vin, du raisin, de la bauxite (le "lac" que vous croisez est en fait une ancienne mine de bauxite, où un dynamitage de trop à fait surgir de l'eau venant d'une nappe phréatique). Le service de marchandises et de passagers s'est arrêté en 1933 (déjà sous pression des compagnies de cars privés), puis a repris brièvement durant la guerre.

Le tunnel

Nous décrivons une variante par rapport au parcours classique avec le passage par un tunnel de l'ancienne ligne de chemin de fer (entre La Boissière et Aniane).

Tout d'abord ce parcours est beau (superbe vue du pont sur les gorges côté Aniane), et intéressant.

Puis il raccourcit l'étape d'une demi-heure (et vous fait économiser quelques kilojouls d'énergie en offrant moins de dénivelé) ce qui pourrait être appréciable, surtout pour ceux qui feraient Montpellier - Saint-Guilhem d'un trait.

Ce tunnel, long de 200 à 300 mètres et en courbe, vous garantit au milieu une obscurité parfaite.

D'où une nécessité absolue d'avoir un éclairage efficace. Il ne présente aucun danger ni obstacle et il n'y a aucune restriction à le traverser. Naturellement les claustrophobes peuvent s'abstenir et suivre le balisage.

On ne peut pas exclure complètement de le voir traversé par une voiture. Ni son état ni la signalisation ne s'y oppose. Cependant, on peut penser que dans ce cas le véhicule roulerait au pas aussi bien du fait de l'état du sol que de la proximité des parois.

Il y a assez de place pour le croisement entre un piéton et une voiture. Mais ceci renforce la remarque précédente concernant la lumière.

Entre La Boissière et Aniane

Etape N°6 25 Km
De Saint-Guilhem à Saint-Jean-de-la-Blaquière

 6 h00

A **Arboras** vous avez marché 3 h 50 et parcouru 14.2 km.
A **Saint-Jean-de-la-Blaquière** vous avez marché 6 h 00 et parcouru 25 km.

Les vignes dans la vallée du Lagamas

Saint-Jean-de-la-Blaquière

Boulangerie, épicerie, bar.

Gîte d'étape de la mairie, (centre bourg), s'adresser à la mairie, tél : 04 67 44 73 67. 12 places, cuisine, nuitée à 12 €.

Hôtel du Sanglier**, tél : 04 67 44 70 51, au lieu-dit Domaine de Cambourras (entre St-Jean et Rabieux sur la D 144, à 500 mètres du chemin), possibilité de venir vous chercher en voiture (entre 15 h 00 et 17 h 30).

Il y a peu nous quittons la Camargue et l'étape d'aujourd'hui est la transition entre la plaine humide et la rocaille qu'il va falloir gravir. Au pied de la montagne, en quittant l'abbaye de Gellone, les premiers kilomètres sont difficiles car le chemin monte en lacets à flanc de collines vers le col.

Attention 1.6 km après Saint-Guilhem, il faut signaler le risque de faire fausse route si vous n'êtes pas attentif au balisage (ou aux explications de ce guide) qui se dirige vers l'énorme falaise qui domine le vallon : le Roc de la Bissonne.

Le sentier devient ensuite moins rude, progressant de-ci de-là entre les genêts, et les différents oliviers Clermontaise, Cornicabra ou Ménudel, qui font les meilleures huiles, et qui s'accrochent désespérément à leurs cailloux !

> **A voir, à visiter à Saint-Jean-de-la-Blaquière**
>
> Eglise Saint-Jean-Baptiste IXème. Chapelles funéraires du XIXème et XXème. Dolmen néolithique.
>
> Un château du XVème. De nombreuses capitelles. Les Tourres : tours wisigothiques en grand appareil. Four à chaux médiéval, près de l'église Saint-Apollinaire. Maison Nouguier : fenêtre gothique trilobée

La descente après le col (domaine de la Croix Blanche), serpente par de larges lacets rejoignant la petite vallée de la Marguerite.

Après 25 km l'arrivée à Saint-Jean vous laissera une confortable après-midi à l'ombre de la calme place ombragée du village, où vous pourrez déguster avec modération durant le déjeuner, le vin des Terrasses du Larzac, car ici le sol est sablo argileux chargé de cailloux, ruffes rouges en couches horizontales marno calcaires et donne un goût charpenté aux vins locaux !

Chemin à suivre pour les pèlerins à pied

Dos à l'Abbatiale, prendre en face la rue du Bout du Monde, dépasser l'interdiction de vélos, traverser un petit pont et emprunter à gauche (8 heures) un sentier qui après avoir passé une chicane monte en lacets sur le versant gauche de la vallée. Plus haut, prendre à gauche (7 heures) le balisage jacquaire en ignorant la variante qui file tout droit vers un rocher assez proche. Arriver au col (vous venez de faire 370 m de dénivelé) puis suivre le balisage pratiquement à plat. À un grand cairn au milieu du sentier continuer tout droit, passer une chicane et arriver à un chemin de terre large et carrossable, le prendre à gauche et commencer une douce descente.

Ignorer un sentier qui arrive de droite et passer par un col. Au col, prendre à droite (5 heures), passer à côté d'une barrière en métal (interdit aux véhicules) et continuer à monter doucement sur un très large chemin de terre (dans un virage, panneau Forêt Domaniale de Saint-Guilhem-le-Désert). Vous arrivez à un cairn avec une vue très étendue. Arrivé à une intersection en T, prendre à droite (à gauche le panneau Forêt Communale de Montpeyroux).

Ce chemin jusque-là suit essentiellement les crêtes. Il est très chichement balisé, mais n'offre pas la possibilité de s'égarer. Le chemin surplombe le village de Montpeyroux à votre gauche. En vue d'une bergerie face à vous, quitter le chemin large pour descendre à gauche un chemin pierreux vers la bergerie et, 30 m avant de l'atteindre, prendre à droite un sentier qui descend fortement dans la garrigue.

A la jonction avec un chemin de terre plus large, poursuivre tout droit avec une antenne blanche et rouge en ligne de mire. À voir éventuellement les abris sous roche à votre droite. Dans une intersection en T avec un chemin de terre plus large, prendre à gauche. Passer une barrière en métal et continuer tout droit à monter ce chemin devenu goudronné. Arrivé à une intersection en T avec un chemin goudronné (avec une ligne électrique), le prendre à droite.

Au quatrième poteau, descendre à gauche (7 heures) le premier sentier disponible qui passe par les belles gorges du Rouvignou. Arrivé à la départementale, la prendre à droite, traverser le pont et continuer en direction d'Arboras (aire de pique-nique).

Traverser un deuxième pont et entrer à Arboras rue du Platane, passer à côté du platane et 50 m plus loin au stop (un point d'eau) continuer à traverser Arboras tout droit. 100 m avant la sortie de l'agglomération, prendre à gauche un ancien Chemin de Saint-Privat (3.5 t, un calvaire). (Attention à Arboras, rencontre de deux chemins de randonnée avec le balisage identique - possibilité de confusion). Ce chemin commence par descendre un peu (balisage) puis remonte progressivement, suivre tout le temps le chemin le plus large qui une heure plus tard vous emmène au col et à la départementale.

La traverser et emprunter en face un large chemin de terre qui descend. Au premier virage serré à droite (5 heures) (balisage contradictoire), prendre à droite. 400 m plus loin dans une fourche prendre à gauche. Le chemin descend en lacets sans poser d'autres problèmes et vous retrouvez à votre droite une oliveraie.

Après celle-ci, en vue d'un cours d'eau, vous pouvez couper le dernier lacet, descendre vers le cours d'eau et le traverser puis remonter à gauche. Dans une intersection en T, monter à droite puis dans la bifurcation suivante à droite et vous atteignez tout de suite la route goudronnée que vous prendrez à gauche. 200 m plus loin, dans un virage de la route à droite, la quitter et continuer tout droit entre les vignes le long d'une ligne électrique. Continuer tout droit après un groupe de jeunes chênes (vue sur St-Jean-de-la-Blaquière).

Dans une intersection en T, prendre un chemin de terre à droite, il tourne à droite et arrive au macadam où vous tournerez à gauche. Continuer sur la D 153 et entrer à Saint-Jean-de-la-Blaquière.

Arrivé à une intersection en T, prendre à droite direction Lodève, traverser le pont et après la place du Tilleul, prendre tout droit la Grande Rue (30 km/h, voie unique). Arrivé place de la République (la Mairie à votre gauche), tourner à droite et 30 m plus loin tourner à droite dans la rue de l'Eglise, qui vous amène au centre du bourg.

Saint-Jean-de-la-Blaquière

Saint-Jean-de-la-Blaquière se situe dans l'Hérault. Le village doit son nom à son église du XIème siècle consacrée à saint Jean Baptiste, et sans doute à une plantation de chênes blancs ("blaca" signifie "chêne blanc" en occitan). Il est fait mention du village pour la première fois dans le "testament" de saint Fulcran: y figurent l'église dédiée à saint Jean Baptiste et la villa (propriété romaine) du nom de "Plevis".

Parmi les diverses curiosités de la localité, on peut admirer le chœur roman (datant du XIIème siècle) ainsi que l'abside en cul-de-four de l'église paroissiale, inscrits aux Monuments Historiques.

A voir aussi un château du XVème siècle. Dans les vignes environnantes restent de nombreuses "capitelles", cabanes de vignerons construites en pierre sèche. Celles-ci ont ici la particularité d'être rouges, de la couleur de la roche locale, la ruffe.

Des documents royaux des XIIème et XIIIème siècles mentionnent la villa sous le nom de "Saint Jean de Pleus". La Révolution confisque au village la moitié de son nom, qui s'appelle dès lors La Blaquière jusqu'en 1834.

Etape N°7 13.7 Km
De Saint-Jean-de-la-Blaquière à Lodève
 3h40

A **Usclas du Bosc** vous avez marché 0 h 40 et parcouru 2.5 km.
Au **prieuré Saint-Michel-de-Grandmont** vous avez marché 2 h 00 et parcouru 8 km.
A **Lodève** vous avez marché 3 h 40 et parcouru 13.7 km.

En chemin vers Lodève

Lodève
A 2 km avant Lodève accueil possible mais pas obligatoire des pèlerins, en famille chez Monique et Emmanuel, à patir 18 h 00, tél: 04 67 44 00 76, prévenir la veille au soir (lieu-dit Les Saulières), 3 places.

Accueil groupe et individuel au Domaine de Campeyroux, Espace Lutéva, route des Plans, tél : 04 67 44 15 90, nuitée 15 € par nuit et par personne. Capacité 13 places. Pas de repas, mais petite cuisine de dépannage. Ouvert toute l'année. Réservation conseillée par téléphone, (à 3 km du bourg vers les Plans)

Aujourd'hui vous ne cheminerez que 3 heures, car les occasions de visites sont nombreuses.
En effet le programme culturel est bien chargé pour aujourd'hui, car il est possible de visiter l'église Saint-Gilles à Usclas-du-Bosc, témoignant de la fonction du village sur le chemin de Saint-Jacques-de-Compostelle. Le portail du château est encore aujourd'hui surmonté de la coquille de Saint-Jacques et de la gourde, emblèmes des pèlerins.

Un peu plus loin c'est le Prieuré de l'abbaye Saint-Michel-de-Grandmont, où les dolmens ont plus de 5000 ans. L'abbaye fut fondée à la fin du XIème siècle par l'ordre de Grandmont en Limousin qui a connu son apogée au XIIème siècle. Les moines y vivaient en autarcie, ne négligeant jamais l'hospitalité aux pèlerins de passage.

Gîte d'étape La Mégisserie, quai Mégisserie (centre ville), M. Bléron, tél: 06 74 58 56 03, 20 places. Nuitée 18 €, possibilité de repas à 14 €, 1/2 pension pèlerin à 30 €. Ouvert toute l'année.

Hôtel du Nord, 18 Bd de la libertée, (prix pèlerins), tél : 04 67 44 10 08, 25 chambres à partir de 38 €.

Hôtel-restaurant de la Paix**, 11 boulevard Montalangue, tél : 04 67 44 07 46. Nuitée à 45 € ou 53 € pour couple. Fermé novembre et février.

Hôtel-restaurant de La Croix Blanche**, 6 av Fumel, tél : 04 67 44 10 87. Chambre à 42 € pour 1 ou 2. Menus de 15 à 20 + carte.

Chambres d'hôtes la Villa Jeanne, 648 avenue Paul Teisserenc, (centre bourg), tél : 04 67 96 24 12, Mme Jones, nuitée à 32 €, et 45 € pour 2.

Chambre d'hôtes La Roseraie, au lieu dit Le Versailles, 1 rue des Casernes, Mme Delorme, tél : 04 67 44 12 76, (juillet-août uniquement). Chambres à 40 €, cuisine en gestion libre.

Chambre d'hôtes, Atelier du Soulondre, (centre bourg) Mme Mc Ewen, 16 bis chemin de Tines, tél : 04 67 44 41 70, ou 06 72 92 80 50. Nuitée 30 € pour 1, 48 € pour 2. Ouvert toute l'année.

Camping Les Vals, route du Puech, (centre bourg), tél : 04 67 44 36 57. Emplacement 10.50 €

<u>A 2 km après Lodève, sur le chemin</u> : gîte d'étape du domaine de Belbezet, Mme Cocrelle, tél : 04 99 91 00 73, ou 06 09 84 99 24. 10 places, cuisine à disposition mais aussi possibilité de table d'hôtes à partir de 13 €, PdJ 4 €, demi-pension 28 €. Nuitée à 12 €. belbezetlegite@free.fr

Puis c'est la visite à Lodève, sur les bords paisibles du Lauroux, de Saint-Fulcran avec sa tour haute de 57 mètres qui vous permettra de clôturer au mieux l'étape. La cathédrale Saint-Fulcran édifiée aux XIIIème et XIVème siècles est classée monument historique et appartient au groupe des cathédrales gothiques fortifiées du Languedoc.

Son ancienne tour de défense qui sert aujourd'hui de clocher (XIIIe) et sa façade occidentale lui donnent une allure héroïque et austère qui se rapproche du style des constructions romanes. A l'intérieur, le cloître, les nombreuses chapelles ainsi que le magnifique lustre de cristal offert par la Reine Victoria en 1860.

Vous comprenez mieux maintenant pourquoi l'étape d'aujourd'hui est si courte ! A Lodève le gîte d'étape de La Mégisserie réserve un accueil chaleureux, et s'il vous reste 2 km de courage dans les jambes vous pouvez poursuivre votre quête intérieure au Domaine de Belbezet où vous trouverez sur le chemin un gîte d'étape tout à fait sympathique et où la cuisinière saura, par ses bons petits plats, vous régaler !!

A voir, à visiter à Lodève

Cathédrale Saint-Fulcran XIIIème. Eglise Saint Pierre. Prieuré Saint-Michel-de-Grandmont XIIème et son dolmen. Cité Templière de La Couvertoirade. Palais Episcopal XVIIIème. Tours et ponts médiévaux.

Accès internet à Lodève

Allovite,
30 rue de la République,
04 67 44 42 54

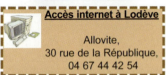

Chemin à suivre pour les pèlerins à pied

Dos à l'église, prendre à gauche la rue de l'Eglise, sortir sur la place de la République. La traverser en diagonale à droite et emprunter à gauche le Chemin de Saint-Privat.

Dans un virage de la départementale à droite, à côté d'une maison avec une large tour ronde, quitter la départementale et emprunter tout droit un petit chemin goudronné.

Traverser un petit pont à côté d'une borne d'incendie et continuer tout droit sur du macadam. Après l'entrée d'une propriété à votre gauche, quitter à gauche (11 heures) le macadam pour un sentier qui descend (cairn).

50 m plus loin, tourner à gauche et continuer à descendre, traverser un cours d'eau et monter en face. Traverser un chemin de terre plus large et continuer à monter puis, arrivé à un chemin de terre plus large, le prendre à droite.

Arrivé à l'intersection suivante avec une croix et un banc, descendre 20 m vers un chemin goudronné. Le traverser et descendre par un sentier en face avec le village en ligne de mire. Retraverser le ruisseau et continuer en face.

Traverser un autre chemin et continuer à monter en face puis, arrivé au macadam (les habitations en vue), l'emprunter à gauche. Arrivé à une intersection en T, tourner à gauche rue de la Liberté pour entrer entre les habitations 15 m plus loin vous voyez l'église d'Usclas-du-Bosc à votre droite.

Emprunter tout droit la rue du Puits (que vous voyez à votre droite) - vous êtes arrivé à la Place du Grand Chemin, poursuivre tout droit rue de la Vierge. Continuer à monter un chemin bétonné puis, arrivé à la statue de la Vierge à votre gauche, monter à gauche le chemin de pierres.

Arrivé à un banc vert, prendre à droite. À la bifurcation, rester sur le chemin bétonné qui oblique à droite. Le chemin bétonné se termine, oblique à droite et continue sous forme d'une large allée forestière. Peu après une citerne, vous approchez une départementale où vous prenez un sentier qui la longe à sa gauche (bien balisé) puis, arrivé à une intersection en T, prendre à droite et couper l'accès du Prieuré de Saint-Michel-de-Grandmont (une belle croix à gauche) et continuer à longer sa clôture. Arrivé face au parking, tourner à gauche direction Visite.

A l'entrée du Prieuré (la visite est intéressante), prendre à droite, longer la clôture jusqu'à une barrière blanche et rouge. La traverser et descendre un chemin de terre qui longe un muret.
À l'intersection suivante, laisser filer le chemin plus large à gauche et prendre un petit sentier tout droit. Arrivé à un petit ruisseau, tourner à gauche, le traverser et continuer tout droit sur le sentier bien balisé et sans possibilité d'erreur.

Il finit par cheminer sur des rochers plats surplombant une petite falaise à votre gauche. À la fin des rochers, tourner à gauche, traverser un petit ruisseau et continuer en face. Encore quelques rochers, poursuivre sur ce sentier bordé à gauche par un muret.

Il traverse des zones assez humides, tourne à gauche, puis longe une clôture à droite après un panneau "chemin privé". Arrivé à une intersection en T (indicateur rando " Serre de la Prade " 420 m), prendre à gauche.

À l'intersection suivante avec un chemin de terre, continuer tout droit. Arrivé au macadam, panneau "La Fontaine", suivre la flèche "retour village" en longeant un mur, on entre à Soumont. Juste avant l'entrée de l'agglomération (une belle croix), monter à droite par un petit sentier, qui bientôt va longer un bunker (réservoir d'eau) par la gauche.

300 m plus loin, dans une intersection, tourner à gauche. À une grande croix en bois, tourner à droite puis descendre sur la D 153 E3 à proximité de la sortie de Soumont. L'emprunter à droite (pas de balisage), et 400 m plus loin à l'intersection suivante, prendre la route qui monte (D 153 E3 direction Lodève).

À l'intersection suivante, (poubelles et transformateur sur un poteau) prendre à gauche une route goudronnée. Elle donne de belles vues sur l'agglomération de Lodève et passe à côté d'une antenne téléphonique. Ignorer les chemins latéraux. Arrivé à une intersection en T avec une route goudronnée (maison en face), tourner à droite et 100 m plus loin à gauche laisser filer le chemin " point de vue Lieuzede ".

Prendre à gauche, une trentaine de mètres plus loin, un chemin de terre entre les vignes. Assez raide au début, il s'élargit, passe sous les falaises et descend en ville. Garder la même direction, passer sur une ancienne balance et continuer tout droit, vous êtes sur l'avenue Denfert, prendre à gauche direction Centre ville et traverser le pont.

Prendre en face la rue de Lergue, traverser l'Ancienne place de Tables, continuer sur la Grande Rue (pavés décorés de coquilles stylisées), puis par la rue de l'Hôtel de Ville arriver à la Mairie, la Cathédrale Saint-Fulcran à votre gauche.

Lodève

Les premières occupations humaines dans la région semblent dater de 6000 ans environ. Traces de villages en pierres sèches, dolmens et puits d'extraction de minerai de cuivre témoignent de cet habitat.

On pense aussi que les Grecs échangeaient avec les populations locales du vin et de l'huile d'olive contre du cuivre et des céréales dès le VIIème siècle avant J.-C. avec les populations locales. Et puis au Ier siècle avant JC, les Romains s'installent et organisent la région, exploitent les mines, tracent des routes et construisent des ponts. Néron y fera frapper la monnaie destinée à la solde des légionnaires romains.

Etabli au cœur de cette région, au confluent de deux torrents, la Lergue et la Soulondres, la cité de Lodève est placée sous l'autorité de ses évêques qui veillent à son développement et qui contrôlent, armes à la main, la traversée des deux cours d'eau. L'un d'entre eux, Fulcran, est très riche, il entreprendra au Xème siècle la construction de la cathédrale qui porte son nom.

Au XIIIème siècle, la production de laine est déjà prospère dans la région. Mais c'est Henri IV qui y fera établir une fabrique de draps qui, sur l'initiative de Louvois, assurera la fourniture pour l'habillement des troupes.

La production devient alors très importante, sans doute au détriment de la qualité. Mais l'activité est importante et se maintient jusqu'en 1960. La bonneterie et la fabrique de tapis pour le Mobilier National ont compensé la disparition du célèbre drap de Lodève.

La cathédrale Saint-Fulcran a été reprise au XIVème siècle sur les restes de l'édifice précédent qui constitue aujourd'hui une sorte de crypte.

La façade avec ses tours à échauguettes donne un caractère défensif à l'édifice.

Dans la première chapelle sont inhumés les 84 évêques qui se sont succédés de 506 à 1790. L'ancien cloître est aménagé en dépôt lapidaire. Avant de quitter la ville, ne manquez pas d'aller passer la Soulondres sur le pont de Montfort au curieux dos d'âne.

Etape N°8 28 km
De Lodève à Lunas

 7h30

Au **col de la Baraque de Bral** vous avez marché 3 h 30 et parcouru 12.7 km.
A **Bernagues** vous avez marché 4 h 35 et parcouru 17 km.
A **Joncels** vous avez marché 6 h 00 et parcouru 23 km.
A **Lunas** vous avez marché 7 h 30 et parcouru 28 km.

Progression silencieuse en vallée du Sourlan (entre Lodève et Lunas).

Joncels
Auberge gîte, (centre bourg) tél : 04 67 23 80 09, nuitée à 11 €, menu tarif unique à 13 €, 1/2 pension à 27 €.

Etablissement recommandé
Auberge villa Isiates chez M. et Mme Ivinskas, Les haltes vers Compostelle, dans des chambres tout confort, demi-pension 35 €, possibilité d'utiliser lave et sèche linge. Panier repas, accès internet. Transport Joncels - Bousquet d'Orb, tél: 04 67 23 20 93, ou 06 82 46 62 81. ivinskas@wanadoo.fr

Accès internet à Lunas
Association des amis de Lunas, 04 67 23 42 84

Il est possible aujourd'hui de rejoindre Lunas uniquement par la petite D35, et de ne parcourir ainsi que 14 kilomètres, ce que les pèlerins peuvent choisir s'il pleut (il peut être astucieux d'éviter de s'embourber dans les chemins creux), ou si le temps leur est compté.

Pour les autres c'est une étape calme et paisible de 28 km avec de très nombreux dénivelés et des paysages à l'infini horizon. Au col de la Baraque de Bral vous franchirez le point culminant du massif de l'Escandorgue, sorte de massif volcanique sur une longue échine nord-sud qui s'ancre au nord sur les premiers contreforts du causse du Larzac.

A noter que le chemin de Saint-Jacques est commun au GR* 7 (du Ballon d'Alsace à Andorra la Vella, principauté d'Andorre) à la sortie de Lodève et jusqu'au

* GR est une marque déposée appartenant à la FFRP.

Camping et gîte étape Les Trois Granges, nuitée à 10 € M. et Mme Cayssiols tél : 04 67 23 89 89 ou 06 07 88 49 15, table d'hôtes à 12 € sur réservation, situé à Joncelets (à 2.5 km du bourg).

Lunas

Hôtel-restaurant L'Auberge Gourmande, (centre bourg), tél : 04 67 23 81 41, 1/2 pension à 35 € par personne. Menus à 11 € le midi en semaine.

Hôtel-restaurant Le Manoir de Gravezon**, (sortie du bourg), tél: 04 67 23 89 79, soirée étape 55 €.

Restaurant-pizzeria Le Château de Lunas, (centre bourg) tél : 04 67 23 87 99. Menus à partir de 19, 29, 39 € + carte pizza.

A voir, à visiter à Lunas

Eglise paroissiale du XII ème. Chapelle de Notre-Dame-de-Nize. Ruines de la Chapelle Saint-Georges. Le Château de Lunas. Les ruines du château du Redondel avec son four banal. Ruines de l'église Saint-Nicolas pré-romane : clocher XIIème.

Attention !

Au col de la Baraque de Bral après presque 13 km vous pourriez être tenté de suivre par la D35 la direction de Lunas à 7 km (par la route), mais qui n'est pas fléché. Il est vrai que la route est ici plus courte que le sentier ! Attention cette route est extrêmement dangereuse. Préférez le sentier qui est plus calme et bien moins dangereux !

point de séparation Puech Garde à 657 mètres d'altitude.

Ensuite soyez attentif au balisage qui vous indiquera de tourner à droite vers Bernagues et Joncels. C'est ensuite après Bernagues la descente dans la vallée de Sourlan, puis s'enchaîne le bourg de Joncels et après une alternance entre piste et sentier on replonge par un sentier en lacets vers Lunas.

Situé au confluent de 3 vallées et au bord du Gravezon, le village de Lunas est blotti au pied du rocher du Redondel qui semble le protéger.
Lunas est plus que millénaire !

Chemin à suivre pour les pèlerins à pied

Attention ! Le parcours ne continue pas à partir de la Mairie et la Cathédrale. Un autre chemin de rando balisé de la même manière peut vous tromper. Si vous vous retrouvez sur une grande place avec des boulistes à droite et la gendarmerie en face faites demi-tour !

Revenir sur vos pas jusqu'à l'intersection de la Grande Rue et de la rue de la République. La prendre à droite, traverser le Quai des Ormeaux et traverser une passerelle sur le Solondres, puis prendre à droite le Quai Mégisserie, passer à côté d'un vieux pont. À la fourche, monter à gauche et arrivé en haut, emprunter un escalier à gauche. Continuer sur une rue qui passe à côté des HLM à votre gauche et descend sur la départementale.

Après le rond-point des Quatre Chemins (au stop), prendre à droite la direction d'Aulnay. Laisser filer à gauche l'Ancien Chemin d'Aulnay. Passer à côté d'une station électrique à votre droite et dans un virage de la route à gauche (dans un lotissement), prendre à droite une large route goudronnée.

À la fourche, monter à gauche et entrer dans le domaine de Belbezet (gîte) et continuer tout droit puis emprunter un sentier qui monte à gauche.

Bien raviné, il ne pose aucun problème d'orientation et monte fortement. Arrivé à un chemin de terre plus large, le prendre à droite c'est-à-dire tout droit. 200 m plus loin, emprunter un sentier à gauche (11 heures) et arrivé à un chemin forestier plus large, le prendre à gauche en ignorant la barrière verte à votre droite.
Après avoir traversé un ruisseau dans un virage à droite, emprunter à gauche un sentier qui monte, puis arrivé à un chemin forestier plus large, continuer tout droit c'est-à-dire à gauche.

Arrivé à la départementale, la prendre à gauche et 150 m plus loin face à une aire de pique-nique emprunter à droite un large chemin caillouteux. Vous montez ce chemin durant une heure et demie sans aucune possibilité d'erreur, passez à côté d'une antenne et arrivez jusqu'à la séparation de chemins de randonnée. Prendre à droite (Bernagues 7 km, Joncels 11 km). Le chemin (bien balisé) arrive sur la crête puis à un élargissement où, à la bifurcation, vous descendez à droite.

Continuer en ignorant les chemins latéraux (moins nets). À une bifurcation (après l'arrivée d'un chemin de la gauche), prendre à droite et passer bientôt devant une ferme abandonnée à votre droite. Juste après, le chemin tourne à gauche, 50 m plus loin prendre à droite et arriver à la D 36. La prendre à droite...
(là, si vous êtes malade, épuisé, si vous en avez marre, s'il fait moche, ou bien trop chaud, vous pouvez prendre à gauche pour arriver rapidement à Lunas, mais par la départementale !...)

...pour arriver à une intersection au Col de la Baraque de Bral (alt. 610 m) et prendre à gauche la D 142 direction Roqueredonde. À la première bifurcation possible (après 1,5 km), prendre à gauche la D 142 direction Bernagues, que vous allez suivre (un autre 1,5 km) jusqu'à ce hameau.

Juste avant les premières maisons (un point d'eau sur la première maison à gauche), emprunter à droite un chemin goudronné qui se transforme en chemin de terre et s'approche d'une vallée, qu'il descend en larges lacets.

Le château de Lunas

À une intersection en T avec un chemin fermé par une chaîne, prendre à gauche. Il aboutit à un torrent, le traverser et le longer à gauche sur un chemin de terre qui se transforme en chemin goudronné, le suivre et à la première occasion emprunter à droite (1 heure) un chemin de terre qui monte. Arrivé au col, ignorer les deux larges pistes à votre droite et descendre un petit sentier tout droit dans la forêt. Il aboutit à un chemin de terre plus large.

Le prendre à gauche et 200 m plus loin prendre à droite un sentier qui traverse un pont, monte légèrement, puis descend et se poursuit sur un chemin goudronné qui passe à côté d'une croix à votre gauche.

Traverser un pont et continuer en montant. Dans un virage à gauche, quitter cette route et emprunter tout droit un sentier qui passe partiellement par le lit d'un torrent et aboutit à côté d'une station électrique, prendre à droite (présignalisation d'un passage à niveau).

Traverser le passage à niveau et prendre une rue à droite, qui tourne à gauche. Vous êtes à Joncels. Traverser une place en diagonale pour aboutir à une rue qui passe sous un arc (rue d'Aiguillerie), à votre gauche un point d'eau avec au choix l'eau potable et non potable. Monter un peu pour arriver Route de Lunas et la prendre à gauche. Passer devant l'ancien cloître et continuer tout droit.

Observer à votre droite d'anciennes bornes kilométriques et altimétriques. À la bifurcation, face au monument aux morts, monter à droite, passer devant l'école où prendre à droite et tout de suite à gauche le chemin en béton. À la fourche, continuer de monter à droite puis en vue d'une habitation, quitter le béton et choisir un chemin de terre à gauche, passer entre une maison et un garage et continuer tout droit.

Le balisage est peu présent, un virage à gauche, un autre chemin se joint (à 7 heures). 300 m après un net virage à droite, descendre à gauche un petit sentier. Un seuil rocheux, deux ruisseaux, un escalier (glissant), bon balisage ; peu de temps après ces obstacles, le sentier retrouve la piste qu'on prend tout droit c'est-à-dire à gauche.

À la fourche, prendre à gauche le chemin moins important qui descend en lacets sur Lunas, traverse un pont de chemin de fer, se transforme en chemin bétonné et arrive à une passerelle sur Gravezou qu'on traverse pour continuer à droite. Dans une intersection en T, prendre à droite et arrivé à la D 138, l'emprunter à droite.

Au stop, prendre la D 35 à droite puis quand elle tourne à droite continuer tout droit la rue Chemin Neuf, qui aboutit à une place, traverser un pont et prendre à droite la rue du Barry qui devient ensuite la rue du Château. Prendre à droite la rue du Pont Dourdou et aboutir à l'église de Lunas.

Joncels

L'abbaye bénédictine Saint-Pierre-aux-Liens et son église abbatiale fortifiée sont le joyau de Joncels, petit village au charme médiéval. L'abbaye, qui date du VIIème siècle, est sans doute un des plus anciens monastères de la région.

Elle fut indépendante jusqu'en 909, avant d'être rattachée à l'abbaye de Psalmodi (Gard). C'est sous la protection de saint Fulcran, évêque de Lodève, qu'elle connut son apogée, en étant à la tête de 28 églises. Elle fut rattachée à l'abbaye Saint-Victor de Marseille en 1361 par le pape Urbain V.

Accolés au côté nord de l'abbatiale, on trouve des restes de l'ancien cloître qui a été transformé en place publique après la Révolution. Ces restes (qui correspondent à une partie de la salle capitulaire) sont intégrés dans l'architecture des maisons attenantes.

Lunas

Lunas s'étend au bord du Gravezon, à la confluence de trois vallées. La bourgade est dominée par l'imposant rocher du Redondel, éperon rocheux qui constituait un site défensif de choix.

L'ancien château s'y dressait jusqu'en 1627, date à laquelle Henri de Narbonne fit construire le nouveau château sur la rive gauche du Gravezon.

Dans le village, le manque de place est patent. Les maisons sont serrées les unes contre les autres et cherchent à compenser par leur hauteur le manque de surface.

L'église paroissiale Saint-Pancrace est un monument classé au monument historique depuis 2001. Des restes de l'ancienne église romane du XIIème siècle y sont encore visibles. On trouve sur le mur ouest de l'actuelle nef la trace du berceau en plein-cintre de la nef romane.

Rehaussé au début du XIXème siècle, le clocher est médiéval jusqu'au premier étage. A l'intérieur, on peut admirer un retable en bois doré du XVIIème siècle ainsi qu'une toile de Rouède de Bédarieux représentant le martyre de saint Pancrace.

Un carnaval animait Lunas à chaque mardi-gras depuis le Moyen Age. Cette tradition, que les anciens du village ont connue mais qui avait disparu, a été relancée avec succès en 2006, pour de bon peut-être…

Joncels, le cloitre de l'ancienne abbaye Saint-Pierre-aux-Liens

Etape N°9 29.4 Km
De Lunas à Saint-Gervais-sur-Mare

 7h55

Au **Bousquet-d'Orb** vous avez marché 0 h 55 et parcouru 3.5 km.
Au **col de Liourel** vous avez marché 3 h 30 et parcouru 13.6 km.
Au **col de Layrac** vous avez marché 5 h 55 et parcouru 22.3 km
A **Mècles** vous avez marché 6 h 50 et parcouru 25.8 km.
A **Saint-Gervais-sur-Mare** vous avez marché 7 h 55 et parcouru 29.4 km.

Le Bousquet-d'Orb
Chambre à louer Chez Berthomieu, 16 Bis avenue Charles-Lyon-Caen, tél : 04 67 23 80 45. Cuisine à disposition. Repas 11 €. Nuitée de 24 à 30 €. PdJ à 4 €.

Chambre d'hôtes chez M. et Mme Roques, tél : 04 67 95 74 87, nuitée à 30 €. Table d'hôte à 18 €. Ouvert toute l'année.

Chambre d'hôtes chez M. et Mme Raymond Hess, (à 1 km du bourg), tél : 04 67 95 47 30, nuitée à 45 €, et 50 pour 2. Table d'hôte sur réservation à 17 €.

Accueil familal possible (couple ou femme seule uniquement) mais pas obligatoire, chez Mme Cano, tél : 04 67 23 74 10. Nuitée et PdJ à 20 €. Ne fait pas les repas, cuisine en libre gestion.

Saint-Gervais-sur-Mare
Gîte d'étape municipal (centre bourg), 40 places à 11 € la nuitée, réservation conseillée la veille à la mairie, tél : 04 67 23 60 65 (avant 17 h). Cuisine à disposition. Le WE un N° de portable est affiché à la mairie.

Chambre d'hôtes Chez Camille, (centre bourg), tél : 04 67 23 07 22, 06 71 37 96 55, table d'hôtes sur réservation uniquement. Nuitée 35 €, ou 45 € pour 2. Réservation conseillée.

Entre Lunas et Saint-Gervais-sur-Mare.

C'est sans doute aujourd'hui l'une des 4 ou 5 plus belles étapes que vous parcourrez sans bouder votre plaisir entre Lunas et Saint-Gervais-sur-Mare.

Pour dire vrai c'est plus précisément après le pont sur l'Orb que tout s'enchaîne au mieux. Un conseil d'abord : assurez-vous de refaire le plein d'eau avant la montée vers les crêtes car vous aurez à parcourir 21 km sans avoir la possibilité de trouver un point d'eau potable.

C'est la tranquillité assurée avec un cheminement entre 600 et 900 mètres d'altitude.
Le chemin sur les crêtes est dans son intégralité en forêt, et franchit ou passe à proximité de 7 cols différents au cœur de la forêt des Monts d'Orb.

Accueil pèlerin possible chez M. et Mme Bras, 11 rue de la Boussagues, crédencial souhaitée, réservation obligatoire, tél : 04 67 23 65 76.
michel.bras.34@wanadoo.fr

Refuge du Nebuzon, Hameau de Cours, commune de Rosis, M. et Mme Candel, tél : 04 67 23 69 26, ou 06 76 50 02 86, à 1 km de Saint-Gervais-sur-Mare suivre la direction de Cours. Nuitée 11 €, 1/2 pension 25 €, PdJ 4 €.

Chambre d'hôtes Anne-Marie Dressayre, tél : 04 67 23 61 24, au lieu-dit Chemin de Neyran (à 300 mètres du bourg), table d'hôte sur réservation (15 €). Nuitée à 35 € pour 2 personnes (PdJ).

Camping-restaurant, avec piscine Le Clocher de Neyran, (à 1.5 km à la sortie du village route de Lacaune) tél : 04 67 23 64 16, ou 06 86 90 94 98, location mobile home pour une nuit (si place) 15 € par personne et possibilité de PdJ.

Chambre d'hôtes chez M. et Mme Trapp, La Bruyère, tél : 04 67 23 97 91, ou 06 72 70 12 93, de 25 à 35 € pour 1. Table d'hôte de 18 à 25 €. Ouvert toute l'année.

Chambre d'hôtes chez Mme Amans (centre bourg), tél : 04 67 23 64 93, ou 06 76 83 17 19, nuitée à 40 € pour 1, 50 € pour 2. Ne fait pas table d'hôtes. Ouvert toute l'année.

A voir, à visiter à Saint-Gervais-sur-Mare

Musée de la châtaigneraie à la maison cévenole. Le Pont des trois dents, les ruelles caladées, le Vieux quartier du Pioch. Eglise paroissiale Saint-Gervais, Saint-Prothé. Clocher roman du XI° siècle. Petite chapelle restaurée des pénitents blancs. Chapelle Notre-Dame-de-Lorette sur la Mare.

Cette étendue boisée exceptionnelle composée de feuillus et de conifères a permis l'installation d'une grande faune forestière, dont la seule population importante de cerfs du département. Soyez discret dans votre cheminement car vous pourriez faire de belles rencontres.

Prenez garde ! l'arrivée à Saint-Gervais-sur-Mare est assez dangereuse par temps de pluie, car les blocs de pierres deviennent alors extrêmement glissants !

En chemin vers Saint-Gervais sur Mare

Chemin à suivre pour les pèlerins à pied

Dos à l'église de Lunas, traverser le pont et la départementale puis prendre à gauche. À la première intersection, prendre à droite chemin de Buis. Passer sous la ligne de chemin de fer, rester sur le macadam, le chemin vire à gauche.

À côté d'une borne d'incendie et avant que le chemin goudronné ne commence à descendre, prendre tout droit un chemin forestier ocre. À la fourche suivante, prendre à gauche le chemin qui continue à flanc du coteau et devient goudronné.

Arrivé à une départementale, prendre à droite et entrer au lieu-dit Pont-d'Orb. Traverser l'Orb, entrer au Bousquet-d'Orb et poursuivre tout droit. Quand la D 35 tourne à gauche, la quitter pour continuer tout droit avenue Jean-Méjanel, direction Saint-Martin, La Séguinerie.

À la fourche, prendre à gauche Chemin de Saint-Martin et 50 m plus loin, choisir à droite le chemin qui monte en direction de l'église puis monter à droite les escaliers vers l'église, rue Eugène-Barthès, dépasser l'église à votre droite et descendre.

Continuer tout droit rue de La Saute. Vous trouverez un point d'eau derrière le panneau de la sortie de l'agglomération à votre droite. À l'entrée du lieu-dit la Séguinerie, arrivé à une intersection en T, prendre à gauche (panneau jacquaire européen) et quand le béton se termine, monter à gauche un sentier bien balisé.

À une intersection en T, laisser filer à droite le balisage bleu et continuer tout droit. Arrivé à une intersection en T, choisir un sentier à droite en laissant filer un chemin plus important.

Saint-Gervais-sur Mare

Juste avant la crête, qui est en vue, laisser filer un sentier à gauche et monter sur la crête, la dépasser et emprunter un sentier à droite. Il sort de la forêt (panneau jacquaire européen) et rencontre une large piste que l'on prend à gauche.

(À partir de là et pour plusieurs heures, à part le balisage, les plots métalliques verts d'un parcours VTT peuvent vous servir de confirmation d'itinéraire).

À la fourche, prendre à gauche la piste qui descend (n° de parcelle forestière 149 à votre gauche). Dans un tournant à droite, vous rencontrez une maison en pierre aussi à droite, puis laisser à gauche deux chemins avec panneaux interdiction d'entrer. On arrive à une intersection de plusieurs routes et à une aire de pique-nique. Prendre tout droit un chemin qui monte.

Au col de Vignères (tables de pique-nique), prendre la piste qui monte très légèrement à droite. Au col de Peyermale (tables de pique-nique) prendre la piste qui descend à droite.

Au col de Liourel, emprunter le chemin qui monte modérément (à 11 heures). (Ici vous pouvez raccourcir en prenant un chemin qui monte très fortement à gauche, vous retrouverez le balisage après une montée rude. Cette bifurcation est représentée par la première photo de cette étape).

Passer une barrière métallique, un virage à gauche (8 heures), une autre barrière, puis un fort virage à droite. (C'est là qu'aboutit notre raccourci). Arrivé à une intersection en T, prendre à gauche (à droite une interdiction totale d'entrer et une barrière métallique verte). Arrivé au col, prendre tout droit (11 heures) un chemin qui monte (à 1 heure barrière verte métallique, panneau jacquaire européen).

Continuer tout droit en ignorant un chemin qui arrive par la gauche (8 heures). On arrive au point le plus élevé de notre étape (tables de pique-nique, barrière verte, "Forêt domaniale du Haut-Dourdou"), prendre à gauche. Arrivé à une intersection en T, monter à gauche puis, à la fourche, laisser filer une piste qui monte tout droit et descendre à droite.

On quitte là les plots verts du parcours VTT qui nous ont accompagnés durant tout le cheminement en hauteur.

Balisage déficient à cet endroit. La piste coupe une ligne de moyenne tension, puis la suit. Arrivé à une départementale (D 52), descendre à droite. Au col de Layrac, quitter la départementale et descendre à gauche un chemin de terre (DFCI interdit à tout véhicule) qui continue en larges lacets sans aucune équivoque jusqu'à une citerne incendie.

Avant cette citerne, tourner à droite et emprunter un sentier qui descend fortement (inscription avec une coquille " Col de la Fontasse, Mècle ").

Plus bas, ce sentier tourne à gauche et, après quelques virages, arrive à une intersection en T où la flèche jacquaire indique Mècle à droite. 200 m plus loin, prendre à gauche (7 heures) un chemin bétonné. Arrivé à l'église, tourner à gauche, sortir du lieu-dit, traverser le pont, prendre à gauche et à la fourche, monter un chemin de terre à droite (flèche jacquaire " chemin de Neyran, Saint-Gervais ").

100 m plus loin, continuer tout droit. Arrivé à la fourche, prendre à gauche puis emprunter à droite un ravin. Plusieurs cairns. On arrive ainsi au col où on tourne à droite. Le sentier descend en lacets, se termine entre deux murs et bute contre un bâtiment avec une niche contenant une croix jacquaire.

Traverser un pont sur un cours d'eau, tourner à gauche et emprunter une rue (sens interdit), tourner à droite, arriver à une départementale, la prendre à gauche et à côté d'un jeu de boules, prendre à droite la rue du Dr R. Pauzier (sens interdit).

Un gîte à votre gauche. Continuer tout droit par la rue de Castres, passer devant la Mairie et arrivé à une place, traverser un pont à gauche, emprunter la rue du Pont, traverser la rue de la Marianne, monter les escaliers en face et aboutir à l'église.

Saint-Gervais-sur-Mare

Après l'étape passée au grand vent de la ligne de crêtes, l'arrivée à Saint-Gervais-sur-Mare sera la bienvenue. Le village est un peu tassé sur lui-même, avec escaliers et passages couverts, sans doute pour se protéger du vent ou du soleil brûlant de l'été.

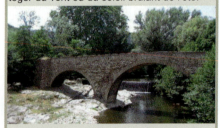

Mais l'ensemble, avec ses maisons qui pour beaucoup d'entre elles datent du XVIIème, a beaucoup de charme.

L'été, de juillet à septembre, vous pourrez visiter avec plaisir la "Maison cévenole". Vous y découvrirez l'organisation d'une maison rurale et les nombreux outils qui permettaient au paysan de faire beaucoup de choses par lui-même.

L'église romane, enrichie d'une chapelle gothique au XVème a été encore modifiée lors des reconstructions qui suivirent les guerres de Religion. Elle possède aussi un joli clocher roman fortifié.

Etape N°10 27 Km
De Saint-Gervais-sur-Mare à Murat-sur-Vèbre

7h20

A **Andabre** vous avez marché 1 h 05 et parcouru 4 km.
A **Castanet-le-Haut** vous avez marché 1 h 55 et parcouru 7 km.
Au **Cap de Faulat** vous avez marché 5 h 10 et parcouru 19 km.
Aux **Senausses** vous avez marché 6 h 00 et parcouru 22.8 km.
A **Murat-sur-Vèbre** vous avez marché 7 h 20 et parcouru 27 km.

Enfin l'arrivée à Castanet-le-Haut !

Castanet-le-Haut

Gîte d'étape chez M. et Mme Allies, tél : 04 67 23 65 55, à 7,5 km sur le chemin après le bourg de Castanet, 19 places. Au lieu-dit Fagairolles. Nuitée à 8 €. Cuisine à disposition, courses à prévoir, mais repas possible sur commande.

Gîte d'étape M. et Mme Bousquet, tél : 04 67 23 60 93, lieu dit Le Fau, à 7 km du bourg, à proximité de la croix de Mounis (possibilité de venir vous chercher à Castanet-le-Haut). Plusieurs dortoirs possible. Nuitée 15 € avec PdJ, repas à 14 €.

(A mi-chemin entre Andabre et Murat), gîte d'étape-restaurant Les Clèdes chez Mme Edel, tél : 04 67 23 65 16, lieu dit Les Clèdes, fléché depuis Ginestet.

Encore une très belle étape de forêt sur les ¾ du parcours. Dans un premier temps le chemin laisse La Mare se faufiler plein nord en direction de la montagne de Marcou. C'est à Andabre que l'on retrouve le cours d'eau que l'on va remonter à contre-courant jusqu'à sa source dans les contreforts du sommet de l'Espinouse.

Si vous voulez déjeuner dans un lieu mythique et à moins de 2 km, il est possible de quitter le chemin peu après Andabre (sur la gauche) pour rejoindre la chapelle Notre-Dame de Saint-Eutrope (à 30 minutes de marche), la montée est ardue mais la vue sur le Plo des Brus, le pas de la Lauze et le col de l'Ourtigas est grandiose, et le vent souffle fort !

Le sentier va ensuite contourner le massif de l'Espinouse par sa gauche, pour retrouver après le cap de Faulat (point le plus haut sur le Chemin de

Nuitée 1/2 pension à 30 €. Ambiance campagnarde assurée ! M. Edel vous indiquera comment retrouver le chemin.

Chambre d'hôtes chez Mme Ebrat, lieu dit Le Mas de l'Eglise (à 800 mètres du bourg), tél : 04 67 95 25 60, ou 06 70 89 95 92. Nuitée 40 € pour 1, et 55 E pour 2. Table d'hôte à 17 €, le soir uniquement et sur réservation. Fermé de novembre à mars.

Murat-sur-Vèbre

Hebergement de dépannage possible par l'intermédiaire de la mairie, tél : 05 63 37 41 16 ou le 05 63 37 47 47. Le WE clefs au 05 63 37 43 84 (chez Mme Razimbaud), gîte communal (à côté de la salle des fêtes) 6 € la nuitée. Clefs à la mairie ou au bar D'Oc.

Hôtel-restaurant Durand, tél : 05 63 37 41 91, fermé du 9 janvier au 6 février. Soirée étape à 42 €.

Gîte d'étape L'Etape des Menhirs, M. et Mme Galles, à la sortie du village route de La Salvetat, (avant l'église), tél : 05 63 37 51 20. 10 places en gîte d'étape avec machine à laver, 15 € la nuitée avec PdJ, petite épicerie de dépannage. Possibilité de louer aussi des chambres d'hôtes, forfait 1/2 pension à 50 € pour 1, 70 € pour 2, et 90 € pour 3.

Accueil familial possible pour le pèlerin avec crédencial (ou lettre de recommandation de votre curé) possible mais pas obligatoire chez M. et Mme Razimbaud, tél : 05 63 37 43 84 ou 05 63 37 19 48, (1 chambre). Téléphoner à l'heure des repas. Libre participation.

Chambres d'hôtes Chez Mme Roque, tél : 04 63 37 43 17, au lieu-dit Félines, à 800 mètres du chemin 21 € pour 1 avec le PDJ.

Saint-Jacques dans le Haut Languedoc à 1081 mètres) des dénivelées plus doux. Les 4 deniers kilomètres ne quittent plus le bitume pour rejoindre au plus vite Murat-sur-Vèbre.

Le village se situe sur l'ancienne route du sel, perché à 800 mètres d'altitude. La situation exceptionnelle des Monts de Lacaune, sur la ligne de partage des eaux entre Méditerranée et Atlantique, permettait un séchage du sel dans les meilleures conditions. Aujourd'hui le bourg vit de l'exploitation forestière, de l'agriculture de montagne, d'élevage bovin et porcin, de la salaison et de la fromagerie.

La chapelle de Saint-Eutrope (à 30 mn hors chemin)

Chemin à suivre pour les pèlerins à pied

La porte de l'église à votre droite, descendre les escaliers, traverser la rue de la Marianne, emprunter en face la rue du Pont, traverser le pont, tourner à gauche, emprunter au fond la rue du Quai et, 50 m plus loin, tourner à droite entre deux murs sur un chemin en béton.

À la fourche, prendre à droite (une grande flèche en coquilles au fond) dans un sentier pas très facile, qui monte raide, et vous amène sur un plateau où vous prendrez à droite un large chemin de terre.

80 m plus loin, monter à gauche un sentier qui revient rapidement sur le même chemin (que vous auriez pu ne pas du tout quitter). Il s'élargit et, à la fourche, vous descendez un plus petit chemin de terre à droite.

Ce sentier (un peu délicat à suivre, ignorer un sentier qui monte raide à gauche) chemine à flanc de coteau, traverse

**A voir, à visiter
à Murat-sur-Vèbre**

Statues-menhirs des Favarels. Dolmens de Castelsec et de Lagarde. Traces de voie romaine. Château XIIIème, reconstruit XVIIIème, tour ruinée de Boissezon. Ruines du château de Canac. Eglise Saint-Etienne XIVème gothique, restaurée XVIIIème : choeur voûté en cul-de-four ; porte de tabernacle en bronze XVIIIème. Chapelles à Labessière.

un ruisseau, arrive à un petit col, puis descend (attention glissant) sur un chemin plus large que vous prendrez à gauche.

200 m plus loin, avant le virage du chemin à gauche, prendre à droite un petit sentier. Il aboutit à une maison, la contourner par la droite, puis traverser le pont en face et prendre à droite une rue puis traverser un autre pont et prendre à gauche (sortie d'Andabre).

400 m plus loin, descendre à gauche vers un pont (3,5 T), le traverser et prendre à droite. À la fourche, après un petit pont, choisir un sentier tout droit entre deux chemins (un qui monte l'autre qui descend) et se transforme rapidement en chemin forestier en face d'une maison.

Ignorer deux sentiers qui arrivent (à 7 heures) et après le deuxième, tourner à gauche à l'angle droit. Le chemin vire à droite et traverse à gué un torrent, puis un autre. 200 m plus loin, ignorer un sentier qui arrive à 7 heures.

Vous arrivez à un chemin goudronné à proximité d'un pont (flèche Chapelle Saint-Eutrope) que vous prenez à gauche.

Entrer à Castanet-le-Neuf, traverser un pont et juste avant le deuxième, prendre à gauche, passer sous une maison, puis sous une autre et tout de suite après, monter à gauche (11 heures) un escalier avec une barrière verte. Se diriger ensuite en direction d'un arc (vous surplombez le cimetière), passer sous l'arc.

Traverser la Mare et tourner à droite puis, arrivé à une large piste forestière, prendre à droite. Arrivé à une petite maison devant vous, emprunter une piste qui monte à gauche. À une intersection en T, prendre à droite (5 heures).

Après un long cheminement (un gué en béton, changement de versant) sur de larges lacets, sans balisage mais sans possibilité de se tromper, on arrive à la maison Sayret (une croix jacquaire à gauche) et on continue à monter dans la prairie puis de nouveau dans la forêt.

Sortir de la forêt (on voit une maison à gauche et en haut). Dans une intersection en T, après l'avoir aperçue, prendre à gauche et monter vers la maison. Après l'avoir dépassée par la droite, on continue sur un étroit chemin goudronné.

Dans un virage (boîte à lettres), prendre à droite (4 heures). Arrivé à une départementale, la couper et continuer tout droit en direction de Gineset (une croix au croisement). À l'entrée d'un groupe de maisons (table de pique-nique), monter à gauche un chemin goudronné. Passer un pont dans une épingle à cheveux. Après une maison, vous arrivez à une forêt (une barrière, entrée interdite), continuer tout droit à 11 heures. Arrivé à un élargissement du chemin avec deux arbres au milieu, prendre à gauche une large piste forestière.

50 m après un virage serré à gauche, prendre un chemin à droite (5 heures). Un peu plus haut, après un réservoir d'eau, prendre à gauche une piste forestière qui monte légèrement pour tourner à droite en épingle à cheveux.

200 m après un virage à droite dans une intersection en T, entre les parcelles forestières 18 et 20, continuer tout droit. À la fourche suivante, monter à gauche, puis à une intersection en T, tourner à droite.

En arrivant à Murat-sur-Vèbre

200 m plus loin, on arrive au Cap de Faulat, 1081 m. C'est le point le plus élevé de la partie pré-pyrénéenne du Chemin, prendre à droite. 300 m plus loin à une intersection en T, tourner à droite puis, dans une patte d'oie, continuer à 1 heure (viser entre deux antennes bien visibles) dans un chemin de terre (interdiction aux véhicules à moteur).

À l'intersection suivante, à proximité d'une grande antenne à votre droite, descendre à gauche en ignorant tous les chemins latéraux. En sortant de la forêt (une autre antenne en face à gauche), descendre à gauche en longeant la lisière de la forêt.

Continuer ensuite dans un chemin creux qui descend, traverse un ruisseau, remonte un peu et continue à descendre avant d'emprunter un moment le lit d'un ruisseau. Arrivé en bas, il traverse un torrent puis remonte et continue à travers les champs avec une petite haie et finit par verser dans une piste plus large.

À l'intersection suivante, ignorer le chemin qui arrive de droite et continuer tout droit. Plus tard, traverser un pont et entrer à Les Sénausses.

À la fourche à côté d'un lavoir, prendre à gauche, dans la fourche suivante, à droite, et à côté d'une croix, à gauche. Le chemin goudronné longe plusieurs hautes haies de buis, passe à côté d'un bosquet… Ignorer toutes les intersections et arriver à la départementale pour la prendre à gauche. 200 m avant l'entrée à Murat-sur-Vèbre, obliquer à gauche (à 11 heures, balisage, croix jacquaire) dans un petit sentier.

Garder sa direction en ignorant les intersections, puis traverser un petit pont en bois (flèche "Stade" tout droit) et prendre à droite une rue, flèche " Village ". (Si vous ne comptez pas vous arrêter à Murat, continuer tout droit en suivant le balisage). Traverser un autre pont (barrières métalliques) et longer le ruisseau.

Arrivé à la départementale (Avenue du Languedoc), la prendre à gauche, traverser un pont, passer devant la Gendarmerie et arriver à la Mairie (gîte) à votre droite.

Castanet-le-Haut

Située sur la commune de Castanet-le-Haut, la chapelle Saint-Eutrope est perchée sur la montagne, auprès du Chemin vers Compostelle. La chapelle est le but d'un pèlerinage qui a lieu 30 avril. Le magnifique panorama depuis le piton récompensera le randonneur de ses efforts.

Le nom de Castanet signifie "châtaigneraie". Le châtaignier est en effet un arbre essentiel dans l'économie traditionnelle de la région. Les clèdes, petites constructions de pierre sèche, sont les bâtiments où l'on sèche les châtaignes à petit feu pendant 3 semaines. Il faut 3 Kg de fruits frais pour obtenir 1 Kg de fruits secs.

Outre les fruits, le châtaignier offre aussi un bois de qualité. Il est imputrescible et sert de bois de charpente, mais la portée des de ces charpentes est limitée par le poids considérable des toits en lauzes de schiste. De nombreux meubles étaient aussi fabriqués en châtaignier.

Murat-sur-Vèbre

Ce modeste chef-lieu de canton, perché à 800 m d'altitude se trouve sur la route du sel. Il constitue le prolongement de la montagne de Lacaune et la ligne de partage des eaux entre Atlantique et Méditerranée.

C'est aussi une ligne de contact entre deux mondes où l'on échange et où l'on fait du commerce : salaisons venant d'Aveyron, du Lot ou du Cantal contre sel et vins du Languedoc, jambons de Lacaune contre vins du Minervois.

Espace préservé, cuisine traditionnelle et qualité d'accueil sont les formidables atouts de cette belle région.

Vue sur Castanet-le-Haut

Etape N°11 21.3 Km
De Murat-sur-Vèbre à La Salvetat-sur-Agout

5h4

A **Candoubre** vous avez marché 0 h 35 et parcouru 2.2 km.
A **Villelongue** vous avez marché 3 h 15 et parcouru 12.3 km.
A **La Moutouse** vous avez marché 4 h 45 et parcouru 17.7 km.
A **La Salvetat-sur-Agout** vous avez marché 5 h 45 et parcouru 21.3 km.

La Salvetat-sur-Agout

Lieu dit La Moutouse
Chambre d'hôte chez Mme Petit, tél : 04 67 97 61 69, table d'hôte sur réservation. Nuitée à 42 € pour 2, ouvert toute l'année.

Chambre d'hôte chez Mme Cazals, tél : 04 67 97 61 63, nuitée à 43 € pour 2, fait table d'hôte sur réservation. Ouvert de Pâques à la Toussaint.

La Salvetat-sur-Agout
Gîte d'étape Saint-Jacques, renseignements et clefs à l'office du tourisme, tél : 04 67 97 64 44, nuitée à 8 €, 6 places maximum. Fermé le WE.

Camping La Blaquière, tél : 04 67 97 61 29, ouvert en juin, juillet, août. Emplacement à 9.50 € pour 2.

Camping Le Gandal, tél : 04 67 97 60 44, ouvert de mai à septembre, 4 km après le bourg.

Il est possible sur cette étape de déjeuner sur les frais rivages du Lac de Laouzas (d'une surface de 400 hectares) ce qui permet de couper l'étape en 2 parties d'égale distance. Il est cependant impératif de prévoir de quoi déjeuner avant votre départ.

La quasi totalité du parcours est en lisière des Bois de Concord dans la première partie, puis en forêt domaniale du Somail. Sur la fin du parcours soyez bien attentif à suivre le chemin qui file plein ouest vers La Salvetat-sur-Agout, sans suivre le GR 71 qui est commun au chemin de Saint-Jacques vers La Salvetat, mais qu'il ne faut pas suivre en direction du sud. C'est là la seule difficulté de l'étape. A 700 mètres d'altitude, La Salvetat-sur-Agout, (Castrum de Salvetate), perchée fièrement sur son éperon rocheux, fait miroiter ses toits d'ardoises.

Si vous arrivez assez tôt dans l'après-midi, il peut être intéressant de visiter ou voir la chapelle romane et le pont du XIIème siècle, et de goûter aux bonnes bougnettes de la charcuterie Cabrol, place de Compostelle !!

Gîte d'étape possible chez Mme Calvet, tél : 04 67 97 66 53, 4 à 6 places, mais à 800 mètres du chemin, sur le chemin de Lassoubs, possibilité de venir vous chercher. Nuitée à 10 €. Cuisine en libre gestion, mais courses à prévoir.

Hébergement au café PMU La Pergola, tél : 04 67 97 60 57, possibilité de chambres de 20 à 30 €.

Aire Naturelle de Camping du Menhir de Cascavel, tél : 04 67 97 69 45, à 1.9 km du bourg en direction de Fraïsse. Emplacement à 6 € + 2 € par personne, ou petite salle à 6 € avec cuisine équipée. Possibilité de PdJ.

A voir, à visiter à La Salvetat-sur-Agout

Manoir d'Arifat. Pont de Saint-Etienne sur la Vèbre. Eglise paroissiale 1868 : Christ en bois polychrome XVIIème ; Vierge en bois doré XVIIIème ; chasubles XVIIème ; cloches 1588, 1721. Ancienne église Sainte-Etienne de Cavall. Eglise de Bonneval XIXème. Pic de Guillou. Rives du lac de la Raviège (450 ha), de l'Agout et de la Vèbre. Forêts domaniales du Cornut et de Combesalat. Sources minérales de Rieumajou et de Font Rouge. Les statues-menhirs.

Accès internet à La Salvetat
Office du tourisme de La Salvetat

Base des Bouldouires (sur le lac de la Rabiège) 04 67 97 51 16
Lundi, mardi, jeudi, vendredi matin 8 h 30 - 12 h 30.

Chemin à suivre pour les pèlerins à pied

Dos à la Mairie, emprunter à droite l'Avenue du Lac (D 162) direction La Salvetat. Traverser le pont sur la Vèbre et tout de suite prendre à gauche la rue de la République.

Arrivé à une intersection en T (tables de pique-nique, vue sur l'église à votre droite), tourner à gauche, passer un pont et, après avoir dépassé un plan d'eau à votre droite, tourner à droite où vous retrouvez le balisage.

Emprunter une passerelle en béton sur un ruisseau puis, dans une intersection en T avec une route goudronnée, prendre à droite. Dans un croisement avec une grande croix, continuer tout droit (croix jacquaire) sur un chemin de terre entre deux rangées d'arbres pour arriver à la départementale que vous suivrez à gauche.

250 m plus loin, prendre à gauche un chemin de terre (Chemin de Compostelle, croix jacquaire).

Vous arrivez à Candoubre. Poursuivre entre les bâtiments agricoles jusqu'à une intersection en T avec une croix en pierre, prendre à gauche et emprunter tout de suite à droite une rue qui passe sous une passerelle. Traverser en diagonale à gauche la cour de l'usine et emprunter un chemin direction Capelanié.

Traverser un pont et, dans une intersection en T (croix jacquaire), prendre à droite un chemin vaguement goudronné qui devient rapidement de terre. 200 m plus loin à la fourche, monter à gauche et, à la suivante, continuer tout droit à descendre.

Plus loin à la fourche, prenez un chemin qui descend à droite. 80 m plus loin, traverser un gué et, à la bifurcation, prendre à droite. Dans une intersection en T (à proximité d'un pont à votre droite), tourner à gauche, puis le chemin tourne à droite et traverse un autre gué. À la fourche, descendre à droite.

Le chemin arrive à Condomines (panneau jacquaire Condomines), et tourne à gauche (8 heures).

Laisser filer le petit sentier qui va tout droit. Ce chemin rejoint un chemin pierreux plus large, le suivre et prendre à droite 150 m plus loin (croix).

Dépasser la ligne de haute tension et juste après, descendre un sentier à droite (cairn) qui passe encore un gué avec une cascade à votre gauche et rejoint une départementale que vous emprunterez longuement à gauche. 4 km plus loin, au bout du lac et en vue de Villelongue, prendre à droite une route goudronnée qui longe un camping à votre gauche et arrive au village. Ignorer la première rue à gauche et continuer à longer le lac.

Cette rue oblique à gauche et monte vers le village. Arrivé à une route plus importante, la traverser, monter en face et prendre à gauche le long d'un mur (avec l'église en ligne de mire). Devant l'église, prendre la route goudronnée qui monte à droite. Arrivé à la départementale, la prendre à gauche, puis 50 m plus loin emprunter à droite un sentier qui monte. Contourner une maison par la droite et continuer à monter sur un chemin pavé entre deux murets qui s'estompent.

Arrivé au macadam, le prendre à gauche puis, à la fourche, continuer tout droit vers " La Capte " (une croix). 300 m plus loin, à la fourche, monter un chemin à gauche (interdiction d'entrer sauf ayant droit). Laisser filer le premier chemin à gauche et à la bifurcation, en emprunter un autre à gauche (10 heures, croix jacquaire). À l'intersection suivante, continuer tout droit.

À côté d'un abri orné d'une croix jacquaire, prendre à droite. Rester sur le chemin le plus important en ignorant les deux chemins à droite et arriver à une clairière (croix jacquaire), prendre à gauche. Continuer à descendre ce chemin en ignorant tous les chemins de terre latéraux et, arrivé à un bosquet (le lac à gauche), prendre à gauche et longer la lisière du bosquet. Après un bâtiment agricole (à votre gauche), arrivé à une maison, aller tout droit et contourner la maison suivante par la droite. Rester sur le macadam.

À l'intersection suivante, laisser filer le chemin de Bonabeau à droite et continuer le chemin de Casses. 30 m plus loin, laisser filer le premier chemin et, à la fourche suivante, prendre à droite (une croix jacquaire), laisser filer à droite les chemins pour la Gorsse-Haute et la Gorsse-Basse. De même pour le chemin de Biquirie (à gauche). 100 m après cette intersection, dans un virage à droite, quitter le macadam à gauche pour une descente raide. Après deux bancs, une place, tourner à gauche et continuer tout droit pour rejoindre la rue de Barri-Campemar.

Arrivé à une intersection importante où se trouve un lavoir, tourner deux fois à gauche et emprunter la Montée du Brisaou puis, 30 m plus loin à droite, un escalier qui monte vers la porte de la ville. Traverser la porte nommée Portanelle et avancer tout droit dans la rue de la Poterne. 50 m plus loin à gauche se trouve l'église de Salvetat-sur-Agout.

La Salvetat-sur-Agout

Ils sont nombreux sur le Chemin, les villages ou les lieux-dits qui ont pour nom Salvetat ou Saubetat. Dans ces havres de paix, l'église prenait sous sa protection les malheureux, les déshérités, les blessés du chemin, c'est à dire les exclus d'alors. En échange de leur travail, ils trouvaient là le temps de panser leurs plaies, la force de repartir et de se risquer à nouveau sur le Chemin.

C'est ainsi qu'est né le pays autour d'une chapelle romane. Tassé autour de son église et sa tour, le village évoque bien le Moyen Age.

Labyrinthe de ruelles étroites, d'escaliers et de passages couverts qui relient entre elles de petites places, le bourg administré par un groupe de consuls avait une place aux Etats Généraux du Languedoc.

Mais à quelques centaines de mètres, changement de décor. Sur les bords du lac de retenue de Raviège, lotissements, campings et bungalows nous ramènent à notre époque.

Le tourisme d'été profite du soleil et de l'eau et regarde peut-être passer le randonneur avec curiosité et envie.

Etape N°12 20 Km
De La Salvetat-sur-Agout à Anglès

5h00

A la **borne des départements Hérault - Tarn** vous avez marché 3 h 15 et parcouru 12 km.
Aux **Crouzettes** vous avez marché 3 h 55 et parcouru 14.5 km.
A **Anglès** vous avez marché 5 h 00 et parcouru 20 km.

Sur le chemin vers Anglès

Anglès
Refuge de la mairie, tél : 05 63 70 97 19. Nuitée à 6 €. Ouvert toute l'année clefs en mairie ou le WE au bar Les Tilleuls, 3 lits, coin cuisine.

Hôtel-camping, Le Manoir de Boutaric, (centre bourg), tél : 05 63 70 96 06, chambre à 42 € et repas autour de 15 €.

Gîte d'étape La Gariguette, (dans l'ancien hôtel Cire), chez Mme Collet, tél : 05 63 50 39 86, 14 places, nuitée à 25 €, repas à 10 €, 1/2 pension à 35 €. Sur réservation uniquement.

Chambres d'hôtes La Ferme de Peybarthès, tél : 05 63 70 90 21 avec 1/2 pension à 45 € par personne, ouvert toute l'année, 1 km après le bourg.

L'étape d'aujourd'hui ressemble bizarrement à celle parcourue hier. Nous quittons la région du Languedoc-Roussillon pour celle de Midi-Pyrénées. Comme hier nous cheminons entre une grande étendue (le lac de Raviège, 410 hectares) à 1.5 km sur notre droite et des hauteurs (Pic de Guillou, Col de Verniolle, Pic de Mortié) sur notre gauche. Nous progressons sur le flanc de la forêt.

Si l'étape est quasiment en totalité dans le parc Naturel de Haut Languedoc, elle emprunte malheureusement beaucoup de petites routes bitumées.

Il faut savoir que le premier tiers de l'étape jusqu'au hameau de Gieussels n'emprunte que la route, puis il en est de même dans le dernier tiers du parcours un peu avant Les Crouzettes et jusqu'à Anglès, dans une belle forêt constituée de sapins pectinés, douglas, épicéas et de pins noirs d'Autriche.

A voir, à visiter à Anglès

Eglise paroissiale Saint-Pierre. Eglise Saint-Martin de La Souque (1776) : autel à baldaquin.

Temple protestant. Châteaux de Campan, de La Rambergue, du Redondet, de Cors. Ancienne porte de ville dite "le Portail bas". Lac de la Raviège (450 ha) sur les gorges de l'Agout.

Lac des Saints-Peyres sur les gorges de l'Arn. Forêts domaniales de Salavert et de la Bastide Anglès. Parc naturel régional du haut-Languedoc

Mais comme tout est bien fait sur le chemin de Saint-Jacques, les 11 km entre Gieussels et Les Crouzettes sont d'un calme absolu. Quelquefois on peut entendre au loin, l'été, l'activité du plan d'eau et les élèves bruyants de l'école de voile.

Anglès et le département du Tarn se trouvent dans les derniers contreforts du Massif Central. Demain nous marcherons vers la vallée de Castres, résolument tournée vers la Garonne !

Anglés, le lac de la Raviège

Chemin à suivre pour les pèlerins à pied

Dos à l'église, prendre à gauche et, 30 m plus loin, emprunter à droite la rue des Consuls. Dépasser le Syndicat d'Initiative et prendre à droite la place des Archers et la rue des Compagnons, puis prendre à gauche la rue du Portail-Vieux.

Sur la place des Pénitents-Blancs, descendre à droite un escalier derrière un banc. Arrivé la place des Rouliers, tourner à droite et tout de suite à gauche pour traverser le pont sur l'Agout.

Prendre à droite la D 14 E1 en direction d'Anglès. À la fourche, à la sortie de l'agglomération, rester sur la même départementale (donc à gauche) pendant assez longtemps.

Une bonne demi-heure plus tard, avant un fort virage de la départementale à droite, monter à gauche le chemin goudronné de la Gruasse (15 T). 400 m plus loin, prendre à droite le chemin de la Taverne.

Ce chemin partiellement goudronné tourne à gauche (8 heures) à côté d'une ferme et serpente entre les champs. Plus loin, il passe par un groupe de maisons et continue en entrant dans la forêt (il longe une ligne électrique). Après une montée assez prononcée, tourner à droite dans un sentier (balisage).

Ce sentier descend entre les arbres fruitiers puis monte dans la forêt. Après une petite ruine à votre droite à l'intersection suivante, continuer tout droit. Ignorer deux chemins qui descendent de gauche et 150 m après le deuxième, à la fourche, prendre à droite un chemin qui monte légèrement et descend peu après. Il traverse un ruisseau, puis monte et devient une large piste forestière.

Après une montée assez raide, à l'intersection, emprunter la piste qui monte à gauche et continuer après une clairière (la piste vire à droite). À la fourche (à la clairière suivante), prendre à droite une piste qui descend légèrement et, avant d'arriver à la clairière suivante (peu de temps après la précédente), prendre à gauche un chemin qui descend.

À l'intersection suivante, continuer tout droit puis ignorer un chemin venant de gauche. À la fourche (une croix en bois) prendre à gauche, traverser un ruisseau et monter. À la fourche suivante, continuer tout droit.

Le chemin traverse un pré avec deux arbres solitaires au milieu, un ruisseau, et monte dans la forêt. Ignorer un chemin qui arrive de la gauche et à une intersection en T, tourner à droite.

Traverser un torrent (un passage facile par la droite) et monter à gauche. Après une montée raide, retrouver la piste et la prendre à gauche pour la suivre quand elle vire à droite.

Arrivé à une intersection avec deux barrières en métal, passer à gauche de la barrière de gauche sur un sentier qui descend et arrive tout de suite à une piste, la prendre à gauche, contourner une barrière en métal et arriver jusqu'au macadam - abri ONF, aire de pique-nique, point d'eau.

Descendre à gauche un chemin goudronné. Rester sur le macadam en ignorant tous les chemins latéraux jusqu'au lieu-dit Les Crouzettes.

Portail à Anglès

À la première fourche, continuer tout droit en laissant partir à droite le chemin de Fontanalles. À l'intersection suivante, continuer tout droit, et à la suivante prendre à droite (2 heures) direction Anglès par Caussillols.

Continuer sur le macadam, passer devant une ancienne croix à votre droite, une bergerie à gauche (les Plantis) et arriver à Caussillols. Continuer tout droit en ignorant un chemin de terre qui descend à gauche.

Après une antenne téléphonique à votre gauche, laisser filer un chemin de terre qui monte à droite puis, 300 m après une maison à votre gauche, laisser filer un chemin de terre tout droit et tourner à gauche avec le macadam - vous êtes à Olivet.

Rester sur le macadam en laissant filer un chemin à gauche qui descend aussi (attention très peu de balisage).

Vous arrivez ainsi sur la départementale que vous prendrez à gauche.

Entrer à Anglès, passez à côté d'une croix occitane en pierre à votre gauche et continuer jusqu'à une intersection avec le monument aux morts. Tourner à droite et arriver à la Mairie d'Anglès.

Anglès

Autre bourg médiéval, Anglès possède un château du XVIIème siècle et conserve aussi une ancienne porte fortifiée. Mais ce qui, sans aucun doute, fait sa notoriété, ce sont les "buffets" que l'on y fabriquait. Lorsque le vent souffle, on dit ici "qu'il buffe".

Vous aurez alors compris que les buffets ne sont que les soufflets que nous utilisons pour attiser le feu de nos cheminées.

Pendant des décennies, les "buffetaïres" du village ont assemblé des bois et des cuirs d'origine locale pour produire ces outils à faire du vent. Et puis le village peu à peu s'est endormi. Seuls les marcheurs de Saint-Jacques et les touristes réussissent à l'animer pendant l'été avant que ne buffe le vent d'automne.

Le Lac de la Raviège

"Posé au milieu de la forêt de hêtres et de sapins, le lac de la Raviège fait le bonheur des baigneurs et passionnés de voile. C'est un barrage EDF qui est à l'origine du lac.

Il retient les eaux de l'Agout sur une surface de plus de 400 hectares et 12 Km de long.

La hauteur de l'édifice dépasse 35 mètres et a deux vocations: la production d'électricité et la maîtrise du débit de la rivère Agout. Le nom du lac vient du hameau de Raviège qui fut englouti lors de la mise en eau du barrage en 1957".

www.decouvrir-l-herault.com

Culture de tournesol à proximité d'Anglès

Etape N°13 21 Km
D'Anglès à Boissezon

 5h30

Au **Sires** vous avez marché 1 h 10 et parcouru 4.5 km.
A **Bouisset** vous avez marché 2 h 20 et parcouru 8.6 km.
A la **croix de Saint-Jacques** vous avez marché 3 h 30 et parcouru 13.2 km.
A **Boissezon** vous avez marché 5 h 30 et parcouru 21 km.

Détail de l'église de Boissezon.

Bouisset
Chambre d'hôtes chez M. et Mme Jardrit, au lieu dit Le Reclot (à 800 mètres du bourg), tél : 05 63 74 05 36, ou 06 30 54 59 65. Demi pension 25 €, ou 12 € la nuit seule en gîte d'étape. Ouvert de mars à fin octobre. Réservation conseillée.

Boissezon
Boucherie, épicerie (ouverte que le matin), restaurant Les 2 Mousquetaires (fermé mercredi), pharmacie.

Gîte d'étape Saint-Jacques municipal pour pèlerin (cuisine, frigidaire, machine à laver et sèche-linge), tél : 05 63 50 52 62 (Mme Milhet, gérante du gîte) ou mairie 05 63 50 52 59. Nuitée à 15 €, 12 lits draps fournis.

D'une distance de 21 km, l'étape d'aujourd'hui a été volontairement raccourcie, car il aurait été bien dommage de ne pas visiter Castres, et si les marcheurs les plus courageux rallieront aujoud'hui la ville de Jaurès, l'arrivée tardive limitera la visite. Aujourd'hui encore, c'est en forêt que le sentier serpente gracieusement, profitez-en car dès demain et encore plus dans les étapes suivantes le paysage va se transformer de plus en plus pour n'offrir que des plaines aux grands horizons, jaunies par les cultures, écrasées sous la chaleur, et quelques petits monticules de-ci, de-là ! Boissezon sur les rives de la Durenque vous accueillera au mieux avec le refuge Saint-Jacques dans le centre du village. La visite de la tour du Guetteur datant du XIIIe siècle, et le Musée Mémorial pour la Paix qui porte le nom de Militarial (musée gratuit) seront les principales occupations de l'après-midi.

Gîte d'étape et de séjour chez M. Aussillou, lieu dit le Planiol, (centre bourg), tél : 05 63 50 52 79, ou 06 72 65 89 23. Nuitée à 27 € pour 2. Ouvert toute l'année.
claude.aussillou@wanadoo.fr

Chambre chez l'habitant chez Mme Annie Amirault, tél : 05 63 73 45 66, 1 chambre, nuitée à 15 €, et PdJ à 5 €. Réservation souhaitée. Ouvert toute l'année.

A voir, à visiter à Boissezon

Vestiges d'enceinte : porte de la ville voûtée en berceau brisé, tour fortifiée de l'église ; échauguette de l'ancien château fort. Eglise Saint-Jean-Baptiste. Le Militarial (musée militaire).

En chemin vers Anglès

Chemin à suivre pour les pèlerins à pied

Dos à la Mairie, descendre vers le stop à côté du monument aux morts et prendre à droite la D 68 direction Brassac. Après la dernière habitation à gauche, descendre à gauche à côté d'une borne d'incendie et d'une croix jacquaire (balisage) et suivre à droite le chemin goudronné. Après la station d'épuration, ce chemin monte légèrement à droite.

300 m plus loin, à côté d'une croix, monter à droite un chemin pierreux qui s'élargit et passe à la lisière de la forêt à votre droite. Il arrive à un chemin plus large que l'on prend à gauche. À côté d'un hangar, il oblique à droite et entre dans la forêt. À un carrefour de pistes, prendre à droite, longer un instant puis traverser le torrent. À une intersection en T (chemin de gravier), prendre à droite (c'est-à-dire continuer tout droit) et à l'intersection suivante encore à droite - vous êtes dans le hameau de Sires.

Arrivé à une départementale (croix jacquaire), continuer en face (11 heures), traverser une clairière et continuer tout droit pour entrer 300 m plus loin dans une propriété privée à gauche. À l'intersection suivante, tourner à droite sur un chemin de terre en ignorant le chemin herbeux tout droit.

Arrivé à une intersection en T, prendre à droite pour sortir de la propriété privée puis tout de suite descendre à gauche. À une intersection en T, prendre à droite (balisage très insuffisant), passer un petit pont en dessous (à 150 m) d'une habitation, couper un étroit chemin goudronné et continuer tout droit. Vous êtes à La Borie-de-Mary (croix jacquaire).

À l'intersection suivante (croisement avec une ligne de moyenne tension), continuer tout droit (le balisage est défaillant). Passer derrière une maison avec une plaque commémorative (août 1944) et à la fourche suivante prendre à droite le chemin en gravier.

Arrivé à une intersection en T (après une ligne de moyenne tension), prendre à gauche et à la fourche suivante (plaque commémorative " Corps Franc de Sidobre "), prendre à gauche.

Continuer sur cette piste en gravier en faisant abstraction de tous les chemins latéraux puis, après avoir dépassé l'étang à votre gauche, laisser filer à droite le chemin pour Bouisset et continuer tout droit jusqu'au cimetière à votre droite. Prendre à gauche la départementale et 200 m plus loin prendre à droite un large chemin de terre. À la fourche (croix), continuer tout droit. Suivre cette piste en faisant abstraction de tous les chemins arrivant de droite, puis à la fourche dans une clairière prendre à gauche. À l'intersection suivante avec un chemin forestier, monter tout droit et, 200 m plus loin à la fourche suivante, continuer tout droit. Garder cette piste en ignorant toutes les autres.

À l'unique bifurcation possible, prendre à gauche et parvenir à une clôture face à vous, et à cet endroit-là (croisée de sentiers de randonnée), prendre à droite et, tout de suite après la clôture, à gauche.

À une intersection en T, prendre à gauche (toujours le chemin le plus marqué) puis, arrivé à un chemin en gravier, prendre à droite. À une intersection en T avec une croix jacquaire, prendre à gauche (8 heures).

À l'intersection suivante (300 m plus loin), quitter le chemin en gravier en continuant tout droit, traverser un ruisseau par un pont et à l'intersection en T suivante, prendre à droite un chemin de terre qui monte légèrement. Ignorer un chemin qui descend après la plantation de jeunes sapins à l'entrée d'une plantation plus ancienne.

Arrivé au macadam (abîmé), prendre à droite le chemin de Fouletières Boissezon (10 T), puis 20 m plus loin le quitter à gauche pour un sentier vers le Rampaillou. Il entre dans la forêt et en ressort en longeant une ligne électrique et en offrant une vue très étendue. Au niveau de deux fourches sur la crête continuer tout droit.

Après quelques lacets, ce chemin descend sur une route goudronnée en face d'une ligne électrique: prenez-la à gauche. À la fourche, prendre à gauche c'est-à-dire tout droit (une croix jacquaire à votre droite), panneau jacquaire " Le Rampaillou ".

À la bifurcation suivante, prendre aussi à gauche c'est-à-dire tout droit. Arrivé à une ferme, le chemin tourne à droite. 50 m plus loin, le quitter à gauche pour descendre par un chemin de terre qui descend à flanc de coteau (ignorer les pistes d'herbe), traverse un pont et surplombe Boissezon.

À la fourche suivante, descendre à droite sur Boissezon, passer devant un excellent gîte à votre gauche et arriver à la départementale derrière laquelle se trouve la Mairie.

En chemin vers Boissezon

Boissezon

Au confluent de la Durenque et de la Durencuse, Boissezon est un ancien village fortifié blotti au creux des montagnes. Comme de nombreuses bourgades de la région, Boissezon a subi de nombreux désastres pendant les guerres de Religion.

Occupé tour à tour par les troupes protestantes menées par le duc de Rohan, puis par les troupes catholiques du duc de Montmorency, le château finit par être rasé par le vicomte de Paulin. De ce château, il ne reste aujourd'hui que la tour du Guetteur.

Les alentours de Boissezon sont le lieu d'un récit composé au XVIIème siècle par Pierre Borel. D'après cette histoire, un certain Sève aurait rencontré une nymphe ayant des pieds et des bras très longs et portant une robe plissée.

Le duc de Rohan

Ce récit est peut-être la version littéraire d'une légende locale : tous les ans, à la Chandeleur, apparaît une belle femme aux longs cheveux nommée la Salimonde. Si elle croque une pomme, la récolte de l'année sera bonne.

L'ail rose du Tarn

L'histoire de l'ail commence il y a cinq millénaires environ, en Asie centrale. Ses vertus médicinales et son goût particulier lui valurent d'être introduit en Extrême-Orient, en Inde, au Moyen-Orient et dans le Bassin méditerranéen, d'où il fut largement exporté par les Romains.

L'ail rose du Tarn (qui fait la fierté de la ville de Lautrec) serait apparu dans la contrée au Moyen Age. Une belle histoire raconte qu'un marchand ambulant aurait pris un repas dans une auberge, au hameau de L'Oustallarié.

Se trouvant sans argent, il aurait payé l'aubergiste avec des gousses d'ail rose. La suite de la légende veut que l'aubergiste ait replanté les gousses... L'ail rose devint alors une spécialité de la région.

Au XIXème siècle, l'ail rose était cultivé en faible quantité dans de petits potagers. Il était vendu en "manouilles" (grappes) sur les marchés locaux : Albi, Castres, Mazamet, etc. Après la Deuxième Guerre Mondiale, l'ail rose acquiert une plus grande célébrité : l'ail rose de Lautrec obtient le label rouge en 1966.

Etape N°14 27 Km
De Boissezon à Viviers-les-Montagnes

7h30

A **Noailhac** vous avez marché 1 h 00 et parcouru 3.5 km.
A **Doulatgès** vous avez marché 2 h 20 et parcouru 8.6 km.
A **Castres** vous avez marché 4 h 40 et parcouru 16.8 km.
A la **voie SNCF** vous avez marché 5 h 10 et parcouru 19 km.
A **Viviers-les-Montagnes** vous avez marché 7 h 30 et parcouru 27 km.

L'Agout et les maisons de teinturiers à Castres

Noailhac

Epicerie, boulangerie (fermée le mardi).

Restaurant l'Hostellerie d'Oc, (en centre bourg), tél : 05 63 50 50 37, menus 10.50 €, réservation conseillée.

Gîte rural ou d'étape (pour porteur de credencial) au tél : 05 63 50 53 81, nuitée à 30 € pour 1 et 50 € pour 2, cuisine à disposition. Au lieu-dit la Rive (à 1 km du bourg).

Gîte d'étape de La truie qui File (à 3 km au lieu dit La Vergne, viennent vous chercher), M. Fistié, tél : 05 63 50 59 82 ou 06 72 48 10 97, nuitée à 15 €, PdJ à 5 €, 1/2 pension 32 €, et 60 € pour 2. Réservation conseillée.

L'étape d'aujourd'hui est tout entière tournée vers Castres et son bassin industriel, le plus important depuis Montpellier. Inutile de porter trop de ravitaillement dans votre sac à dos car on rejoint facilement Castres après un peu plus de 4 heures de marche.

Car cette grande ville, située à 4 jours de marche et à 120 km de Toulouse, permet de compléter les petits achats indispensables aux pèlerins et d'envisager une pause culturelle conséquente. A ne pas manquer : la visite de la cathédrale Saint-Benoît et la statue de saint Jacques avec ses 3 coquilles sur son large chapeau, son bourdon et sa calebasse !

Allez donc saluer celui qui vous a sans doute décidé à prendre le chemin !

Castres

Réseau accueil Chrétien chez l'habitant possible mais pas obligatoire, contacter pour informations M. Arenes, tél : 05 63 59 89 26.

Foyer des jeunes travailleurs, 9 rue Pasteur Hubac (quartier du Corporal), tél : 05 63 62 58 10. Nuitée 12 €, dîner à 4.50 €

Hôtel-restaurant Le Périgord, 22 rue Emile Zola, tél : 05 63 59 04 74, nuitée à 23 € pour 1, 30 € pour 2. 1/2 pension 32 €.

Hôtel Rivière, 10 quai Tourcaudière, (en centre ville, en face de l'église) tél: 05 63 59 04 53, nuitée de 19 € à 48 € selon la formule. Pas de repas.

Dortoir chez Daniel Sidot, Aux bonnes étoiles, 34 rue Maillot, vous trouverez le téléphone dans les hébergements précédents sur le chemin. 8 places, nuitée à 12 €, réservation impérative la veille, ne fait pas les repas.

Chambres d'hôtes ou en dortoir chez M. et Mme Rouve-Grieder, 101 chemin des fontaines, tél : 05 63 35 60 40, 40 € en chambre et 17 € en dortoir. Cuisine à disposition.

Chambres d'hôtes chez M. et Mme Jardieu, 95 allées Corbière, tél : 05 63 72 58 01. Nuitée à partir de 70 € pour 2.

Viviers-les-Montagnes

Chambres d'hôtes chez M. Patrice Limes, Le Pasteillé, La Ferme, tél : 05 63 72 15 64, 06 08 85 34 89, repas possible pour les pèlerins. Nuitée à 48 € pour 2.

Accueil familial possible mais pas obligatoire et laissé à la liberté d'accueil de M. et Mme Christian Boutonnier, les Bessous, tél : 05 63 74 77 34, ou 06 17 96 86 16, merci de prévenir un peu à l'avance de votre passage. Participation financière impérative mais laissée à votre libre conscience.

Castres est devenu un arrêt important sur le chemin de Saint-Jacques parce que son abbaye-église, construite au IXe siècle, gardait les reliques de saint Vincent, le martyr renommé de l'Espagne. Le nom de la ville vient du mot latin castrum qui signifie "place fortifiée".

Pour quitter Castres il faut compter 30 minutes de cheminement en zone urbaine et c'est après avoir franchi la voie de chemin de fer que l'on retrouve le calme. Compter ensuite 8 km pour rejoindre le bourg de Viviers-les-Montagnes. Sympathique et courageuse devise du village "Non recuso Laborem", que l'on peut expliquer ainsi : "je ne refuse pas le travail" !

Chemin à suivre pour les pèlerins à pied

Descendre la rue du Pont-Rodier (balisage " Chemin de Saint-Jacques-de-Compostelle ") qui se trouve à gauche de la Mairie. Après avoir traversé un pont (croix après le pont à votre gauche), prendre à droite une route goudronnée (3,5 T) puis, après la croix jacquaire, laisser filer à droite un sentier local de randonnée.

À une intersection en T, continuer de monter à gauche. Dans une intersection en T suivante, prendre à droite un chemin qui monte très légèrement puis arrive au macadam.

Traverser ce chemin et continuer tout droit en direction de Galinié Viallele sur un chemin en gravier. Arrivé à une patte d'oie, prendre à gauche (11 heures) un chemin qui descend. Tourner à gauche à côté d'une première ferme dans un chemin de terre qui descend. Arrivé à un chemin goudronné, le prendre tout droit, c'est-à-dire à gauche, puis traverser un petit pont 80 m plus loin.

Arrivé à une départementale, continuer tout droit et entrer à Noailhac.

Arrivé à l'Avenue Charles-Tailhades (route départementale), la prendre à droite (point d'eau à gauche) et continuer sur 500 m (pas de balisage) et, après être sorti de l'agglomération à la fourche (une croix au milieu), prendre à droite. Arrivé au stade, prendre encore à droite un chemin goudronné qui longe une ligne électrique et monte bientôt.

À l'intersection suivante 300 m plus loin, prendre à droite et, face à une maison, emprunter à gauche un chemin de terre qui monte le long d'une ligne électrique. Il arrive à un bosquet, oblique à gauche et longe l'orée du bosquet.

A voir, à visiter à Viviers les Montagnes

Restes de fortifications de la bastide. Château de Viviers XIIIème, intégré au XIVème dans les fortifications de la bastide. Châteaux de Troupiac et de La Sabartarie. Souterrain-refuge aménagé de Troupiac. Eglise Saint-Martin gothique, remaniée depuis le XVIIème.

Accès internet à Castres

Le Colisée
rue Francois Thomieres
05 63 59 85 05

Le Tepanette
boulevard Clemenceau
05 63 71 19 74

Cyber Base
39 rue Emile Zola
05 63 71 94 40

PC Internet
86 avenue de Lavaur
05 63 59 51 19

Dans une intersection en T face à une habitation, descendre à droite puis, après deux maisons, prendre à gauche (10 heures) un chemin de terre qui monte.

Arrivé à un enchevêtrement de chemins, prendre celui qui est le plus à gauche et qui monte légèrement ; c'est une piste forestière.

À la fourche, prendre à gauche le chemin qui monte légèrement puis, à l'intersection suivante, continuer tout droit à descendre. À l'intersection suivante (deux petites rambardes de pont en béton), continuer tout droit. Sorti de la forêt, le chemin passe dans les champs pour entrer dans le hameau de Doulatgès.

Arrivé à une intersection en T avec le macadam, prendre à gauche (croix jacquaire) et obliquer tout de suite à droite dans un chemin herbeux qui longe une haie à votre gauche et un pré à votre droite, puis continue à travers les champs le long d'une ligne électrique.

Arrivé entre deux haies de thuyas dans un autre hameau, face à la première maison, tourner à droite sur un chemin goudronné (croix jacquaire). Parvenu à une intersection en T avec un chemin goudronné plus large, prendre à gauche. C'est la départementale (Chemin des Crêtes) - que vous allez suivre jusqu'à Castres en ignorant toutes les routes latérales.

Entrer puis sortir de Saint-Hippolyte.

Entrer à Castres, passer devant la Clinique Sidobre (les rues qui vont suivre ne sont pas palpitantes, vous avez l'autobus de la ligne 5 à votre service), continuer sur le Chemin de Saint-Hippolyte vers le Centre.

Obliquer ensuite à gauche dans la rue Ernest-Barthe, et arrivé en face d'un petit tunnel (sens interdit), prendre à gauche rue Sœur-Richard, puis tourner dans la première rue à droite, qui est la rue Sainte-Foy (rendre hommage à la statue de notre ancêtre à tous, le pèlerin), traverser le boulevard et emprunter en face la rue Fuziès (sens interdit) puis la première à gauche (rue Francisco-Ferrere) et on arrive place Saint-Jacques avec son église.

Continuer tout droit rue Francisco-Ferrere. Au bout, prendre à droite la place Fagerie, tourner deux fois à gauche vers la rue Milhaud-Ducommun. À l'intersection suivante, prendre à droite la rue Villegoudou, traverser le Pont Neuf et prendre première à gauche, rue de la Libération.

200 m plus loin à votre droite, prendre la rue de l'Hôtel de Ville, avec la Mairie et la Cathédrale Saint-Benoît. Contourner le bâtiment de la Mairie par la gauche et descendre vers l'Agout, Quai du Moulin.

Longer la rivière en empruntant un passage sous un bâtiment et sous le pont sur la piste cyclable (Chemin de la Fontaine-Saint-Roch). Passer à côté de cette fontaine.

La piste passe par une passerelle sur l'Agout et arrive Avenue Émile-de-Villeneuve. Monter sur cette dernière et la prendre à droite vers un rond-point. 100 m avant celui-ci, passer entre un parking et une maison et arriver à une départementale (un pont à votre droite), la traverser et prendre en face l'Ancienne Route de Navès. Continuer tout droit et arrivé à la D 85, la prendre à droite (pour vous mettre un peu à l'abri du trafic vous pouvez la longer par un parking).

Arrivé à un rond-point, prendre la direction Dourgne (N 112). Au deuxième rond-point, emprunter la deuxième sortie Envieux Rogé. À la première intersection, prendre à gauche une route goudronnée, franchir un passage à niveau et continuer tout droit c'est-à-dire à gauche. Passer par une propriété privée (à gauche la croix jacquaire), passer sous le pont de chemin de fer et monter à gauche sur la D 85, la prendre à droite et traverser le pont. Franchir encore un passage à niveau et tout de suite après, prendre à droite direction Saix (D 50b).

50 m après un arrêt de bus, prendre à gauche la C 5 (direction Barginac) (10 t). Dans une intersection en T en haut de la côte, prendre à droite direction Barginac et y entrer (lieu-dit).
À la fourche (avec une gentille invitation au repos pour le pèlerin), prendre à gauche. Sortir de Barginac et continuer sur le macadam (nous sommes sur le Chemin de Saint-Jacques). Dans une intersection en T, prendre à droite. Traverser la route suivante et prendre à gauche un chemin de terre qui monte entre une haie et les champs.

Arrivé en haut de la côte, au macadam, prendre en face (éviter la route des crêtes avec les antennes). Au stop, continuer tout droit et 250 m plus loin prendre à gauche un chemin de terre, qui entre plus tard entre les haies, et quelque 200 m plus loin, prendre à droite (bon balisage y compris jaune "lou cami de Viviers").

Arrivé à une intersection en T (croix jacquaire), prendre à gauche un chemin goudronné, puis en bas de la descente au milieu des maisons, prendre à gauche un chemin " lou cami de Viviers " qui après avoir traversé un pont tourne à droite avant d'arriver à une propriété (flèche sentier pédestre).

Continuer sur ce sentier et, à la sortie de la forêt face à un champ (ligne de haute tension), prendre à droite à la lisière de la forêt. Arrivé à une intersection en T (transformateur sur un poteau) avec une route goudronnée, prendre à droite le Chemin du Cruzel (10 T).

(Si vous avez réservé votre hébergement dans l'accueil familial Boutonnier, prendre à cet endroit à gauche pour atteindre la départementale, la suivre à gauche vers Les Bessous).

À Viviers-lès-Montagnes, sous le château, prendre à droite (à 5 heures), longer et contourner le château, arriver à l'église, la dépasser et tourner à gauche pour arriver place Saint-Martin devant l'église.

Boissezon - Viviers-les-Montagnes

Castres

Dominée par l'industrie lainière depuis le XIVème siècle, Castres toujours active dans ce secteur économique a pourtant élargi sa palette d'activités à d'autres métiers qui avaient à l'origine un rapport avec la laine.

C'est ainsi que fabrication et l'entretien des métiers à tisser sont à l'origine des entreprises de petite mécanique et que les usines chimiques et pharmaceutiques sont filles des entreprises de teinture d'autrefois. Enfin on trouve une petite industrie du cuir car il fallait bien valoriser les peaux après leur délainage. Originellement c'est un camp romain - ou castrum - installé dit-on par César sur une hauteur dominant l'Agout qui donne son nom au site. Beaucoup plus tard au VIIème siècle s'y installe une abbaye qui devient centre de pèlerinage lorsque deux moines ramènent, de Saragosse en Espagne, des reliques de saint Vincent.

Et la prospérité arrive ensuite lorsque les pèlerins qui vont vers Compostelle empruntent la vallée de l'Agout et s'arrêtent à l'abbaye. Ils viennent de Saint-Gilles ou de Saint-Guilhem ou de plus loin encore et se dirigent vers Saint-Sernin de Toulouse. Castres se développe et déborde alors sur la rive droite de la rivière tout en s'enfermant dans de solides murailles.

Dès le XIème siècle les citoyens s'organisent et élisent des "capitouls" pour gérer la cité. La ville devient le siège d'un évêché et il faut à nouveau agrandir l'enceinte et le tracé des boulevards actuels, les "Lices" en gardent la mémoire. La ville qui avait échappé aux destructions de la croisade contre les Cathares eut à souffrir des guerres de Religion car elle était passée sous la tutelle des huguenots. C'est l'arrivée d'Henri IV sur le trône et la signature de l'édit de Nantes qui mirent fin aux troubles.

L'ère industrielle modifie à nouveau la ville : les murs d'enceinte disparaissent, de nouveaux ponts sont construits et le train s'y arrête. Castres sous la conduite de ses maires entame une politique de progrès : elle sera la première à s'éclairer au gaz et une ville pilote pour le pavage des rues.

La ville en donnant son nom à une place importante a voulu honorer le plus illustre de ses enfants : Jean Jaurès. Né en 1859 il deviendra professeur avant d'être élu député en 1885.

Il prend la tête du mouvement socialiste en 1905. Il s'efforce alors avec courage à tenter d'enrayer la course à la guerre, mais il est assassiné à Paris le 31 juillet 1914 et la mobilisation générale est proclamée en France le lendemain. Dix ans plus tard son corps est transféré au Panthéon.

Les amateurs de peinture n'oublieront pas de consacrer un peu de temps au très beau musée Goya installé dans l'ancien palais épiscopal qui abrite aussi la mairie et un petit musée Jean Jaurès.

Viviers-les-Montagnes

Le village de Viviers-les-Montagnes est construit à flanc de colline avec vue sur la Montagne Noire. Occupant un site où l'implantation humaine est attestée depuis la préhistoire, un château fort succéda à un oppidum gallo-romain surveillant l'importante voie qui passait dans la vallée.

Ce château sera ensuite intégré dans les fortifications créées à l'occasion de la construction d'une bastide en 1367 ordonnée par Charles V le Sage, roi de France. Le co-seigneur était Arnold de Durfort.

Cerné de murailles, le village occupait la partie basse de la bastide. Les rues, tracées selon un axe nord-sud, s'élevaient vers l'église et le château.

L'église gothique, remaniée à plusieurs reprises depuis le XVIIIème siècle, a une allure fortifiée. Le clocher à créneaux est surmonté par une statue de la Vierge, datant de la fin du XIXème siècle. On pénètre dans l'église par un porche de la fin du XVème siècle. A l'intérieur, une des chapelles comporte une belle voûte à liernes et à tiercerons. Deux statues de saint Pierre et de saint Paul, œuvres baroques d'Eustache Langon, ornent le chœur.

mairie de Viviers-les-Montagnes

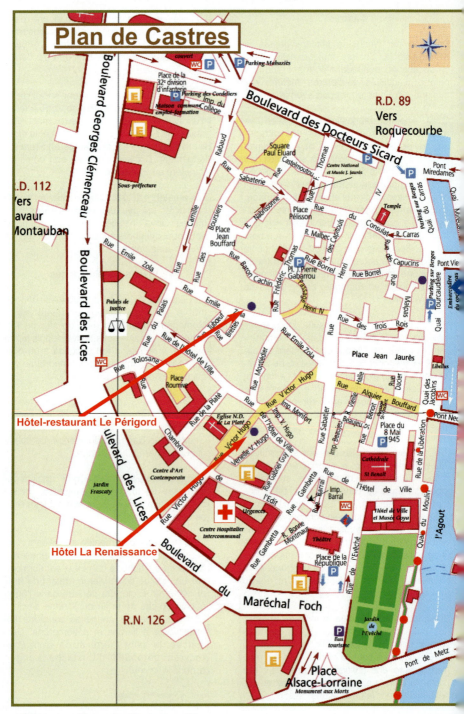

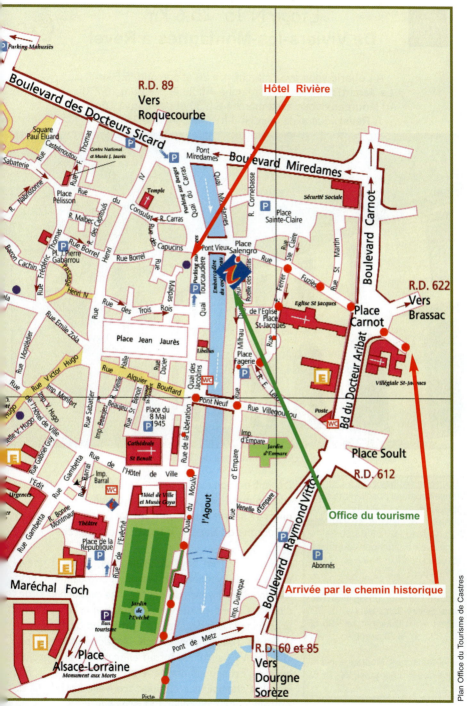

Boissezon - Viviers-les-Montagnes 83

Etape N°15 25.6 Km
De Viviers-les-Montagnes à Revel

 6h40

A **Lugarié** vous avez marché 1 h 20 et parcouru 5.5 km.
A **La Janardarié** vous avez marché 4 h 20 et parcouru 16.7 km.
Au **Moureaux** vous avez marché 5 h 30 et parcouru 21.6 km.
A **Revel** vous avez marché 6 h 40 et parcouru 25.6 km.

Le cloître de l'abbaye de Sorèze

Dourgne (Abbaye d'En Calcat)
Accueil spirituel possible mais pas obligatoire à l'abbaye Saint-Benoît, Hostellerie de l'Abbaye d'En Calcat, tél : 05 63 50 84 10, participation financière impérative. Téléphoner de 10 h à 12 h et 14 h 30 à 17 h 30.

Accueil Chrétien possible à l'abbaye Sainte-Scholastique, (à 800 mètres avant Dourgne), tél : 05 63 50 31 32 ou 75 70, fermé en janvier.

Hôtel-restaurant Montagne Noire, Place des Promenades, tél : 05 63 50 31 12.

Départ de bon matin pour les 25.6 km de l'étape. Si vous n'avez pu prévoir le déjeuner de midi, vous pourrez sortir légèrement du parcours pour trouver à Dourgne ou Sorèze, des petits commerces.

Premiers pas en pays du Lauragais, terre à cheval entre Midi-Pyrénées et Languedoc-Roussillon, pays des moulins à vent, du pastel, des pigeonniers, des clochers murs et du vent d'Autan que les pèlerins préfèrent avoir dans le dos plutôt que de face !
A Revel (bastide médiévale fondée en 1342 par Philippe VI de Valois) il faut aller voir la plus grande halle de France qui abrite le samedi un des marchés les plus champêtres où vous trouverez produits du terroir, confit de canard et fromage local...

Camping municipal, tél : 05 63 50 31 20 (mairie), ouvert du 15/06 au 15/09.

Camping à la ferme M. Gau, Parisot Bas, tél : 05 63 50 30 56, ouvert en juin, juillet, août. Ne fait pas table d'hôtes.

Chambres d'hôtes chez M. et Mme Bérard, tél : 05 63 50 12 97, (à 2 km du bourg), lieu-dit En Azemar. Ne fait pas table d'hôte mais cuisine à disposition. Nuitée à 40 € pour 1 ou 2 personnes. Ouvert toute l'année.

Sorèze

Hôtellerie de l'Abbaye-école, Le Pavillon des Hôtes, et le Logis de Pères, (centre bourg) au 18 rue Lacordaire, tél : 05 63 74 44 80, soirée étape possible à 65 € et remise 10 % sur le prix pour les marcheurs. Chambre à 50 €.

Chambres d'hôtes M. et Mme Gally-Fajou, Moulin du Chapitre, tél : 05 63 74 18 18, (à 1 km du bourg, à proximité du hameau de la Rivière). Il est conseillé de passer par Sorèze afin de faire quelques courses. Ne fait pas table d'hôte, mais cuisine à disposition. Nuitée de 32 à 39 € pour 1 personne et 36 à 42 € pour 2.

Revel

Gîte de 6 lits à disposition par la mairie et géré par l'association Quercy-Rouergue-Languedoc, tél : 05 34 66 67 68 (O. T.), si fermé joindre le 05 62 18 71 40 (mairie), hors saison s'annoncer à l'O. T. pour avoir la clef. Participation aux frais de 10 € minimum.

Hôtel restaurant Auberge des Mazies**, route de Castres, tél : 05 61 27 69 70.

Hôtel restaurant du Midi **, 34 boulevard Gambetta, tél : 05 61 83 50 50.

Le refuge est tenu par des bénévoles et géré au mieux par les hospitaliers de l'association Quercy-Rouergue-Languedoc, qui vous renseigneront pour la suite de votre chemin.

L'abbaye d'En Calcat

Chemin à suivre pour les pèlerins à pied

Dos à l'église, place Saint-Martin, descendre la rue à gauche (à côté d'un point déchets). Arrivé à une intersection en T, prendre à gauche la rue de la Croix-du-Coq.

À la fourche, continuer tout droit (sens interdit), passer à côté d'une grande croix avec le coq puis, entre la Mairie et le boulodrome, arriver à la rue de la Maréchale et la descendre à droite.

Arrivé au stop, prendre à droite la rue de l'Enclos et à une place joliment pavée, prendre à gauche. Au stop, prendre à droite, traverser le pont et tout de suite après prendre à gauche la D 50 direction Verdalle qui longe un canal (pas de balisage).

Passer devant un ancien moulin à vent, ignorer le balisage jaune qui part à gauche et continuer sur la départementale. Traverser une intersection à côté d'un arrêt de bus et (croix à votre droite) continuer tout droit. Emprunter une route goudronnée à droite direction les Andrieux, les Tournés.

À l'intersection suivante, laisser filer à droite les Andrieux, les Tournés, et continuer tout droit sur la route goudronnée. Arriver dans le hameau les Coutarié, traverser un pont et tourner à gauche (flèche " La Coutarié, Lugarié").

Hôtel La Commanderie, 7 rue de Taur, tél : 05 34 66 11 24. 1/2 pension de 39 à 57 €.

Hôtel du Centre**, tél : 05 61 83 64 64, 9 galerie du Levant , nuitée à 34 €.

Chambres d'hôtes M. et Mme Bolle, La Métairie de Dreuilhe, (3.8 km après Revel). Chemin de la Fontaine, tél : 05 62 18 02 24, nuitée à 31 € pour 1.

L'office du tourisme de Revel, tél : 05 34 66 67 68, ré-oriente les pèlerins vers des familles d'accueil volontaires si le gîte est totalement plein. Ces accueils familiaux, pour les pèlerins (en priorité) n'est pas obligatoire, et reste au bon vouloir des familles. Pratiqué dans un esprit d'accueil fraternel, il est important de toujours laisser une participation financière.

A voir, à visiter à Revel

La halle de l'ancien marché, la plus grande halle de France existant à ce jour. Église Notre-Dame-des-Grâces. Châteaux de Couffinal avec pigeonnier à clocheton hexagonal, Beauregard XVIIème. Moulin à vent de la Plâtrière. Pigeonnier de Peyssou.

Accès internet à Revel
Médiathèque, Bd Carnot
05 61 83 44 00

Virtal Quest
17 bis rue de Saint-Ferréol
05 62 71 05 22

La petite Souris
19 rue Dreuilhe
05 61 83 81 35

Traverser à gauche le pont suivant et tourner à droite en longeant le même cours d'eau à votre droite. Au bout d'une placette, tourner à gauche et tout de suite à droite. À la sortie du hameau, ignorer à gauche le chemin de Vignes et arriver au hameau de Lugarié, le traverser tout droit et en ressortir à côté d'un transformateur EDF.

La route vire à droite vers l'église de Saint-Jean, traverse un pont tout droit, passe à côté de l'église et continue tout droit.

Dans une intersection en T, 200 m après l'église, prendre à gauche la route goudronnée (direction Moulin de Saint-Jean) et, arrivé aux premières maisons, tourner à droite direction Verdalle. À la sortie du hameau, rester sur le macadam qui vire bientôt à gauche.

Arrivé au hameau suivant, le chemin vire à droite et longe les habitations à votre gauche puis un terrain de sport. À l'intersection suivante, prendre à droite (plaque " Les Segares ") et, 50 m plus loin à gauche, un chemin goudronné qui longe au début une ligne électrique.

Dans un virage, quitter le macadam et prendre à droite un chemin de terre (croix jacquaire) vers une haie, la départementale et une maison solitaire. Arrivé à la départementale, la prendre à droite (si vous voulez passer par l'abbaye de Dourgne, tourner à gauche). 250 m plus loin, la quitter pour descendre à gauche un chemin en gravier longé par une ligne électrique et qui s'avance vers une chênaie.

Juste avant d'arriver à une habitation (croix jacquaire), descendre à droite un chemin de terre. Face à un bâtiment agricole, tout de suite après, prendre à nouveau à droite un chemin de terre qui longe une haie à gauche. Cheminer entre les champs avec la vue à gauche sur l'Abbaye de Sainte-Scholastique dans le lointain.

À l'intersection avec un chemin en gravier, tourner à gauche en direction de cette abbaye. Maintenant, vous voyez à votre gauche l'abbaye d'En Calcat. Passer à côté d'une grande ferme à votre droite et, 300 m plus loin, prendre à droite (croix jacquaire ornée de souliers) un chemin de terre entre deux haies.

Longer les habitations puis les bâtiments d'élevage à votre droite sur un chemin goudronné puis en gravier.
Arrivé à une intersection en T avec le macadam, prendre à gauche et, 50 m plus loin (après un mur en ruine), à droite (flèche " Métairie Neuve ") sur un chemin goudronné.

À l'intersection suivante avec un chemin goudronné, poursuivre tout droit sur un chemin de terre. Arrivé à une départementale, la prendre à droite et, 300 m plus loin dans un virage, descendre à droite un sentier peu visible qui longe la départementale.

Il coupe successivement un chemin goudronné, un autre chemin (" En Rives "), puis un chemin de terre au niveau d'une croix, un chemin en gravier menant vers une habitation. Le sentier chemine entre les arbres.

Il descend un escalier, passe entre les prés et longe une haie à sa gauche, et enfin arrive à une route goudronnée où vous tournez à droite. Après un parcours entre les prés, longer un bosquet à votre gauche et à une intersection en T, prendre à gauche un chemin goudronné en laissant filer à droite le chemin vers Tartissou.

À l'intersection suivante, face à une habitation, prendre à gauche un chemin goudronné. À une autre intersection en T, 300 m plus loin, prendre encore à gauche vers les habitations (croix jacquaire) et entrer dans le lieu-dit La Janardarié (deux bancs pour vous reposer).

En sortant de ce lieu-dit, tourner à droite sur un chemin goudronné. À la fourche avec une croix jacquaire, une passion et une Vierge, monter à droite en direction de La Borie Grande. Laisser filer à gauche une route (3.5 T) et, arrivé à une route prioritaire à côté du cimetière à votre droite, monter à gauche. À votre droite, une église moderne. Juste après elle, descendre à droite un chemin goudronné (16 T, forte pente). Balisage rare.

À l'intersection suivante, continuer tout droit - véloroute Castres - Revel. En haut de la côte, après quelques maisons, dans une intersection en T, prendre à droite. À l'intersection suivante, laisser filer à droite la direction les Villas et continuer tout droit.

Au stop, face à l'entrée de Sorèze, prendre à droite une route goudronnée. Passer devant la propriété le Bouscatel et un peu plus loin, face à un transformateur sur un poteau, prendre à gauche en direction de Borde-Basse.

Ce chemin passe devant une ferme et continue tout droit comme chemin de terre. Ignorer l'arrivée d'un large chemin à gauche et, arrivé à une départementale, prendre à droite. Entrer aux Mouraux (commune de Sorèze), emprunter à gauche la rue des Abreuvoirs, puis tourner à droite et à gauche. Continuer sur un large chemin mi-gravier mi-goudron.

Arrivé à une intersection en T (signe cul-de-sac à gauche), tourner à droite sur un chemin de terre. Ce large et beau chemin traverse un pont à gauche et arrive à une intersection en T (à côté d'un poteau avec un transformateur).

Prendre à droite un chemin goudronné. Ignorer toutes les intersections et arriver jusqu'à une départementale (à votre droite, la croix Via Tolosana Revel), prendre à gauche. Arrivé à un rond-point avec une fontaine au milieu, prendre tout droit la rue Victor-Hugo. Arrivé place Philippe VI de Valois avec sa belle halle (Syndicat d'Initiative), la traverser en diagonale et emprunter la rue de Notre-Dame - 200 m plus loin à gauche, l'église de Revel.

L'abbaye collège de Sorèze

Le village de Sorèze est lié à la fondation de l'Abbaye au pied de la Montagne Noire en 754 par Pépin d'Aquitaine et confiée à l'ordre des bénédictins. Celle-ci est un site classé qui vaut le détour ; s'y trouve aujourd'hui un centre d'études francophones.

L'abbatiale est l'ancienne église du monastère, elle est dédiée à Notre-Dame-de-la-Paix. Elle est désaffectée depuis le XIXème siècle.

Pourtant l'église a joué un rôle très important par le passé. Les moines étaient de vrais défricheurs et bâtisseurs. Par là, ils contribuèrent au développement agricole et économique de leur région.

L'abbaye fut victime des invasions barbares et de nombreuses guerres de Religion. Elle fut cependant reconstruite plusieurs fois jusqu'en 1638, et possède ainsi de vastes et magnifiques bâtiments d'époques différentes qui coexistent dans une certaine harmonie.

Il faut noter qu'au XVIIème siècle l'Abbaye accueillit dans ses murs une école. L'enseignement gratuit y était novateur : géographie, histoire, mathématiques, langues étrangères. L'école devint vite renommée. Quelques années plus tard, elle porta le titre "d'école militaire ".

L'enseignement laissa une large place aux arts de la guerre et au sport. La Révolution supprimant les écoles militaires, l'école fut mise en vente et rachetée par un certain Ferlus. Elle conserva cependant une excellente réputation. Fermée depuis 1991, il demeure cependant une association active des anciens élèves.

Abbaye d'En Calcat

A 70 km de Toulouse, ce monastère bénédictin compte aujourd'hui environ 60 moines. Il fut créé en 1890 conjointement avec celui de Sainte-Scholastique de Dourgne.

En effet, Dom Romain, originaire de la région et moine au monastère de la Pierre-Qui-Vire dans l'Yonne, guidait spirituellement une jeune femme, Marie Cronier. Cette dernière bénéficia de grâces particulières et reçut en 1883 une révélation qui conduisit à la construction des deux monastères (reconnus comme abbayes en 1896).

Les vocations y furent très nombreuses mais la loi sur la liberté d'association de 1901 entraîna le départ des moines pour l'Espagne, seules les sœurs restèrent. Les frères revinrent après la guerre pour laquelle d'ailleurs ils furent mobilisés.

L'entre deux guerres fut une période de construction importante, comme par exemple l'église abbatiale consacrée en 1935. La seconde guerre mobilisa 50 moines... les vocations continuèrent cependant d'affluer par la suite.

D'ailleurs, des monastères furent fondés à l'étranger : Burkina Faso, Côte d'Ivoire, Togo, Maroc...

Le marché aux fleurs de Revel

Dourgne, l'abbaye Sainte-Scholastique

La communauté vécut activement les grands bouleversements liés au concile de Vatican II, le français remplaça le latin bien que les chants en grégorien fussent conservés. Une hôtellerie accueille les retraitants ou les pèlerins.

Revel

Située en Haute Garonne, la ville de Revel fait partie de l'arrondissement de Toulouse. Chef-lieu de canton, elle compte 8000 habitants. Revel est une petite cité médiévale historique dont il ne faut surtout pas rater la plus grande halle de France ainsi que le beffroi.

Le roi Philippe VI en ordonna par lettre sa construction qui débuta en 1345. Le nom de Revel évoque celui du roi. La ville resta d'ailleurs sous son autorité et ne fut pas sous la tutelle d'un Seigneur.

Toute la cité fut construite autour de la halle et de sa place centrale entourée d'arcades nommées "las Garlandas" et parfaites pour la promenade.

Durant plusieurs siècles, le beffroi fut la maison commune avec sa tour de guet, sa salle des consuls et sa prison.

Revel abrite de nombreux artisans de réputation internationale, des ébénistes, des marqueteurs et des tapissiers.

Chaque samedi matin a lieu un marché traditionnel que les gourmands ne doivent surtout pas manquer !

A proximité de Revel se trouve le lac de Saint-Ferréol, site classé au patrimoine mondial de l'Unesco ou se trouve le principal réservoir du Canal du Midi. La digue date du XVIIème siècle.

Etape N°16 37 km
De Revel à Montferrand

 9h30

Au **carrefour de Mandoul** vous avez marché 0 h 45 et parcouru 3.2 km.
A **l'écluse de Laudot** vous avez marché 2 h 00 et parcouru 8 km.
A la **D58** vous avez marché 5 h 35 et parcouru 21.6 km.
A **l'obélisque de Naurouze** (gîte) vous avez marché 8 h 45 et parcouru 34.2 km.
A **Montferrand (bourg et mairie)** vous avez marché 9 h 30 et parcouru 37 km.

Saint-Félix-Lauragais
(12 km après Revel et après avoir traversé la voie SNCF, Saint-Félix est à 4 km).
Auberge du Poids Public, tél : 05 62 18 85 00, chambre à 62 €, 1/2 pension à 100 €.

Chambres d'hôtes André Angelini, (en contrebas du village), tél : 05 61 83 02 47, ou 06 88 76 23 87. Chambre à 45 € pour 2 (+ PdJ) pour 2 et repas à 18 €.

Accueil pèlerin possible chez Mme Terrien, tél : 06 15 67 08 03, de préférence l'hiver, car Mme Terrien est une grande pèlerine qui passe les 3/4 de l'année sur les sentiers !

Accueil possible mais pas obligatoire au presbytère, sous réserve de disponibilité.

Les Cassés (HC à 1.4 km)
Etablissement recommandé : Chambres d'hôtes et relais jacquaire, La Passeur-Elle, Les haltes vers Compostelle, (centre bourg), tél : 04 68 23 17 71, Mme Lambin. 1/2 pension de 23 à 26 €, nuitée seule à 11 €, possibilité de préparer ses repas, **mais courses à prévoir à Revel**. Réservation impérative la veille de votre passage.

L'obélisque de Naurouze, à la gloire de Pierre-Paul Riquet !

Sur la plaine de Revel, l'étape d'aujourd'hui est d'une simplicité enfantine car il faut suivre durant tout le parcours les méandres de la Rigole de Riquet, qui capte l'eau de la Montagne Noire, pour la transporter au Canal du Midi, fraîcheur garantie. Certes l'étape est longue mais c'est parce que l'on trouve peu d'hébergements sur le parcours, sauf à quitter le chemin pour faire halte à Saint-Félix-Lauragais, (ou aux Cassés à quelques pas de la Rigole), ce qui est possible si vous pensez ne pas pouvoir rejoindre Montferrand.

Cependant la distance défile vite car le chemin est totalement plat, et avec les 337 kilomètres déjà parcourus vous allez vous sentir plus à votre aise à l'ombre des peupliers !

A l'arrivée hommage est rendu à Pierre-Paul Riquet par l'obélisque de Naurouze. C'est ici que l'on trouve la ligne de partage des eaux entre versant méditerranéen et atlantique. Montferrand est situé à la limite des départements de l'Aude et de la Haute-

Revel - Montferrand

Montferrand
Attention pas de commerces.

Etablissement recommandé : Gîte d'étape et chambres d'hôtes Le Moulin de Naurouze, Les haltes vers Compostelle, (le seuil de Naurouze), M. et Mme Spark, tél : 06 22 49 57 15. Nuitée étape à 12 €, toutes formules de repas possibles, 14 lits en dortoir, cuisine en libre gestion. Epicerie libre gestion. Panier pique-nique. lemoulindenaurouze@wanadoo.fr

Accueil chrétien possible (mais pas obligatoire) et dans un esprit fraternel, La Porte de Marie, (dans le bourg, sur la colline) tél : 04 68 60 19 71, participation financière impérative mais laissée à votre libre conscience.

A voir, à visiter à Montferrand

L'obélisque de Riquet. Le phare de l'Aéropostale. L'église romane et les stèles discoïdales. L'église paléochrétienne du 4ème siècle. Les sarcophages wisigoths. Les thermes romains.

Garonne, sur une colline élevée dominant à l'est, la plaine fertile de Castelnaudary, et au sud, le bassin de Naurouze et au nord les coteaux de Saint-Félix.

Si vous faites étape au moulin de Naurouze, il est inutile de rejoindre le cœur du village de Montferrand sur la colline (sauf pour la visite du Phare de l'Aéropostale) car vous feriez 2.5 km de trop !

Paysage du Lauragais

<u>Chemin à suivre pour les pèlerins à pied</u>

Dos à l'église, emprunter à gauche la rue Notre-Dame, traverser le premier carrefour tout droit, de même au second carrefour avec l'Avenue de Saint-Ferréol. Après le cimetière, prendre tout droit avenue de Vaudreille, direction Vaudreille (vous retrouvez le balisage).

Arrivé à la rigole d'alimentation du Canal du Midi (croix jacquaire), prendre à droite avant le pont et la longer en l'ayant sur votre gauche. Sans aucune erreur possible, continuer ainsi à la longer sur sa rive droite durant 2 heures 30 à 3 heures. Face à une exploitation agricole à votre gauche, le chemin sur la rive droite se termine, traverser le pont et remettre le "pilote automatique" en longeant la rigole à votre droite maintenant.

On arrive ainsi au lac de Lenclas, l'aire de pique-nique restaurant à votre gauche. Continuer tout droit et le traverser sur la digue, ou bien emprunter le balisage à droite qui le contourne un peu. Passer sous la ligne de haute tension et peu après, laisser filer à droite le pont et le chemin pour Les Cassés (gîte). Puis, continuer à longer la rigole rive gauche, parfois sur le macadam, beaucoup plus souvent sur un chemin de terre.

Arrivé à la N 113, la traverser avec prudence et la longer à droite sur 80 m. Avant d'arriver au pont de la Rigole, descendre à gauche sur le chemin qui la longe et continuer ainsi jusqu'au Moulin de Naurouze (gîte). Vous êtes au cœur du Canal du Midi avec plusieurs " éléments " de la commémoration de sa construction et de son inspirateur, Pierre-Paul Riquet.

Après le Moulin de Naurouze, prendre à gauche la flèche qui indique la ligne de Partage des Eaux (vous pouvez tout aussi bien emprunter l'allée de platanes tout droit qui raccourcit un peu le parcours), le Réservoir de Naurouze à votre droite, passer par l'épanchoir de Naurouze et continuer à longer le réservoir en obliquant à droite. Arrivé à une belle allée de platanes à votre droite, prendre à gauche la direction Écluse et, arrivé au canal, continuer tout droit. Passer devant l'écluse de l'Océan, traverser une route et longer le canal sur 400 m, puis prendre à droite (balisage) un chemin de terre (si vous ne comptez pas aller à Montferrand et voulez continuer le long du Canal, c'est le moment de quitter le balisage).

Arrivé à la nationale, la traverser et prendre en face le chemin de Tounisses. En face du cimetière (monument aux morts), quitter le macadam qui tourne à droite et continuer tout droit sur un chemin d'herbe pour entrer un peu après à Montferrand. Poursuivre la montée sur le macadam tout droit rue de la Barbacane. Le chemin monte raide puis suit le flanc du coteau.

Avant d'arriver aux premières habitations, tourner à droite en épingle à cheveux (5 heures) dans un chemin de terre. Avant d'arriver à la première maison, emprunter à gauche quelques marches (attention ! ça peut être glissant) et arriver à l'église désaffectée Notre-Dame, de Montferrand.

Le seuil de Naurouze

Le seuil de Naurouze est souvent appelé aussi "seuil du Lauragais".

A une altitude de 195 mètres, cette percée entre le Massif Central, au nord, et les Pyrénées, au sud, a toujours été un endroit stratégique. C'est en effet le point de passage le plus bas et le plus court entre la Méditerranée et l'Atlantique.

Le seuil se situe également sur la ligne de partage des eaux entre les deux bassins versants méditerranéen et atlantique : les eaux du Fresquel se dirigent vers la Méditerranée tandis que les ruisseaux qui alimentent le Marès et l'Hers Mort se jettent finalement dans l'Océan.

C'est au seuil de Naurouze que le Canal du Midi atteint son niveau le plus élevé. Pour pallier les difficultés d'alimentation du Canal en ce point critique, les eaux canalisées de la rigole de la Montagne Noire débouchent au seuil de Naurouze. Cette idée géniale de Riquet est commémorée au seuil de Naurouze par un obélisque érigé en 1827 sur des blocs de poudingue.

Montferrand

C'était une forteresse cathare perchée à 300 m d'altitude. Elle tomba en 1211 sous les coups de Simon de Montfort lors de la croisade contre les Albigeois. De cette période tragique ne reste qu'une porte fortifiée. L'église Notre-Dame, dont le clocher est à la mode toulousaine, est plus récente et daterait de 1300 environ.

Mais les siècles suivants ont donné à Montferrand quelques raisons d'être célèbre. La commune, en effet, est proche du seuil de Naurouze qui marque le point culminant du canal des deux-mers.

Un obélisque dédié à Pierre-Paul Riquet rappelle le talent de celui qui fut à la fois un concepteur plein d'audace et un remarquable conducteur de travaux. Et si le Canal n'est plus guère parcouru que par des bateaux de touristes, il a pourtant pendant plusieurs siècles modifié l'économie de la région.

Au XXème siècle c'est encore un problème de transport qui fait parler de Montferrand. C'est en effet en haut du village qu'a été installée en 1929 une balise aéronautique servant de repère aux pilotes de la ligne mythique de l'Aéropostale.

Phare du bout du monde pour les équipages qui revenaient de Santiago du Chili, on imagine avec émotion qu'il a pu guider les ailes de Guillaumet, de Saint-Exupéry ou de Mermoz.

Le Lauragais, pays du pastel, des clochers-murs et du vent d'Autan

Le pays du Lauragais tire son nom des seigneurs de Laurac qui y possédaient un fief. Comme de nombreux pays, le Lauragais fut démantelé à la Révolution : il chevauche les quatre départements de la Haute-Garonne, de l'Aude, de l'Ariège et du Tarn.

A la fin du Moyen-Age et au début de la Renaissance, le Lauragais connut un important développement économique grâce à la culture du pastel : en broyant et en séchant les coques de pastel, on obtenait le précieux pigment bleu. C'est par allusion à ces coques de pastel que l'on appela aussi le Lauragais "pays de cocagne".

Dans le Lauragais s'élève un type de clochers très caractéristique : les clochers-murs. De nombreuses églises romanes ou gothiques sont dotées de ces clochers-murs qui forment un pignon triangulaire percé de une à cinq baies campanaires en général, parfois davantage (Bazièges). Ce type de construction, économique en matériaux puisqu'il suffit de monter un mur, donne aux clochers une forme très pure. On trouve dans les bastides une variante au type des clochers-murs.

À Villenouvelle, Villefranche ou Montgiscard, le clocher-mur formant un pignon cède la place à un clocher-mur entre deux tourelles.

Au cours de votre pérégrination au cœur du Lauragais, vous risquez d'être littéralement décoiffé, car la région est réputée pour ses vents violents. Lorsqu'ils soufflent de l'ouest, ces vents se nomment les " cers ". Mais le vent le plus redouté est le vent d'Autan (ou plus exactement les vents d'Autan, car leur direction varie) qui provient de Méditerranée et qui peut souffler jusqu'à près de 150 Km/h.

Surnommé vent du diable, il fatigue et rend nerveux hommes et animaux. Sa grande violence provoque des dommages dans les cultures, dans les maisons des imprudents qui ont laissé leurs fenêtres ouvertes ; ce n'est pas un hasard si il n'y a jamais d'ouverture sur le mur des métairies tourné à l'est. Si lors de votre marche, vous apercevez distinctement les Pyrénées, méfiez-vous, car vous pouvez être certain que le vent d'autan va se lever !

Le lac Saint-Ferréol

La retenue de Saint-Ferréol, conçue par Riquet, est une pièce maîtresse du dispositif d'alimentation en eau du Canal du Midi. La digue, dont la construction fut achevée en 1672, mesure près de 800 mètres de long et 30 mètres de haut. Premier ouvrage d'art de cette nature en France, le barrage de Saint-Ferréol était destiné à retenir les eaux du Laudot pour alimenter la rigole de la Plaine.

Quelques années après la mort de Riquet, Vauban améliora le dispositif qui jusqu'alors remplissait mal ses fonctions de régulation. Il conçut le tunnel-voûte des Cammazes, d'une longueur de 25 Km, reliant la rigole de la Montagne à l'amont du Laudot. Mieux alimentée, la retenue de Saint-Ferréol put enfin jouer son rôle.

La retenue inonde aujourd'hui une surface de 65 hectares. Elle remplit toujours les mêmes fonctions, mais c'est aussi une base de loisirs très prisée, qui s'intègre bien dans le paysage de la Montagne Noire.

Revel - Montferrand

Etape N°17 31 Km
De Montferrand à Baziège

8h00

A **Avignonet-Lauragais** vous avez marché 0 h 55 et parcouru 3.1 km.
A **Villefranche-de-Lauragais** vous avez marché 3 h 50 et parcouru 14 km.
A **Montgaillard-Lauragais** vous avez marché 5 h 30 et parcouru 20.5 km.
A **Baziège** vous avez marché 8 h 00 et parcouru 31 km.

Peu avant Baziège, la chapelle Sainte-Colombe.

Avignonet-Lauragais
Hôtel la Couchée, quartier Port Lauragais, tél : 05 61 27 17 12, chambre 1 personne 39 €, et 50 € pour 2. Restaurant à proximité, sur le Canal du Midi. Ouvert toute l'année.

Hôtel-restaurant L'Auberge du Pilori, 20 avenue d'Occitanie, N113, tél : 05 61 27 12 47. Chambre 35 €, PdJ 5 €, repas 11 €, fermé le mardi soir et mercredi.

Chambres d'hôtes chez Mme Leguevaques, tél : 05 61 81 57 35, ne fait pas table d'hôte, mais dépannage possible. Nuitée à 33 € pour 1 et 41 € pour 2, fermé de novembre à mars.

Si vous avez fait halte au Moulin de Naurouze et si vous désirez poursuivre votre chemin par le GR, il faudra d'abord au départ de l'étape monter sur la colline et rejoindre le centre bourg de Montferrand.

Mais une autre possibilité de chemin est possible le long du Canal du Midi, et il n'est pas trop tard pour changer d'avis, car le chemin de halage évite les dénivelés et à tendance à racourcir l'étape de 20 % !

A vous de choisir !

Si vous poursuivez par le GR*, il faut compter un peu moins d'une heure pour rallier Avignonet-Lauragais, puis un peu plus de deux heures trente pour Villefranche-Lauragais. C'est même à Villefranche-Lauragais qu'il est conseillé de faire la pause déjeuner, car c'est une petite ville de plus de 3000 habitants qui offre tous commerces et tous services.

* GR est une marque déposée appartenant à la FFRP.

Hôtel-restaurant l'Obélisque, 2 avenue de l'Occitanie, tél : 05 61 27 24 30. Chambres à partir de 35 à 45 €, menus à partir de 12 à 16 €, fermé les WE et fêtes.

Camping Le Radel mais assez éloigné du centre bourg, sur le bord du Canal, tél : 05 61 27 07 48, ouvert du 1/4 au 30/9.

Villefranche de Lauragais
Ville tous commerces.

Hôtel-Restaurant du Lauragais, 15 rue de la République, tél : 05 61 27 00 76, nuitée 40 à 45 €, PdJ 5.50 €, dîner régional à 17 €.

Hôtel de France**, tél : 05 61 81 61 31, 30 E pour 1 personne, PdJ 5 €, soirée étape 54 €.

Hôtel-restaurant de la Pradelle, 21 place Gambetta, tél: 05 61 81 60 72, chambres à 45 €.

Villenouvelle
Chambres d'hôtes chez M. et Mme Reid, Maison Joséphine, tél : 05 34 66 20 13, prix pèlerin en 1/2 pension 68 € pour et 80 € pour 2.

Baziège
Gîte pour pèlerins geré par l'association Quercy-Rouergue-Languedoc, 3 rue Porte-d'Engraille (centre ville), 6 places, cuisine en libre gestion, tél : 05 61 27 87 61, merci de prévenir de votre passage la veille.

Chambres d'hôtes de caractère, M. et Mme Subra, Les Fontanelles, tél : 05 62 71 25 90, ou 06 12 48 99 19, (à 5 km du bourg mais va vous chercher devant l'église de Baziège). Nuitée 65 € pour 1, et 45 € par personne pour 2, table d'hôtes pour pèlerin à 20 €.

Appartement saisonnier loué à la nuit si disponible chez M. et Mme Dancausse, (lieu dit La Motte Blandieres), tél : 05 61 81 39 61, nuitée 15 € (sans PdJ), ne fait pas de repas.

La marche s'effectue aujourd'hui sur la rive droite du Canal du Midi. On devine au loin sur votre gauche dans le creux des champs de tournesols et des paysages du Lauragais, le bruit de l'autoroute de l'Entre-Deux-Mers et les trains filant à vive allure vers Carcassonne.

Situé (tout comme Montferrand) sur l'axe Toulouse-Narbonne, Baziège terme de notre étape, possède une tour pour l'aéropostale. A l'époque on en comptait une dizaine. Les phares de Castelnaudary, Alzonne, Carcassonne et Barbaira ont maintenant totalement disparu.

Aujourd'hui c'est le Chemin vers Saint-Jacques qui guide les pèlerins vers leur étoile !

L'église de Villefranche-de-Lauragais

Gardouch
(chemin le long du Canal du Midi)
Pas d'hébergements.
Boulangerie, boucherie, épicerie, restautant La Marrotte, café des Sports. Pizzéria Le Vieux Four.

Ayguesvives
(chemin le long du Canal du Midi)
Chambre d'hôtes Chez M. et Mme Antoine, (centre bourg), tél : 05 61 81 55 96, ou 06 19 21 36 71, 65 € pour 1 personne et 80 € pour 2.

Le camping les Peupliers, tél : 05 34 66 47 30, propose des tentes à disposition pour les pèlerins, nuitée autour de 3 €.

Montesquieu-Lauragais
(chemin le long du Canal du Midi)

Chambre et tables d'hôtes chez M. et Mme Pinel, tél : 05 61 27 02 83, nuitée seule à 45 €, et 1/2 pension à 60 € pour 1. A 1,9 km de l'écluse de Negra, direction Villenouvelle.

A voir, à visiter à Bazière

L'église Saint-Etienne. La halle aux grains. L'église Saint-Eutrope. Château de Lastours. Chapelle Sainte-Colombe.

Montferrand - Bazière 96

Chemin à suivre pour les pèlerins à pied

Derrière l'église de Montferrand, passer par la porte fortifiée face à vous, arriver à la chapelle et au phare aéronautique (une très belle vue par temps clair). Suivre le mur (table d'orientation) et descendre à droite en suivant les flèches Mairie par un sentier herbeux rocailleux, glissant et mal élagué, c'est le Chemin Romain. Arrivé en bas (rue du Moulin) la mairie à 30 m à votre droite, monter la rue à gauche (pas de balisage).

Dans un tournant à gauche, quitter le macadam à droite pour monter un chemin de terre (dépôt d'ordures interdit) puis continuer sur la crête avec la vue sur les éoliennes.

Face à une propriété, descendre un chemin de terre à gauche, puis en bas traverser un cours d'eau et 50 m plus loin monter à gauche et continuer tout droit avec le champ d'éoliennes à votre droite.

Après s'être approché de la route nationale et après avoir surplombé une station électrique (le chemin devient goudronné) arriver à une rue plus large et la prendre à droite avec l'église en ligne de mire - nous sommes Chemin de la Porte d'Autan à Avignonet-Lauragais.

Après une petite place avec un puits, continuer tout droit dans l'Impasse du Barry. Arrivé à une intersection en T, tourner à droite et 50 m plus loin encore à droite et presque tout de suite à gauche. À l'intersection suivante avec une route goudronnée, continuer en face sur un chemin de terre (croix), pas de balisage.

Passer à côté d'un puits à votre gauche et, arrivé au macadam entre les éoliennes, prendre à droite à la fourche et laisser filer à droite la D8C en direction de St-Laurent et poursuivre tout droit (11 heures). Après le champ d'éoliennes, le chemin tourne à gauche, ignorer un petit chemin à gauche et, quand le macadam tourne à droite, quittez-le pour un chemin d'herbe tout droit avec un étang à votre gauche.

400 m après un arbre solitaire, tourner à gauche (bon balisage).

Le chemin de terre traverse une rigole d'irrigation et monte légèrement (les silos à votre droite, une vieille ferme à votre gauche) puis arrive à un chemin en gravier que vous prendrez à droite en direction de silos.

Prendre à gauche sur la départementale à laquelle vous êtes arrivé et, 200 m plus loin, prendre à droite un chemin goudronné (flèche Grand Val). Avant d'arriver à une habitation, immédiatement après la balise changement de direction, tourner à droite en longeant la haie, passer à côté d'une maison à votre gauche et monter à flanc de coteau (pas de balisage).

Arriver en haut de la côte au macadam, prenez-le à gauche et peu de temps après prendre à droite un chemin goudronné qui suit une ligne de moyenne tension.
Un peu plus loin, face à un poteau électrique à l'endroit où commence une haie à votre droite prendre à gauche un chemin d'herbe.

Passer par un point bas, ce chemin remonte légèrement à droite, redescend, traverse une rigole d'irrigation et se dirige vers la forêt. Arrivé à l'orée de la forêt (une vanne) prendre à gauche, le chemin avance à la lisière puis pénètre dans la forêt et devient goudronné face à une maison.

Il arrive à une départementale, la prendre à gauche et 100 m plus loin à la fourche prendre à droite la D 72 en direction de Villefranche-de-Lauragais, traverser un pont et 50 m plus loin, prendre à droite un chemin goudronné (3,5 T). Plus loin, face à un transformateur sur un poteau, prendre à gauche un chemin de terre qui passe à côté d'une ferme (le chemin est longé par une ligne de moyenne tension). A côté d'une habitation, il devient goudronné et continue entre les champs sans l'ombre d'une balise de rappel (durant ce parcours assez long et rectiligne, un cimetière en ligne de mire). Arrivé à un chemin plus large, le prendre à gauche (laisser filer à droite le chemin de Grangettes) et passer par Pémirol puis poursuivre dans une belle allée de platanes.

300 m plus loin, à l'entrée du Motoclub de Lauragais (un banc), descendre à droite un chemin d'herbe qui longe un ruisseau et entre à Villefranche-de-Lauragais, continuer sur le macadam. Arrivé à la place de la Tingerie (parking à votre gauche), emprunter à droite la rue Fontaine-de-Barreau puis 50 m plus loin à gauche la rue Thiers et arriver place Gambetta où vous tournez à droite.

Passer devant la Mairie (la belle église un peu à gauche) et sortir de la place par la rue Carnot. Au stop, prendre à droite la rue Armand-Barbès. Au stop suivant, traverser l'Avenue de Verdun et continuer tout droit sur le Chemin de la Cave qui se transforme en chemin de terre et sort de la ville. 200 m plus loin il tourne à gauche et tout de suite à droite.

Il tourne plusieurs fois sans balisage (mais sans possibilité ni nécessité de choisir) puis il arrive à une propriété, traverse une rigole d'irrigation, tourne à droite et longe une haie de thuyas, tourne à gauche avec la haie et arrive au macadam. Dans le virage sur la petite route, poursuivre tout droit et franchir un petit ruisseau discret, et 10 mètres après prendre à droite le sentier qui monte fortement et passe derrière une maison. Ce sentier tourne à gauche et rejoint ensuite la D25. Sur cette D25, prendre à droite vers Caraman-Revel-Lavaur (Route : attention prudence !).

Après 200 mètres, laisser sur la gauche le château de Lavelanet et, après 100 mètres, prendre le chemin de Lavelanet sur la gauche. Au lieu dit La Berio, à proximité de la première maison à droite, prendre sur la droite le sentier qui passe derrière cette maison.

On retrouve ensuite la petite route bitumée. Poursuivre tout droit (bon balisage). Laisser plus loin une première maison sur la gauche, puis une autre sur la droite. A la ligne de moyenne tension, tourner à droite par une piste de terre creuse qui descend vers un petit bosquet visible à 100 mètres à gauche. Après ce groupe d'arbres à votre gauche à la fourche (une plaque de béton avec une trappe d'égout) prendre à gauche puis, face aux habitations, traverser un étroit chemin goudronné et continuer tout droit.

Après un pont, quitter ce chemin de terre et monter tout droit un chemin d'herbe (qui se transforme plus tard en chemin goudronné) pour arriver à Montgaillard-Lauragais. Dans une intersection en T, prendre à gauche en direction de la Mairie et avant celle-ci prendre à droite (sens interdit) dans la rue des Ecoles. Continuer place de l'Église et Avenue de Lauragais jusqu'à la bifurcation où l'on prend à gauche la D97 direction Villefranche. Longer le cimetière à votre gauche et tourner à droite dans le chemin de l'Enclos (sens interdit).

Une centaine de mètres plus loin, descendre à gauche un chemin d'herbe. À la fourche avec un poteau électrique, monter légèrement à droite un chemin qui devient goudronné et descend plus loin vers une intersection avec un large chemin goudronné, l'emprunter à gauche.

À l'intersection suivante, 300 m plus loin, emprunter à droite un chemin goudronné direction Saint-Sernin et entrer dans ce hameau. Continuer tout droit en longeant le cimetière à votre gauche. À la fourche à côté de l'entrée des Jardins Saint-Sernin, continuer tout droit pour choisir à droite un chemin qui descend légèrement.

Traverser la D11 (l'entrée de Villenouvelle à votre gauche) et continuer tout droit sur un chemin d'herbe puis, après le passage d'un petit pont, monter à droite un chemin herbeux. 50 m plus loin à la fourche, opter pour un chemin d'herbe à droite à plat en laissant filer le chemin qui monte. Dès que le chemin s'apprête à monter à gauche, le quitter à droite pour un sentier qui s'enfonce dans la forêt puis, arrivé à un ruisseau, le suivre à gauche dans sa montée (d'abord douce, puis plus rude). Sortir de la forêt pour continuer sur ce chemin et arrivé au macadam (ligne électrique), le prendre à droite sur quelque 500 m. A la fourche, prendre à gauche en laissant filer la direction En Nadale.

Très rapidement dans un virage à droite, quitter le macadam pour emprunter un chemin d'herbe à gauche. Arrivé au macadam, laisser filer à gauche le chemin pour Piquemil et continuer tout droit sur la route goudronnée. Au carrefour avec une croix à votre gauche (et un transformateur sur le poteau), prendre à droite le chemin de la Peyrelle. A la fin du macadam, continuer à descendre un chemin d'herbe. Après un groupe d'arbres, traverser le ruisseau et prendre à gauche un sentier (peu visible) qui chemine sur un talus et longe un champ à votre gauche.

Il monte et arrive au macadam, prendre à gauche en direction de la Chapelle Sainte-Eulalie. Juste avant la chapelle, prendre à droite une route goudronnée et plus loin, après avoir traversé le pont, prendre à gauche un chemin d'herbe qui chemine dans les prés et les champs (ignorer les petits chemins latéraux) puis monte. Avant d'arriver à Baziège il longe une clôture à gauche.

Arriver face à une propriété, prendre à droite et 100 m plus loin à gauche un chemin de terre qui devient goudronné (avec en ligne de mire l'église de Baziège).

Traverser une départementale et continuer tout droit rue du Père-Colombier, passer sous un pont de chemin de fer et tourner à droite dans la Grande-Rue, où vous trouvez après 200 m, à votre droite la place de la Mairie, la Mairie et l'église.

Le moulin de Montbrun

Villefranche-de-Lauragais

Au beau milieu de la plaine du Lauragais, c'est Alphonse de Poitiers, comte de Toulouse et frère du roi, qui fit construire cette bastide au XIIIème siècle. Elle était destinée à contrôler la route traditionnelle reliant la Garonne à la Méditerranée, dont le tracé fut repris au XVIIème siècle par l'ingénieur Riquet pour le canal du Midi et plus récemment pour l'autoroute A61.

Construite selon un plan en quadrillage, comme les nombreuses places-fortes contemporaines de la région, elle a conservé de beaux édifices de briques rouges, et en particulier les très belles halles de la place centrale et l'église dont le clocher-mur est si typique de la région toulousaine.

Le Canal du Midi

Impossible de ne pas évoquer ce chef-d'œuvre du XVIIème siècle, un des plus beaux ouvrages de l'époque aujourd'hui classé au patrimoine mondial de l'UNESCO. On en doit son origine à Pierre-Paul Riquet en 1662. Ingénieux, il fit une proposition à Colbert alors conseiller du roi Louis XIV en matière de travaux et d'économie. Pierre-Paul Riquet est né en 1604 à Béziers, il était haut fonctionnaire des finances et grand propriétaire. Il possédait d'ailleurs une demeure dans la Montagne Noire et connaissait donc très bien la région. Louis XIV décida de la construction en 1666 et 12 000 ouvriers y participèrent.

Son objectif fut de créer une voie d'eau à l'intérieur des terres afin de relier l'Atlantique à la Méditerranée pour encourager le commerce (de blé et de vin) alors difficile et plus cher par la route. L'idée merveilleuse fut de récupérer l'eau des petits ruisseaux de la Montagne Noire et, grâce à la gravité, de la mener au Seuil de Naurouze, point le plus haut du canal.

L'eau sera alors stockée dans le lac de Saint-Ferréol (6 500 000 m3 d'eau). Ce lac de 68 ha comprend une magnifique digue sur laquelle il est possible de se promener ainsi qu'un parc avec des cascades… le site vaut vraiment le détour !

Tout au long du Canal, de magnifiques écluses régulent le débit de l'eau. Pierre-Paul Riquet hélas décéda juste avant son inauguration en 1681. Il est d'ailleurs enterré dans la cathédrale Saint-Etienne de Toulouse. Le canal coûta 16 millions de livres, sa construction dura 14 ans, sa longueur est de 241 km.

Les moulins à vent du Lauragais

Le Lauragais est réputé pour ses vents capricieux. Ce sont eux qui y font tourner les ailes des moulins à vent, plus nombreux dans le nord-ouest que dans l'est du Lauragais, zone alimentée par les eaux de la Montagne Noire où l'on trouve davantage de moulins à eau.

Le vent d'Autan et les vents de Cers fournissaient la force motrice nécessaire pour moudre les céréales cultivées en quantité dans la région, grâce aux fertiles sols argilo-calcaires. Les premiers moulins à vent seraient apparus dans le Lauragais au cours du XIIIème siècle.

Le développement de cette technique dans le Languedoc, déjà bien implantée alors en France du nord, aurait peut-être été favorisé par la construction des nombreuses bastides aux XIIIème et XIVème siècles.

Un autre facteur plus tardif explique la construction de moulins à vent, en particulier dans la partie lauragaise de la vallée de l'Hers. Au XVIIIème siècle, de nombreux moulins à eau entravaient le cours de la rivière. En prévision des sécheresses, les meuniers stockaient même de l'eau dans les champs alentour, inondant les cultures de la vallée de l'Hers jusqu'à la Garonne. L'approvisionnement de Toulouse étant menacé, le roi ordonna en 1739 la destruction des moulins à eau au bord de l'Hers. Au vu des indemnités, les meuniers, qui jusque-là avaient fait la sourde oreille, acceptèrent de libérer le cours de la rivière. Ils bâtirent alors des moulins à vent.

La révolution industrielle apporta des progrès techniques au fonctionnement des moulins, avec l'introduction de rouages en acier. Mais dès le début du XXème siècle, l'énergie électrique, moins capricieuse que le vent, ainsi que la fin d'un mode de vie autarcique, rendent obsolètes les moulins à vent du Lauragais.

Etape N°18 36 km
De Bazièges à Toulouse

 9 h

A **Mongiscard** vous avez marché 1 h 30 et parcouru 5 km.
A **Corronssac** vous avez marché 3 h 30 et parcouru 12.6 km.
A **Mervilla** vous avez marché 5 h 00 et parcouru 19 km.
A **Pechbusque** vous avez marché 6 h 10 et parcouru 23.4 km.
A **Toulouse** vous avez marché 9 h 20 et parcouru 36 km.

Saint Sernin de Toulouse

Montgiscard
Intermarché, boulangerie.

Donneville
(chemin le long du canal du midi)

Chambres et table d'hôtes chez M. et Mme Dominguez-Lucciardi, 9 rue de la Fontaine, (centre bourg), tél : 05 61 81 93 32 ou 06 16 95 15 81, 40 € pour 1 et 55 € pour 2, table d'hôtes sur réservation à 15 €. Réservation conseillée. contact@augredutemps.eu

Il faut quitter Bazièges alors que le soleil se lève tout juste, car l'étape avec ses 36 km est une des étapes les plus longues, mais elle n'en demeure pas moins belle et l'arrivée en centre ville de Toulouse le long de la Garonne et des espaces verts fait presque oublier le bruit et l'agitation de la vie citadine. Sachez qu'à Bazièges vous pouvez encore rejoindre Toulouse par le chemin de halage du Canal du midi, qui ramène l'étape à 25 km. Ce parcours est d'ailleurs recommandé par l'association Quercy-Rouergue-Languedoc avec laquelle ce guide est coédité et qui a balisé l'entrée de Toulouse à partir du Canal.

Mais revenons au fil de l'étape, sur laquelle vous trouverez très régulièrement de quoi vous ravitailler

Toulouse

Maison Diocésaine du Christ Roi, 28 rue de l'Aude, (bus N° 22), tél: 05 62 71 80 30. Nuitée de 11 € à 19 €, selon la formule (avec PdJ), repas 8.80 €, réservation impérative (attention hébergement excentré. Prendre le bus 22, arrêt rue de l'Aude).

Foyer des apprentis et des jeunes travailleurs, et auberge de jeunesse (dans le Quartier Jolimont), station Métro Jolimont, 2 avenue Yves-Brunaud, tél : 05 34 30 42 80, nuitée à 15 à 16 €, repas possible sur réservation uniquement, et si en fonctionnement.

Accueil possible selon disponibilité au **Foyer des jeunes travailleurs l'Espérance**, résidence Nazareth, 20 Grande-Rue Nazareth, quartier des Carmes (en centre ville), tél : 05 61 52 41 34. Nuitée à 15 € avec repas en semaine, et 10 € le WE sans le repas.

Institut Catholique, 31 rue de la Fonderie (centre ville près de la place du Salin), tél : 05 61 36 81 00 ou 05 61 36 81 38. Réservation impérative. Chambre à 26 €, possibilité de repas (sauf été, ou vacances scolaire).

Hôtel des Arts, 1 bis rue Cantegril, (à proximité de la place Saint-Georges) tél : 05 61 23 36 21, chambres de 38, 46, 52 €.

Hôtel des Jardins, 9 rue Laganne, (centre ville, bus 14), tél : 05 61 42 09 04, chambres à partir de 22 €, 24, ou 29 €. Ne fait pas les petits déjeuners.

car les villages s'enchaînent et s'entremêlent les uns dans les autres au fur et à mesure que l'on approche de la "ville rose". Mervilla, Pechbusque, Pourville puis enfin "Toulouse la majestueuse", que l'on appelle Ville Rose par le reflet des rayons du soleil sur la brique en terre cuite, ville si bien aimée et chantée par Claude Nougaro !

A peine arrivés nous filons en l'église Saint-Sernin (saint Sernin est le diminutif populaire de saint Saturnin, premier évêque de Toulouse, mort martyrisé en 250 pour avoir refusé de rendre un culte aux dieux romains), et qui abrite la statue de l'apôtre Jacques, mais aussi et surtout nous allons nous recueillir sur les tombeaux de six des apôtres du Christ et rencontrer les bénévoles de l'association locale.

Demain une journée d'arrêt vous permettra de déambuler dans la ville place du Capitole, et d'y préparer aussi la suite de votre chemin.

saint Jacques à l'Hôtel-Dieu de Toulouse

Accès internet à Toulouse

Point Info Jeunes Internet
1 route de Launaguet
05 62 72 21 29

Centre culturel Bellegarde
17, rue Bellegarde
Mardi au vendredi de 15h à 18h

Café Classico
37, rue Filatiers
05 61 53 53 60

Cyber King Toulouse
31 rue Gambetta
05 62 27 13 97

A voir, à visiter à Toulouse

Place du Capitole et ses abords : pavage de la croix du Languedoc, bordée d'arcades, englobant les hôtels de Saint-Germain. Quartier parlementaire de la Dalbade.

L'Hôtel-Dieu Saint-Jacques XVIIème/XVIIIème : chapelle.

Cathédrale Saint-Etienne XIème, reconstruite XIIIème/XIVème, remaniée XVIII/XIXème : clocher-campanile haut de 55 m, chevet roman ; tapisseries XVIIIème, retable XVIIème.

Basilique Saint-Sernin, fondée et entourée d'une nécropole dès le IVème, reconstruite à partir du XIème, restaurée par Viollet-le-Duc au XIXème : clocher octogonal XIIIème, portes ornées de sculptures romanes.

Ancien couvent et église des jacobins XIVème, restaurés par Viollet-le-Duc : tour octogonale XIIIème privée de sa flèche au XVIIIème, peintures murales XIVème, remaniées XVIIème; salle capitulaire, sacristie, chapelle Saint-Antonin et ses peintures murales XIVème.

Chemin à suivre pour les pèlerins à pied

Place de la Mairie, revenir à la Grande-Rue et l'emprunter à droite. À la fourche (croix, le cimetière à votre gauche), laisser filer à droite la D16 pour Toulouse et prendre à gauche la Voie des Romains. On sort de Baziège sur la D24 (pas de balise de rappel).

Plus loin, traverser un pont à gauche et prendre à droite une route goudronnée (sens interdit). Franchir l'autoroute sur un pont et tourner à droite avant le Canal du Midi.

Le longer jusqu'à l'écluse de Montgiscard où vous traversez le Canal. (Si vous comptez emprunter la variante par le Canal, ne pas traverser et continuer sur la même rive jusqu'au bout).

Prendre à gauche pour passer entre le Canal et la maison de l'éclusier (voir devant vous l'unique lavoir du Canal qui reste du XVIIème siècle). Arrivé à la nationale, la longer un instant à gauche et dans un carrefour, la traverser et monter la rue de Sers, qui après la place du Vallon devient la Grande-Rue.

200 m plus loin (en vue de l'église), prendre à droite la rue de la Place, continuer par la place du Boué et prendre à droite la rue des Remparts.

Dans une intersection en T, prendre à gauche la rue des Tuileries et à l'intersection suivante, continuer tout droit route de Montbrun. 150 m plus loin (un vieux bâtiment à votre droite), prendre à gauche un chemin de terre.

À l'intersection suivante, descendre à droite une large route goudronnée pour tourner à gauche dans une intersection en T avec la D24 (à votre droite l'entrée de Montgiscard).

50 m plus loin, quitter la D24 à droite pour un chemin goudronné menant vers une habitation et devenant rapidement herbeux. À la fourche au point bas, prendre à gauche et traverser un pont. Après le pont suivant sur une rigole d'irrigation, arrivé à un bois, ignorer le chemin qui monte à droite en poursuivant à gauche un chemin de terre à plat.

Ce chemin monte. Arrivé au macadam, prendre tout droit le chemin de Ginestières. Dans un virage du macadam à gauche, le quitter et prendre tout droit un chemin d'herbe qui descend et passe ensuite par une zone humide où il est plus pratique de longer la lisière que de le suivre sous couvert.

Continuer en empruntant plusieurs passerelles et arrivé au macadam, prendre à droite. À la fourche, face à une habitation, prendre à gauche et tout de suite à droite. Longer le ruisseau et, arrivé à l'endroit où vous avez à gauche la vue sur un champ et une ruine (tout droit flèche " Aubrun "), traverser le ruisseau à droite et choisir le chemin qui monte le plus.

Toulouse, la place du Capitole

À la fin de cette montée (un poteau avec un transformateur en vue à 150 m, à votre gauche) emprunter à gauche un sentier qui passe entre deux haies. Arrivé à la départementale, la prendre à gauche sur 100 m, puis la quitter à droite pour un chemin goudronné vers Vassal.

300 m plus loin, descendre à gauche un chemin de terre que vous allez suivre une bonne demi-heure en faisant abstraction de toutes les intersections. Arrivé à une station d'épuration en face de vous (une haie de jardin), obliquer à gauche et continuer tout droit.

400 m plus loin, monter à droite par un chemin d'herbe (la tour de l'église de Corronsac en vue à 10 heures) et arrivé en haut de la côte à une intersection en T avec le macadam, le prendre à droite et tout de suite à gauche.

Passer entre l'église et le cimetière de Corronsac et, arrivé à l'intersection, continuer tout droit par le chemin de Montseignet (3.5 T).

À l'intersection suivante, continuer tout droit, c'est-à-dire à gauche, pour sortir de Corronsac sur une route goudronnée. À la fourche, continuer tout droit chemin de Montseignet.

En haut de la côte, prendre à droite la départementale sur 150 m et face à une habitation, prendre à gauche le chemin du Vieux Moulin (flèche " Église "), dépasser le cimetière et l'église pour continuer tout droit par le chemin de Rouzaud (nous sommes à Rebigue) - table d'orientation à votre gauche.

150 m avant la sortie de Rebigue, arrivant à la première habitation à gauche, descendre à gauche un chemin d'herbe qui 200 m plus loin traverse un petit pont à droite et arrive entre les habitations, sur un chemin en gravier.

Arrivé au macadam, prendre à gauche et tout de suite à droite un chemin goudronné avec le balisage randonnée et entrer dans Castanet-Tolosan. Le chemin devient ensuite un chemin de terre et passe à côté d'une station d'épuration. Plus loin, après avoir traversé un pont sur un ruisseau, prendre à droite (flèche rando " Falcou 0,9 km ") en laissant filer tout droit la variante VTT.

En haut de la côte après une chicane, continuer tout droit sur le macadam et arrivé au macadam, prendre à gauche le Chemin du Moulin. 300 m plus loin, quitter le macadam pour un chemin de terre à droite (interdiction de circulation sauf véhicules agricoles) qui suit un moment une ligne électrique (une très haute antenne en ligne de mire).

À la fourche de chemins de randonnée, suivre tout droit (flèche rando " Mervilla 0,4 km ") puis arrivé au macadam à proximité de l'église de Mervilla, prendre à droite. Arrivé à la D95, prendre à gauche en direction de Vieille-Toulouse (Route des Crêtes).

La traverser pour marcher sur le trottoir. À une propriété à votre gauche, prendre à droite le Chemin de Micas. Après un bout de macadam, il se transforme en chemin de terre (interdiction de circulation sauf véhicules agricoles).

Arrivé au macadam, prendre à gauche et un peu plus loin, face à une résidence, descendre à gauche un chemin de terre. Ce chemin devient goudronné. Continuer tout droit et au stop prendre à gauche la départementale. Juste avant le panneau rond-point, descendre à droite un chemin de terre (Chemin des Femmes) qui devient goudronné à son tour, continuer tout droit avec au début le château d'eau en ligne de mire.

À une intersection en T, prendre à droite et après être passé sous une ligne de haute tension, prendre à gauche un chemin juste après une borne d'incendie (interdiction d'entrer à tous les véhicules à moteur). À la fourche, à l'approche de la ligne à haute tension, prendre à gauche un chemin de terre qui longe une haie à votre gauche puis, dans une intersection en T, prendre à droite (flèche rando Pechbusque 0,9 km).
Monter à l'église et prendre à gauche la grande rue de la Mairie, passer devant l'école et la Mairie. Au stop, prendre à droite le Chemin du Christ (calvaire) et 15 m plus loin, descendre à gauche le chemin de terre de Rouzède (interdiction de circulation sauf véhicules agricoles).

Toulouse, le cloître des Jacobins

Traverser une route goudronnée et monter en face un chemin d'herbe qui tourne à droite (jolie table de pique-nique) et surplombe un centre apicole à votre droite. Après ce centre, descendre à droite vers la départementale (vous pouvez raccourcir en prenant à gauche après le centre apicole, en traversant un chemin de terre et en retrouvant 5 m plus haut le sentier nature), la longer à gauche sur la pelouse qui la surplombe.

Arrivé à une chaîne à votre gauche, prendre à gauche en épingle à cheveux (7 heures) un sentier nature. Il monte vers une tour de télévision, à ses pieds le sentier rencontre un étroit chemin en béton (qui monte), le traverser et continuer en face sur un sentier qui longe (puis surplombe) la route.

Arrivé à une intersection en T, prendre à gauche la piste cyclable, passer face à un rond-point (pas de balisage) puis dépasser le groupe scolaire de Pouvourville (à votre gauche). Après l'école, laisser filer tout droit une rue (sens interdit et signe cul-de-sac) et tourner à droite, puis au rond-point emprunter le Chemin de Pechbusque.

Au rond-point devant l'église, prendre à gauche de celle-ci le chemin de Narrade. Avant un parking, prendre à gauche, passer une barrière et continuer tout droit sur un chemin en gravier qui longe un terrain de jeux. Au bout de cette allée (face à une habitation), descendre à droite.

À la fourche, quitter le parcours santé et descendre à gauche, puis au rond-point prendre la direction Zone Verte de Père David. 50 m après le rond-point (après une borne d'incendie), entrer à droite dans le parc et, quand le chemin en gravier tourne à gauche, monter tout droit sur la pelouse (balisage sur les arbres).

Arrivé en haut, retrouver une allée en béton, la suivre brièvement puis prendre à droite une allée plus large bordée de platanes. Continuer sur cette allée jusqu'à une aire de pique-nique (4 tables en béton, à gauche un parking et deux antennes).

Prendre à gauche (à 2 heures par rapport à l'axe du parking) et 50 m avant la rue (en vue d'un grand phare aéronautique), obliquer à droite vers une passerelle enjambant la rue et si possible la traverser (si elle est fermée, traverser la rue en face du phare et rejoindre l'autre bout de la passerelle).

Descendre un chemin de terre longeant la rue (interdite aux VTT), passer à côté d'un club hippique et arrivé au croisement, traverser la rue venant de gauche et obliquer à gauche pour passer derrière un bâtiment en béton. Longer les parkings et, juste avant le stade, emprunter à gauche une allée (hauteur limitée à 1,80 m). Arrivé à un rond-point avec un arbre solitaire au milieu, prendre à gauche pour suivre un chemin de terre qui passe derrière les terrains de sport avec à votre gauche la vue sur les quartiers industriels de Toulouse.

Dans un virage du chemin à droite, à proximité d'un bâtiment couleur brique, descendre un sentier à gauche et continuer tout droit aussi près que possible de la pente. En bas, le sentier longe à gauche une ligne de chemin de fer et une résidence neuve à droite. Après la chaîne, le parcours bute contre les panneaux antibruit du périphérique que vous longerez à droite. Arrivé à un pont à gauche, traverser le périphérique, tourner encore à gauche et continuer à longer les panneaux antibruit.

Vous êtes sur la rue Alfred-Rambaud, passez sous un pont de chemin de fer. Arrivé à une intersection en T, traverser la rue du Feretra et prendre en face une allée entre les immeubles (balisage) qui bute contre l'immeuble n° 24 Avenue de Fréjus. Prendre à gauche, passer à côté d'un parking à votre gauche et prendre à droite pour longer un centre commercial à votre droite.

Sortir de son parking sur l'Allée Henri-Sellier, passer devant le groupe scolaire Léo Lagrange à votre gauche. Au feu tricolore, traverser l'Avenue-de-Lattre-de-Tassigny et avant la passerelle de la Poudrière, descendre par l'escalier (du côté que l'on veut) vers la Garonne, prendre à droite et la longer à droite sur une piste bétonnée.

Continuer tout droit assez longtemps, passer sous un pont et plus loin remonter au niveau de la rue par un plan incliné, puis poursuivre tout droit rue de la Chausse. Dans une intersection en T, prendre à gauche Avenue Maurice-Hauriou et arrivé au pont à votre gauche, continuer à longer la Garonne d'abord sur le Quai de Tounis, puis après 150 m descendre à gauche un escalier et longer la Garonne sur la promenade Henri-Martin.

Passer sous le Pont-Neuf et arrivé à un square avec un terrain de jeux, remonter vers la Place de la Daurade, emprunter en face rue Jean-Suau qui se prolonge en rue Gambetta et qui vous amène vers la Place du Capitole.

De l'Aéropostale à l'Aérospatiale

Si la région toulousaine est connue aujourd'hui pour ses réussites dans l'industrie aéronautique, c'est aussi parce que cette production est le résultat d'une longue tradition. Clément Ader, né à Muret en 1841, déposa en 1890 le brevet d'un "avion" (c'est Ader qui invente le mot) nommé Eole.

Cependant, la naissance véritable de l'industrie aéronautique dans la région eut lieu pendant la Première Guerre Mondiale. C'est en effet à Toulouse, ville très éloignée du Front, que Latécoère fonda ses ateliers en 1917. Tournés d'abord vers la chaudronnerie et les chemins de fer, les établissements Latécoère se mirent à fabriquer des avions.

Latécoère créa les premières lignes aériennes reliant la France au Maroc (1919) et au Sénégal (1925), avant de fonder la Compagnie Générale Aéropostale. Celle-ci, basée à Montaudran, est entrée dans la légende grâce aux pionniers de l'aviation qu'étaient Mermoz, Guillaumet, Daurat et bien sûr Saint-Exupéry.

Héritière de cette tradition, l'Aérospatiale est née en 1970 de la fusion de plusieurs sociétés. De son pôle implanté à Colomiers sont sortis le Concorde, l'Airbus, l'ATR 42 et la fusée Ariane.

Toulouse

Prenez garde, vous les marcheurs dont le temps est compté ! Toulouse est une ville qui ensorcelle. Alors il va falloir choisir : soit passer votre chemin bien vite, soit au contraire prendre le temps de goûter le charme de cette ville qui peut-être vous retiendra plus longtemps que vous ne l'auriez cru.

La brique avec laquelle elle est construite lui donne son nom de "ville rose", et c'est un rose qui, au soleil couchant, sait se parer de bien des nuances. La Garonne majestueuse la traverse, ainsi que quelques canaux aux ombrages romantiques. Le Pont-Neuf, jeté sur le fleuve, remplace des ouvrages plus anciens qui sont à l'origine de la ville qui fut d'abord un point de traversée du cours d'eau.

D'abord centre commercial à l'époque romaine, elle devient vite le centre intellectuel de la province. C'est un moine, Saturnin ou Sernin, qui va la convertir au christianisme sans doute au IIIème siècle.

Capitale des rois Wisigoths dont les possessions s'étendent loin au-delà des Pyrénées, elle passe ensuite dans le domaine des Francs et Charlemagne y installe des comtes. Leur dynastie prend peu à peu ses distances avec le pouvoir central et s'entoure d'une cour raffinée, où la musique et la poésie tiennent une large place. Ce sont des bourgeois portant le nom de consuls ou de capitouls qui assistent les comtes dans l'administration de la ville et qui constituent ainsi une nouvelle noblesse.

Mais l'hérésie cathare et la répression décidée par le roi modifient cette situation exceptionnelle. La reprise en main voit disparaître le pouvoir des capitouls jusqu'à la mise en place d'un Parlement en 1420. Pourtant l'activité artistique reste très vive avec la création d'associations de poètes en langue d'oc et de concours littéraires.

L'Académie des Jeux Floraux en est le témoignage toujours vivant aujourd'hui. Au XVème siècle, le commerce du pastel provoque un véritable boom économique dont profiteront quelques grandes familles. De cette époque qui voit la transformation de la ville datent alors quelques hôtels particuliers destinés à ces grands bourgeois.

Cette période fastueuse s'arrête avec les guerres de Religion.

Lors de la Fronde, le gouverneur du Languedoc, Henri de Montmorency, prend les armes contre le Roi. Certains imaginent que le Midi va retrouver ainsi une autonomie. Mais la réaction de Richelieu est rapide, Montmorency est fait prisonnier et condamné à mort par le parlement de Toulouse. Louis XIII, inflexible, refuse sa grâce et le grand Seigneur rebelle est décapité dans la cour du Capitole.

Vaste et rectangulaire, bordée par la façade de la mairie, et appelée Capitole en souvenir des capitouls qui administraient la ville autrefois, la place du même nom est le centre de la vie sociale et le symbole de la ville.

La mairie, ce très beau bâtiment à l'architecture colorée et élégante du XVIIIème abrite aussi le théâtre si cher au cœur des Toulousains. Autour de la place, les terrasses de café sont nombreuses, où aiment à se retrouver les très nombreux étudiants de la ville.

La crypte de Saint-Sernin

La basilique Saint-Sernin est l'une des plus belles églises romanes du sud de la France, et c'est aussi un haut lieu du chemin de Saint-Jacques. Construite en briques et en pierres aux XIème et XIIème siècles, elle est dominée par un clocher octogonal à 5 étages. Son chevet qui comprend les 5 chapelles de l'abside et les 2 paires de chapelles du transept, surmonté par les toitures du chœur et du transept, forme un ensemble d'un exceptionnel équilibre.

Quant à l'église des Jacobins qui fut l'église mère des frères prêcheurs fondés par saint Dominique, elle est un pur chef-d'œuvre de l'école gothique méridionale qui abrite depuis le XIVème siècle le corps de saint Thomas d'Aquin.

Sa nef à deux vaisseaux est partagée par une file de très élégants piliers de briques. Le dernier d'entre eux à l'entrée de l'abside supporte donc une véritable gerbe d'arcs d'ogives dans un effet saisissant de légèreté et d'audace.
Le cloître en briques situé à côté est un lieu de calme et de méditation.

Toulouse recèle encore bien des trésors artistiques et culturels, mais le charme de "la ville rose" vient d'autre chose, d'une ambiance, d'une lumière, d'un style de vie… Ne vous laissez pas ensorceler !

Saint Sernin (Saint Saturnin)

D'origine romaine, il fut le premier évêque de Toulouse. Il évangélisa des contrées d'orient avant de venir convertir la Provence et le Languedoc. La langue populaire changea Saturnin en Sernin.

Sa mort tragique en 250 reste célèbre. Décius régnait alors sur l'Empire Romain et persécutait les chrétiens. Saturnin fut accusé de rendre muet, par sa simple présence, l'oracle du temple païen dédié à Jupiter devant lequel il passait chaque jour.

Il fut alors capturé par la foule et attaché par les pieds à la queue d'un taureau furieux qui finit sa course contre les marches du Capitole. Saturnin eut alors le crâne brisé.

Son corps aurait ensuite été traîné jusqu'à la route de Cahors où furent élevées les églises. Après un petit oratoire, au IVème siècle, les restes du saint furent accueillis dans une première basilique.

Elle reçut à l'époque de Charlemagne d'autres reliques et devint un lieu incontournable du pèlerinage vers Saint-Jacques. La basilique actuelle fut construite en 1080 et consacrée en 1096 par le pape Urbain II.
Saint Sernin est fêté le 29 novembre.

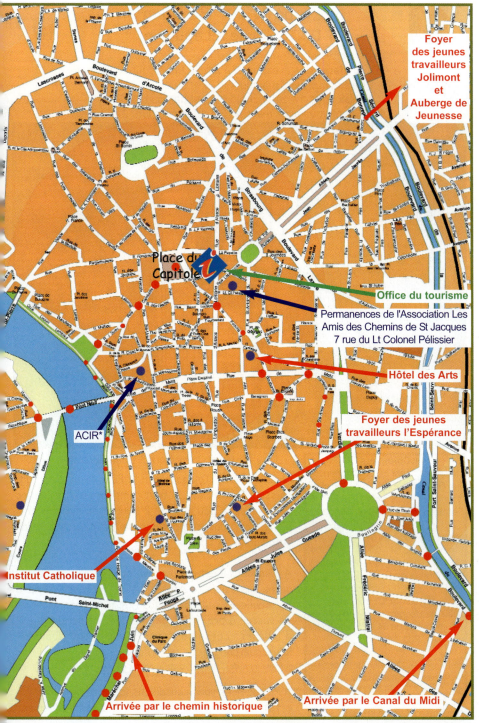

Association de Coopération Interrégionale, les chemins de Saint-Jacques-de-Compostelle, 4 rue Clémence Isaure, (05 62 27 00 05)

Etape N°19 22.5 km
De Toulouse à Léguevin

 5 h

A **Colomiers** vous avez marché 2 h 30 et parcouru 9.6 km.
A **Pibrac** vous avez marché 4 h 20 et parcouru 14.8 km.
A **Brax** vous avez marché 5 h 00 et parcouru 19 km.
A **Léguevin** vous avez marché 5 h 40 et parcouru 21.5 km.

Pibrac, la basilique Sainte-Germaine

Colomiers
Hôtel-restaurant Le Columérian, 32 rue Gilet tél : 05 61 16 44 44, 51 € pour 1, et 63 € pour 2. PdJ 7 €. Fermé entre 15 juillet et 15 août.

Hôtel Le Concorde**, 9 place Firmin-Pons, tél : 05 61 78 02 64, (à côté de l'église du village), chambres à partir de 45 €.

Hôtel-restaurant L'Esplanade**, 2 allée de l'Iseran, tél : 05 61 78 92 92, chambres de 64 à 75 € selon les formules, PdJ 9 €.

Hébergement pèlerins possible (mais pas obligatoire) chez M. Xavier de Rodez, centre équestre de

Nous quittons Toulouse par le Pont Neuf, en franchissant la Garonne. Il faut compter pour rejoindre Colomiers, un peu plus de 2 heures de marche et il n'y a pas d'autre choix que de subir la circulation automobile, le bruit...

A Colomiers il est préférable (pour rejoindre Pibrac) de ne pas suivre le sentier balisé qui passe au nord de la ville et rallonge l'étape de 4 kilomètres, mais de rester à proximité de la D24d, ce parcours est d'ailleurs conseillé par l'association Quercy-Rouergue-Languedoc (lire aussi le complément d'information sur la sortie de Toulouse, dans la partie dossier conseil, en page 7).

A Pibrac nous vous conseillons la pause déjeuner. En effet, pourquoi alourdir votre sac à dos inutilement

Colomiers (chemin vers forêt de Bouconne, chemin Saint-Jean), tél : 05 61 30 32 30, ou 06 03 09 88 12. Réservation impérative. de-rodez@wanadoo.fr

Pibrac
Hôtel-restaurant Sainte-Germaine, 3 rue Principale, tél : 05 61 86 00 04, chambres de 24 à 36 €, ne fait restaurant que le midi, et pas le WE. Menus de 13 à 16 €.

Brax
Boulangerie, restaurant.

Mondonville (lieu dit Cussecs)
(A 1 km de la forêt de Bouconne) Chambre d'hôtes chez Mme Rocamora, 10 chemin de Toudats, nuitée à 60 € pour 1, et 68 € pour 2, tél : 05 61 85 64 11, ou 06 83 10 70 63.

Léguevin
Accueil possible pour les pèlerins avec ânes chez M. et Mme Desfilhes, Domaine de Rouel, à 3.5 km hors du bourg, tél : 05 61 07 58 83.

Accueil pèlerins à la Maison Saint Jacques, ouvert toute l'année, tél : 05 62 13 56 56 (mairie), ou 06 10 58 16 10. Mme Brigitte Collet, 7 rue du Languedoc, (accès en train de banlieue Gare de Brax puis 1.2 km à pied), nuitée à 8 €, cuisine équipée, machine à laver le linge, si possible avertir le matin.

3 chambres d'hôtes chez Mme Lapointe, à la sortie de Léguevin (sur la route parallèle à la nationale), tél : 05 61 86 60 25, domaine de Labarthe, nuitée entre 30 € et 35 € selon la formule, ne fait pas les repas, mais cuisine à disposition.

A voir, à visiter à Léguevin
Chateau de Castelnouvel XV et XVème. Eglise Saint-Jean Baptiste XIV et XVème. Chapelle de Labarthe. La halle Piquot. Croix de Sauveté du XIVème. La Maison Sainte Germaine (à Pibrac).

alors que le bourg de Pibrac offre tous les services pour le ravitaillement ? Si vous le désirez, la basilique Sainte-Germaine vous permettra aussi de vous "nourrir spirituellement" avant de repartir. Veillez à bien suivre l'explicatif de cette étape (par Brax) car il est aussi possible de faire fausse route à la sortie de Pibrac en se laissant embarquer par le balisage, mais surtout par l'inattention ! Et ainsi se retrouver au cœur de la "mystérieuse forêt de Bouconne". Vous auriez alors à revenir sur vos pas vers Léguevin et faire 14 km au lieu de 7 km !

A Léguevin vous serez accueilli au mieux par des bénévoles locaux qui s'occupent de la Maison Saint-Jacques depuis 2003. Ils connaissent parfaitement l'étape de demain et vous donneront de précieux conseils (que vous trouverez aussi dans l'étape suivante de ce guide !) pour ne pas vous égarer dans la forêt de Bouconne.

Chemin à suivre pour les pèlerins à pied

Sortie de Toulouse : Pour quitter la ville rose et gagner Pibrac et la Gascogne, le pèlerin de Saint-Jacques, en route vers Compostelle peut (et c'est même largement conseillé par l'auteur de cet ouvrage) suivre le chemin mis en place par l'association Quercy-Rouergue-Languedoc. Ce parcours est un trajet court, qui va plein ouest et au plus près du cheminement ancien, et permet d'accéder directement à Pibrac au bout de 14.8 km. Notre association l'a balisé au moyen du logo stylisé européen, jaune sur fond bleu.

Vous retrouverez cette signalétique dès le bout du Pont Neuf, à l'Hôtel-Dieu St-Jacques ; vous pourrez également demander un document explicatif lors de votre passage en notre gîte de Revel (ou de Baziège) ou bien le demander par internet auprès de l'Association, qui se fera un plaisir de vous informer".

A : Traversée des quartiers ouest de Toulouse.
0h00 : En sortant de l'Hôtel-Dieu ou du musée de la médecine, ou après avoir franchi le Pont Neuf, prendre à droite la rue Viguerie (sur 30 m), puis à gauche la grande rue Saint-Nicolas. Traverser la place de l'Estrapade (semi-piétonne) et prendre en face la rue Réclusane (sur 200 m).

0h10 : Prendre le passage piéton sur la droite pour traverser les allées Charles-de-Fitte. Prendre en face la rue de Varsi. Traverser la place du Ravelin et prendre à droite la rue des Fontaines, la poursuivre sur environ 2 km jusqu'au bout.

0h30 : Tourner à gauche av. de Casselardit, puis à droite av. de Grande-Bretagne, passer sous le pont de la rocade et monter en longeant l'hôpital Purpan.

L'église Sainte-Germaine de Pibrac

Accès internet à Léguevin

Bibliothèque municipale
4 rue Bastide
05 34 57 93 40

B- Traversée de Saint-Martin-du-Touch.
0h45: Pl. du Docteur Baylac, contourner le giratoire par la droite pour prendre la route de Bayonne, puis la suivre sur le côté droit.
0h50 : Passer sur le pont enjambant l'autoroute puis sur celui franchissant la rivière Touch (être prudent). Entrer dans Saint-Martin-du-Touch en laissant à droite l'église et la poste. Continuer dans la courbe de la rue (2 km depuis l'hôpital Purpan).

1h00: Place Bertier, à hauteur du groupe scolaire Littré, au passage piéton, prendre à gauche le ch. de Tournefeuille, puis, au niveau du n° 167, à droite la rue Dominique Clos. Continuer en passant sous le pont de la rocade et, au niveau du n° 93, tourner à gauche puis, 30 m plus loin, prendre à droite le chemin Léopold-Galy.
1h20 : A son terme et légèrement dans son prolongement, tourner à droite dans la rue Caulet jusqu'au rond-point Escola. Passer sous le pont de la voie rapide et arriver à Colomiers, pl. de la Fontaine Lumineuse.

C : Traversée plein ouest de Colomiers
1h30 : Prendre à gauche l'allée de l'Oratoire (aussi nommée allée de Naurouze) et, dans son prolongement, la rue d'Auch, sur 1300 mètres.
1h45 : A la place de la bascule : 2 choix :

1er itinéraire champêtre = prendre la rue Gilet à droite sur 1.5km (église, rue Couderc, portail du château.) Au rond-point, à gauche, prendre en face l'allée des Causses, puis l'allée d'Artois, le chemin piétonnier, l'allée de l'Aube, l'allée des Vosges, l'allée de l'Espinglière. Prendre le chemin piétonnier entre les garages et retrouver le GR (marques quelquefois anciennes). Prendre tout droit l'allée du Maconnais, au stop, en face du chemin St-Jean, les allées de Compostelle, le centre équestre des Tinturiers et continuer vers le pont St-Jean (balisage panneaux jaunes avec coquilles et indication GR 653). A gauche, avant le pont, suivre la vallée de l'Aussonnelle très agréable et qui change du goudron sur le tracé urbain. Après les passerelles sur l'Aussonnelle, traversée du Domaine de Sartha. A l'entrée de Pibrac, au boulodrome (point d'eau et WC quelquefois fermés), vous pouvez maintenant :

- soit suivre le GR tout droit en passant sous le pont et arriver directement sur le chemin des ânes en passant devant la fontaine Ste-Germaine (pas de traversée de Pibrac, et 2 km en moins)
- soit prendre à gauche (balisage coquilles jaunes de Pibrac) et monter au centre ville, passer devant le château (beau coup d'œil sur le parc et le château). Arriver sur l'esplanade de l'église de Pibrac 3h20 (prendre la clé à la boutique pour visiter la basilique).

2ème itinéraire urbain = A la place de la Bascule, prendre tout droit et emprunter sur la droite le passage souterrain. A sa sortie, continuer 100m, puis à gauche, prendre l'allée du Plantaurel (centre médico-social), l'allée de la piscine, et à droite l'allée du Comminges.
2h00 : Au niveau du n° 67, accéder au Bd de Gascogne par un petit tertre d'une dizaine de mètres. Traverser au passage piéton, et accéder à l'allée du Gers en face, sur 500 mètres jusqu'au Bd de l'Ouest.

2h15 : Suivre à gauche le boulevard de l'Ouest en longeant la piste cyclable sur 200 mètres.
2h20 : Avant d'arriver à un giratoire, prendre à gauche l'impasse Falcou et le passage souterrain SNCF. Déboucher sur la route de Pibrac (D.24d). Passer les giratoires puis continuer sur les pistes piétonnes (tantôt à droite, tantôt à gauche), jusqu'à Pibrac (4 km).
3h05 : Arriver sur l'esplanade de l'église de Pibrac.

Dos à l'église de Pibrac, face à la basilique, avancer un peu et prendre la première rue à droite (balisage coquilles jaunes). Prendre la première rue à gauche en direction de château d'eau (qui est à votre droite). Laisser une rue à gauche et à la prochaine intersection tourner à droite dans la rue des Litanies qui descend vers la voie ferrée (chemin de croix en bas).

Traverser le passage à niveau et poursuivre tout droit. Traverser une passerelle sur le ruisseau Courbet et tourner après 100 mètres à gauche. Arrivé à un chemin goudronné, le prendre à gauche. Ce chemin se transforme en chemin de terre et entre dans la forêt. À l'intersection suivante, avec un banc, poursuivre tout droit. Arrivé au bout de ce chemin tourner à gauche. Suivre la flèche "Saint-Jacques-de-Compostelle par Léguevin" en faisant abstraction du balisage bicolore.

Après la passerelle, suivre le balisage jaune à gauche. Traverser la ligne de chemin de fer (avec les précautions d'usage) et tourner tout de suite à droite dans un petit chemin (balisage coquille jaune sur fond bleu) le long de la voie ferrée puis à 50m, prendre à gauche en remontant ; on retombe sur la rue de la Chênaie que l'on prend à droite.

On continue sur le balisage coquilles jaunes sur fond bleu. Poursuivre par la rue de la Chênaie et quand elle tourne à gauche, continuer tout droit par un petit chemin de terre qui longe la voie ferrée. Enjamber la glissière de sécurité et traverser à droite le pont de chemin de fer. À l'intersection, prendre à gauche la D24C direction Brax (vous entrez dans l'agglomération de Brax).

Arrivé au passage à niveau à votre gauche, continuer 50 mètres sur le côté gauche et prendre un petit chemin agréable et ombragé qui longe la voie ferrée par la droite et arrive rue du Couget. A un nouveau passage à niveau, on traverse par la rue des Ecoles pour rejoindre le chemin des Cigareaux. A un croisement, prendre tout droit par le chemin du Moulin puis toujours tout droit et légèrement à gauche le chemin de Vieilleguerre (balisage coquilles jaunes sur fond bleu). À l'intersection suivante, prendre à droite le chemin de Quillet. Au stop, tourner à gauche (flèche "Maison Saint-Jacques").

100 m plus loin vous entrez à Léguevin. À l'intersection suivante poursuivre tout droit. Traverser le pont et monter tout droit vers le centre. Emprunter une petite rue tout droit (signe cul-de-sac). Parvenu à la rue principale (N124), tourner à gauche et 50 m plus loin vous arrivez à la Mairie de Léguevin. La maison St-Jacques se trouve 20 m plus loin en traversant sous la halle, c'est la maison qui la jouxte à gauche (jardinet devant).

L'hôtel-Dieu à Toulouse

Pibrac, ville de sainte Germaine

L'église paroissiale de Pibrac, qui date en partie du XIIème siècle, est dotée d'un clocher-mur encadré de deux tourelles. Au-dessus du porche, de faux mâchicoulis relient les deux tours et renforcent l'allure défensive de l'église. L'intérieur est orné d'un ensemble classé de statues et de bas-reliefs en bois doré, ainsi que d'un retable du XVIIIème siècle.

Cependant, c'est surtout la dévotion à sainte Germaine qui a permis le développement du village. Née en 1579 dans une riche famille de Pibrac, son séjour terrestre n'est qu'une suite de souffrances. Tout enfant, elle perdit sa mère. Son père épousa alors une femme cruelle qui fit d'elle une simple bergère.

Infirme de la main droite, elle eut une vie austère. Morte en 1601 à 22 ans, on l'inhuma dans le sol de l'église. 40 ans plus tard, des fossoyeurs découvrirent son corps intact. On commença à prier Germaine et les premiers miracles se produisirent.

Les révolutionnaires voulurent détruire son corps à la chaux vive, mais les miracles continuèrent. Deux ans plus tard, on retrouva ses ossements intacts. Germaine fut béatifiée en 1854 puis canonisée en 1867.

En face de l'église paroissiale, de l'autre côté de l'esplanade, fut érigée au XXème siècle la basilique dédiée à sainte Germaine. Commencée en 1901 dans un style néo-byzantin, elle fut d'abord construite en briques jusqu'à la Grande Guerre, pendant laquelle on suspendit les travaux. Ceux-ci reprirent jusqu'en 1967, mais on abandonna la brique au profit de matériaux plus modernes, comme en témoigne la coupole en béton.

Léguevin

La naissance de Léguevin est liée au pèlerinage de Saint-Jacques. Le village était en effet une halte sur la Via Tolosana. Le nom de Léguevin vient de l'occitan "Legavin", signifiant "vingt lieues", car c'est la distance qui sépare Léguevin de la ville d'Auch. C'est au XIIème siècle que l'on trouve la première mention de Léguevin, dans un acte de donation de 1108 : des nobles cèdent ces terres à des Hospitaliers.

Les premiers édifices furent donc une église et un hôpital pour accueillir les pèlerins (ces bâtiments ont laissé la place à l'actuelle halle), puis une commanderie, là où se trouve aujourd'hui le château de Castelnouvel.

En 1309, un accord de paréage fait de Léguevin une bastide. Cet accord fut conclu pour mettre fin à la rivalité entre les Hospitaliers de Léguevin et Jourdain V de l'Isle (personnage qui donna son nom à la localité de L'Isle-Jourdain).

La suite de l'histoire de la bastide est très mouvementée. Elle est occupée par les Anglais pendant la guerre de Cent ans, à partir de 1344, puis c'est au Prince Noir de saccager Léguevin en 1355. Suite à ces calamités, le village se dote de fortifications, achevées en 1363. Après une période de calme relatif, les guerres de Religion s'abattent sur Léguevin. En 1562, le village est traversé par les hommes de Blaise de Montluc.

En 1593, une troupe de protestants pille Léguevin. Enfin, lors de la Révolution, des heurts très violents opposent républicains et royalistes.

La vie est aujourd'hui plus paisible à Léguevin. Dernière ville de Haute-Garonne avant le Gers, elle est à nouveau une halte pour les pèlerins. Deux gîtes sont prévus à cet effet, l'un près de la halle en centre ville, l'autre à la lisière de la forêt domaniale de Bouconne, que vous traverserez demain.

Etape N°20 14.7 km
De Léguevin à L'Isle-Jourdain

 3 h 40

Au **Carrefour des chemins (forêt de Bouconne)** vous avez marché 1 h 10 et parcouru 3.9 km.
Au **carrefour D42** (croix occitane) vous avez marché 2 h 15 et parcouru 7.5 km.
A **L'Isle-Jourdain** vous avez marché 3 h 40 et parcouru 14.7 km.

Ne vous perdez pas en forêt de Bouconne !

L'Isle-Jourdain
Ville tous commerces.
Hôtel du Vélodrome, 14 avenue Cdt Parisot, tél : 05 62 07 26 19.

Chambres d'hôtes chez Mme Eliane Bajon, Au Pigeonnier de Guerre, 2.8 km avant L'Isle-Jourdain, tél : 05 62 07 29 17, nuitée pour 1 personne à 44 €, et 48 € pour 2. Repas à 18 €. www.chambres-pigeonnier-gers.com

Hôtel du lac, route d'Auch, tél: 05 62 07 03 91. 25 chambres de 42 à 50 €. Repas de 16 à 35 €, PdJ à 6 €.

Chambres d'hôtes à la Ferme de Fiouzaïre, (2.5 Km avant L'Isle-Jourdain), chez M. Jacques Chauvigné,

Premiers pas dans le département du Gers, département dont les contours géographiques ont la forme (étrangement) d'une coquille saint Jacques ! L'étape d'aujourd'hui est bien plus paisible que celle d'hier et l'on retrouve avec plaisir le calme de la forêt de Bouconne où l'on sent les parfums des chênes rouvres, chênes sessiles, pins et autres châtaigniers.

L'étape se présente en 2 parties distinctes : la forêt de Bouconne jusqu'à la maison forestière et la croix occitane, puis les premières étendues du Gers via les coteaux qui dominent L'Isle-Jourdain, (L'Isla de Baish en gascon) vers laquelle on descend doucement par le petit sentier des écoliers.
Peu avant la ville ne suivez pas le balisage qui se poursuit au-delà de la D9 et de la voie SNCF pour

tél : 05 62 07 18 80, 48 € pour 1 (PdJ), table d'hôte à 19 €. Ouvert toute l'année.

Le local communal pour l'hébergement des pèlerins se trouve face à l'office de tourisme, réservation et clefs à l'office de tourisme, tél : 05 62 07 25 57, ou le WE chez une personne dont le nom est affiché à la mairie. Nuitée à 8.50 €, cuisine à disposition, 6 places.

Camping du Pont Tourné, Bd de la Marne, tél : 05 62 07 25 44, ouvert de juin à septembre.

A voir, à visiter à l'Isle-Jourdain

Halle à arcades. Hôtel de ville classique ; maison de Claude Augé. Le pont Tourné sur la Save. Châteaux de la Come, des Quintarets, d'Aragues, de Guerre, du Saint-Esprit, d'Arques. Pigeonnier hexagonal d'En Gouardès et abords. Eglise, ancienne collégiale classique XVIIIème, façade austère, clocher-donjon XVème. Hôpital Saint-Jacques : statuette de saint Jacques en bois XVIIIème. Chapelle de Cassemartin. Le musée européen d'art campanaire.

Le pont roman à l'Isle-Jourdain

vous proposer un chemin le long de la Save. Virez plutôt prudemment à gauche pour rejoindre au plus court le centre bourg. Vous gagnerez ainsi 2.5 km sur le parcours !

La nuit tombe à l'Isle-Jourdain !

Chemin à suivre pour les pèlerins à pied

En tournant le dos à la Mairie, prendre en face la petite Place du 8 Mai. Prendre à droite la rue du Languedoc, poursuivre par la rue d'Austerlitz, puis par l'avenue d'Armagnac (balisage coquilles jaunes sur le fond bleu).

En face du stade, tourner à droite dans la rue Culas. Au feu tricolore, traverser et poursuivre tout droit rue Cazalas (balisage jaune). 50 m plus loin cette rue tourne à gauche, la suivre.

Bien plus loin, dans un virage à gauche, poursuivre tout droit dans un chemin de terre, inscription "Milieu agricole" (balisage jaune).

Entrer dans la forêt et après 30 m, tourner à droite en poursuivant le balisage jaune.

200 m plus loin, abandonner le balisage jaune et tourner à gauche (ici arrive le chemin venant de la forêt de Bouconne).

En haut de la petite côte, vous tombez sur le balisage bicolore et la signalisation ONF "coquille sur flèche jaune" que vous suivrez par la grande allée forestière tout droit jusqu'à un carrefour en lisière de forêt, prendre à droite (attention balisage semblable par Pujaudran, non référencé).

Accès internet à l'Isle-Jourdain
Relais jeunes point
Information Jeunesse
centre social
cité de la Vierge
05 62 07 70 41

À l'intersection, continuer tout droit jusqu'à la sortie de la forêt.

À l'intersection suivante, tourner à droite et continuer tout droit jusqu'à la sortie de la forêt - panneau "Forêt Communale d'Isle-Jourdain", puis la croix occitane au bord de la D 42.

La traverser et continuer tout droit sur une route goudronnée (bon balisage bicolore).

Après 2 km environ, au départ d'une montée, prendre un chemin de terre à gauche et tout de suite monter à droite vers un bosquet d'arbres.

Après la ferme de Ninets, poursuivre toujours ce chemin devenu nouvellement goudronné. À l'intersection avec l'inscription Fiouzaïre, continuer tout droit.

Vous entrez dans le lieu-dit Guerre. Au stop, prendre en face, traverser la voie ferrée et prendre à gauche, contourner les silos le long du grillage et arriver à un chemin à droite "le Bladé", fabrication de surjoug.

Continuer par l'allée vers la voie ferrée que l'on retraverse en direction soit du centre ville ou prendre 100 m plus loin à droite vers la station d'épuration et le bord de la Save pour arriver directement au "pont tourné".

Longer la bordure du lac se diriger en face vers l'office de tourisme.

L'Isle-Jourdain

Ce gros bourg situé à l'ouest de Toulouse doit son nom à Alphonse Jourdain, comte de Toulouse de 1112 à 1148. Ce surnom insolite lui venait de son baptême dans les eaux du Jourdain lors de la croisade.

Etape de la route de Saint-Jacques au milieu d'un pays de vallons et de coteaux, le pays a conservé le charme d'une cité médiévale dont il garde une tour et une collégiale fortement remaniée depuis. Sans aucun doute le lieu est propice à la halte.

Il ne faut pas rater le Musée européen d'art campanaire. Aménagé dans l'ancienne halle aux grains à la belle charpente de bois, il vous dévoilera les techniques de fabrication des cloches et vous fera entendre des cloches, des clochettes, des carillons et des sonnailles provenant des quatre horizons. Etonnement garanti !

Si le temps ne vous est pas trop compté, allez jusqu'à Caumont, au sud-ouest de l'Isle-Jourdain, pour visiter l'intéressant château du duc d'Epernon qui fut l'un des mignons de Henri III.

La forêt de Bouconne

Située à environ trente kilomètres à l'ouest de Toulouse, au sud-est de la Save, la forêt de Bouconne se trouve à la limite des départements de la Haute-Garonne et du Gers.

Croix occitane en fôret de Bouconne

Le massif actuel est un reste de la vaste forêt qui couvrait autrefois les terrasses de la Garonne jusqu'à Lardenne, aux abords de Toulouse.

La forêt de Bouconne, qui s'étend aujourd'hui sur 2500 hectares, comprend des parcelles privées, des parcelles communales, ainsi qu'une forêt domaniale de 200 hectares gérée par l'Office national des forêts. Parmi les diverses essences, les principales sont le châtaignier, le pin et surtout le chêne rouvre.

Les pigeons ramiers, appelés "palombes" dans le Sud-Ouest, aiment y séjourner. C'est dans la forêt de Bouconne que la Vierge serait apparue à saint Dominique pour lui demander d'instaurer la pratique de la prière du Rosaire.

Etape N°21 24.4 km
De L'Isle-Jourdain à Gimont

6 h 30

A **En Trigoli** vous avez marché 1 h 50 et parcouru 7 km.
A **Monferran-Savès** vous avez marché 2 h 55 et parcouru 11 km.
A **Giscaro** vous avez marché 4 h 15 et parcouru 16.5 km.
A **Gimont** vous avez marché 6 h 30 et parcouru 24.4 km.

La terre de Giscaro attend les semailles !

Monferran-Savès
Epicerie, boulangerie.
Hébergement de dépannage, entre l'Isle-Jourdain et Gimont chez M. Deluc, au lieu dit Garbic, tél : 05 62 07 83 05, à 4 km de Monferran-Savès, nuitée 35 € avec PdJ. Dîner à prévoir.

Giscaro
Courses à prévoir à Monferran-Savès.

Etablissement recommandé :
Accueil pèlerin (uniquement), chez Mme Durand, Les haltes vers Compostelle, Le Grangé, tél : 05 62 07 84 92, 9 places, mais ne fait pas les repas, coin cuisine à disposition. Nuitée à 13 €.

L'étape du jour sent bon le terroir et l'authenticité de la campagne accueillante pour les pèlerins car 2.5 km après Monferran-Savès, un banc a été installé pour permettre aux pèlerins de souffler quelques instants.

Les cultures et les paysages jaunis par le soleil d'été tels un patchwork de toutes couleurs vous enchanteront. On sent que toute l'économie locale est tournée vers la production de maïs et le gavage des oies et canards, et même un certain lieu-dit sur la première partie de l'étape nous le rappelle : En Magret, une heure après notre départ de l'Isle-Jourdain aurait pu nous proposer une dégustation de canard accompagné d'un petit vin rouge de Madiran !!

Gimont

Hôtel-restaurant ** Le coin du Feu, tél : 05 62 67 96 70, bd du Nord, 28 chambres à partir de 48 à 53 €. Repas à partir de 20 € PdJ 8 €. Ouvert toute l'année.

La Brasserie Café d'Alsace (en centre bourg) propose des menus simples et copieux à 12 €, tél : 05 62 67 73 83.

Hôtel le Relais du Pont**, tél : 05 62 67 06 66, (en bas du village sur le chemin) étape pèlerin à 42 € pour 1 (nuitée, repas, PdJ), et + 12 € par personne supplémentaire.

Hôtel Château de Larroque***, tél: 05 62 67 77 44, 1.8 km avant Gimont, 17 chambres à partir de 84 €, petit déjeuner offert. Fermé en janvier.

Accès internet à Gimont

SARAP - GRETA Gascogne
05 62 67 93 51,
lundi mardi et mercredi matin.

A voir, à visiter à Gimont

Chapelle Notre-Dame-de-Cahuzac. Ruines de l'abbaye cistercienne de Planselve entrée gothique, silos souterrains, 10 travées romanes. La belle halle en bois. Le musée de la vie rurale. Château de Larroque XIXème. Château de Xaintrailles XVIIIème. Châteaux de Fontenille et communs, Ansan, Bruqua, Ladevèze, Lassalle. Moulin sur la Gimone. Musée cantonal : archéologie, paléontologie.

Ne rêvons pas ! Il reste encore 19 km pour rejoindre Gimont. La progression sur le chemin s'apparente à un "saute-colline" ou nous passons de vallon en vallon.

Depuis quelques années ces petits vallons servent intelligemment à stocker l'eau pour irriguer les cultures. Le Gers plus que toute autre région a souffert des restrictions d'eau durant les très chauds étés de 2003 et 2006 !

On approche de Gimont par le sud du bourg et en évitant au maximum le bitume. S'il vous reste encore du courage et beaucoup de curiosité il faudra faire quelques centaines de mètres pour voir la chapelle de Cahuzac.

Sur la porte en chêne de cette chapelle du XVIème siècle, vous admirerez la représentation des 12 apôtres, et notamment saint Jacques orné de sa fameuse coquille.

Si vous ne souhaitez pas trop vous éloigner du centre bourg, allez faire un tour sur la place du marché qui possède une halle unique, tout en chêne, elle est unique car elle enjambe la route nationale 124 !!

L'ancien four à pain de Monferran-Savès

Chemin à suivre pour les pèlerins à pied

Le dos tourné à la Mairie de L'Isle-Jourdain, emprunter à droite la petite rue de la Gaîté. Arrivé à une rue plus importante, la prendre à gauche vers la Place St-Bernard avec sa belle statue. Traverser un petit pont et s'engager sur la D 924, direction Gimont. Traverser le pont Garigliano sur la Save et continuer tout droit.

Le gîte se trouve à droite juste après le pont. Derrière le gîte, on peut voir un intéressant pont romain. On retrouve le balisage bicolore. Continuer tout droit en laissant à droite le gîte, une route et l'office de Tourisme.

200 m après la sortie de la commune, traverser à gauche un petit pont en béton et emprunter le chemin de terre. Il monte sur la digue et longe la Save. Arrivé au pont (à votre gauche), prendre à droite puis, 150 m plus loin à gauche. Le chemin devient parallèle à la N 124, la longer en ignorant les tunnels.

Avant une courbe de la route où la glissière de sécurité commence à être doublée par du béton, tourner à droite. Arrivé à une route goudronnée, tourner à gauche et pénétrer dans un hameau. 50 m après la sortie de ce hameau, tourner à droite.

Traverser une route et continuer tout droit sur le même chemin en longeant la ligne de chemin de fer qui est à votre droite.

À la borne kilométrique 60 de la ligne de chemin de fer, traverser à droite le passage à niveau. Monter un chemin de terre en direction des maisons. Arrivé en haut de la côte, ce chemin tourne à gauche et arrive à un chemin goudronné qu'on prend à gauche. À la fourche, tout de suite après, prendre à gauche.

Laisser la propriété En Magret à droite et descendre dans la vallée. Retraverser la ligne de chemin de fer et poursuivre tout droit par une belle allée ombragée. Laisser à gauche un chemin de terre, balisé jaune, et continuer entre les habitations (à droite la ferme En Trigoli). Laisser à droite une petite route Clermont-Savès et continuer tout droit.

Arrivé à une petite intersection distante de 50 m de la N 124, emprunter un petit chemin de terre peu visible qui longe la N 124. En face du "Relais de la diligence" à votre gauche (de l'autre côté de la nationale) (un transformateur à votre droite), traverser la nationale et descendre en face à 2 heures. Suivre ce chemin de terre jusqu'à une route goudronnée et la prendre à droite. Vous êtes à Monferran-Savès.

Au stop, tourner à gauche, passer derrière l'église, devant la poste et en face d'une vierge, descendre à droite : vous y rencontrez un four banal. 200 m plus loin, tourner à angle aigu (8 heures) à gauche et sortir de Monferran-Savès.

Dans une intersection en T, face au cimetière, prendre à gauche. Longer le mur du cimetière et 50 m après sa fin, tourner à droite. Arrivé à une intersection en T, tourner à droite. Traverser un chemin goudronné et continuer tout droit.

On arrive à une route qui part à droite vers un groupe de maisons (en face un chemin qui monte vers un bosquet), prendre cette route en direction de maisons. Arrivé à un chemin goudronné, le prendre à gauche (c'est-à-dire tout droit). Après une légère descente, juste avant un faible virage, prendre à gauche un chemin de terre en direction d'un bosquet d'arbres.

Entrée à Giscaro. La mairie 200 m plus loin à gauche. Continuer tout droit avec un calvaire et l'église à votre droite et arriver au stop. Continuer tout droit sur le macadam en direction de Gimont.

À la fourche suivante, (la route pour Gimont part à gauche), continuer tout droit (légèrement à droite). Arrivé à un chemin goudronné, tourner à gauche. À la fourche suivante, prendre à droite et tout de suite à droite.

Poursuivre tout droit sur un chemin en crête. Passer un hameau et continuer sur la crête. Ce chemin quitte la crête et longe un petit bois à votre gauche. Arrivé à une intersection en T, prendre à gauche. Arrivé à une route goudronnée, la prendre à droite et traverser le pont. Laisser à gauche le chemin de Noilhan et continuer tout droit. Après avoir croisé une ligne de haute tension, tourner tout de suite à gauche.

Longer une clôture à droite et la ligne de haute tension à gauche. Croiser une entrée de lotissement et continuer tout droit entre une clôture et une haie. Traverser une route goudronnée et continuer tout droit sous les arbres.

Juste après une petite maison jouxtant le chemin à gauche, tourner à droite. Passer sous une pergola et tourner tout de suite à gauche. Arrivé à une départementale, tourner à droite (à votre gauche un château d'eau). 150 m plus loin, tourner à gauche en direction du château d'eau et passer à ses pieds (belles vues de Gimont à votre droite).

Arrivé à une ferme, tourner à droite dans un chemin empierré qui vire à gauche 150 m plus loin. Il devient herbeux un peu plus loin, puis il descend fortement à droite vers une centrale électrique. Prendre à droite une route goudronnée. 200 m plus loin, le balisage bicolore s'en va à gauche, continuer tout droit vers le centre de Gimont.

Laisser à droite le chemin de Montoron et continuer tout droit. Tourner à droite dans la rue Nationale. Elle passe sous la Halle et 200 m plus loin, atteint la Mairie de Gimont qui se trouve à votre gauche.

Si vous ne vous arrêtez pas à Gimont et ne souhaitez pas le visiter (mais ce serait bien dommage), vous pouvez en arrivant rue Nationale prendre à gauche (au lieu d'aller à droite) vers le pont et passer tout de suite à l'étape suivante.

Au loin Monferran-Savès et son clocher !

Gimont

Gimont est une charmante bastide du Gers, bâtie en longueur sur la crête de la colline qui domine la vallée de la Gimone. C'est Alphonse de Poitiers, fils de Louis VIII et frère de saint Louis, qui fonda la ville en 1266 suite à un accord de paréage avec l'abbaye de Planselve.

Particularité de Gimont : alors que la plupart des bastides étaient protégées par des murailles, Gimont était simplement entourée de fossés de 5 mètres de largeur. Autre particularité : la rue principale (la N 124) de Gimont passe sans détour sous la grande halle municipale. Cette curiosité est due au relief ; la grande rue suit ainsi la crête de la colline.

saint Jacques, chapelle de Cahuzac

Gimont est au cœur du pays du foie gras comme en témoigne la "halle au gras" où se déroule le "marché au gras" le dimanche matin aux mois de novembre et de décembre. C'est aussi le siège des conserveries Comtesse du Barry, dont vous pouvez visiter l'exposition-vente aux abords de la ville.

Vous pourrez admirer l'église Notre-Dame du XIIIème siècle, en brique, de style gothique toulousain.

L'unique nef, large et très peu éclairée, est caractéristique de ce gothique méridional. Des chapelles encadrent la nef ainsi que le chœur.

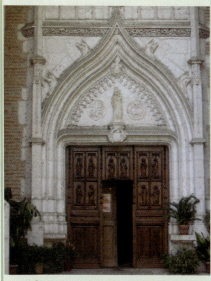

Gimont, la chapelle de Cahuzac

La chapelle la plus remarquable est la première à gauche où se trouve un triptyque de la Renaissance.
Le Christ en croix, au centre, est encadré par des panneaux représentant Marie et l'évangéliste saint Jean. Au revers de ces volets sont représentées Marthe et Marie-Madeleine.

A la sortie de la ville, la chapelle Notre-Dame-de-Cahuzac a été bâtie au XVIème siècle pour commémorer l'apparition de la Vierge à un berger. L'église Notre-Dame de Gimont a servi de modèle à cette chapelle en brique et en pierre.

Etape N°22 29.3 km
De Gimont à Auch

A **l'Isle-Arné** vous avez marché 2 h 30 et parcouru 9.2 km.
A **Lussan** vous avez marché 4 h 00 et parcouru 15.2 km.
A **Montégut** vous avez marché 6 h 30 et parcouru 24.5 km.
A **Auch** vous avez marché 8 h 40 et parcouru 29.3 km.

8h4

Auch, la cathédrale Sainte-Marie.

L'Isle-Arné
Hébergement recommandé : Hébergement pèlerins chez M. et Mme Vives, lieu-dit Lamothe, Les haltes vers Compostelle, tél: 05 62 65 90 54, repas formule à 10 € (soupe de légumes, fromage, pain et vin), sur réservation. Cuisine à disposition mais achats et ravitaillement à prévoir à Gimont.

A 3 km avant Auch
(Hors chemin, mais 1 km après Montégut, balisage en place).
4 chambres d'hôtes et camping, chez M. et Mme Dupuy, Le Castagné, route de Toulouse, tél: 05 62 63 32 56 ou 06 07 97 40 37. Ouvert mardi jeudi vendredi, nuitée à 46 € pour 2, avec PdJ et accès libre à la cuisine.
www.domainele castagne.com

Auch
Hôtel du Lion d'Or du Midi, 7 rue Pasteur, (rive droite du Gers), tél : 05 62 63 66 00, nuitée à 35 € pour 1 et 45 € pour 2. PdJ à 5 €. Ne fait pas les repas.

Le chemin est aujourd'hui d'un calme absolu et il faut prévoir le ravitaillement dès le départ de Gimont, au risque de se contenter des fruits sauvages glanés çà et là !

Après environ 2 h 30 de marche, et après avoir dépassé le château d'Arné et sa chapelle attenante, le pèlerin peut faire une première pause sur la commune de l'Isle-Arné, aux abords du moulin sur les fraîches rives de l'Arrats, la petite rivière venue du plateau de Lannemezan, ou aux abords de la chapelle de Paillan.

Les bourgs s'enchaînent ensuite rapidement et chaque virage, chaque vallon offre un nouveau décor qui met en scène fermettes, castels, clochers, moulins, pigeonniers .. Avec de telles découvertes à chaque virage, la marche est un véritable plaisir !

Auch, capitale de la Gascogne, conclura de fort belle manière votre journée et il est même astucieux d'arriver tôt dans l'après-midi car la ville mérite mieux qu'une simple visite.

Hôtel de Paris, 38 avenue de la Marne, tél : 05 62 63 26 22, (sur le chemin après le second passage à niveau). Nuitée à 26 € à 36 € selon la formule. PdJ 6 €. Dîner à partir de 11 €.

Chambres d'hôtes Mme Lafforgue, 17 bis rue du Bataillon-de-l'Armagnac, tél : 05 62 05 78 64, réservation obligatoire.

Etablissement recommandé :
Gîte d'étape (8 places), La Croisée de Saint-Cricq, Les haltes vers Compostelle, (3 km avant Auch, lieu dit La Bourdasse), chez M. et Mme Jacquerot-Djelil, tél : 05 62 05 16 53 ou 06 27 32 22 60. Nuitée simple à 13 €, PdJ 4.50 €, dîner entre 28 et 30 € et cuisine en libre gestion. Accueil chevaux, accès internet, location de draps.

Accueil de 15 h à 17 h au presbytère (centre ville) dans un gîte sommaire, 40 rue Dessoles, tél : 05 62 05 04 64, ou 06 77 15 57 30, pas de réservation possible, contacter les pères Demailly ou Cenzon.

Il faut visiter la cathédrale Sainte-Marie, fleuron du gothique flamboyant, mais aussi la tour d'Armagnac, sans oublier de saluer l'un des trois mousquetaires, Charles De Batz que vous connaissez plus sous le surnom de "d'Artagnan" et qui trône majestueusement tournant le dos à la cathédrale et surveillant la cité des Comtes d'Armagnac !

En déambulant dans Auch...

Calvaire à L'Isle-Arné

Chemin à suivre pour les pèlerins à pied

Face à la Mairie de Gimont, prendre à gauche la rue Nationale, traverser la Halle et arriver au pont sur la Gimone. Une petite variante possible : face à la Mairie, descendre à droite par la rue de la Mairie, passer à côté d'un parking et tourner à gauche dans la rue des Écoles.

La poursuivre jusqu'à la Placette (panneau avec son histoire à droite) et prendre à gauche après la fin du mur de soutènement de celle-ci, passer sous un beau porche et rejoindre la Halle et l'itinéraire principal.

Traverser le pont. Au bout, prendre un escalier qui descend à droite, tourner à droite, passer sous le pont, à nouveau prendre à droite vers la flèche de l'église.

On retrouve le balisage bicolore. Traverser la D 12 et s'approcher de la belle chapelle de Cahuzac. Les bâtiments d'un ancien couvent abritent une Maison de Retraite. Contourner la chapelle par la droite et tourner à gauche dans la petite route goudronnée.

Poursuivre sur le chemin de terre qui tourne vers l'ouest. Plus loin, prendre à gauche un chemin de terre qui monte par la suite.

Accès internet à Auch

Espace Cyber,
16 bis rue Rouget de Lisle,
05 62 60 28 28.

Maison des Jeunes
Parc Brocas,
05 62 05 26 42.

Au gîte d'étape La Croisée de Saint-Cricq, 3 km avant Auch.

A voir, à visiter à Auch

Cathédrale Sainte Marie (XV, XVIIème). La Tour d'Armagnac. Le musée des Jacobins. La maison de Gascogne ancienne halle aux grains du XIXème. Musée d'art et d'archéologie. Musée de la Résistance. Préfecture, ancien archevêché XVIIIème. Ancien Carmel, ancienne chapelle des carmélites XVIIème. Eglise Saint-Pierre XVIIIème. Eglise Saint-Orens Belles maisons médiévales ou Renaissance, dont certaines : 3 rue Dessolles, 22 rue d'Espagne, 5 rue Arnaud-de-Moles..

Arrivé sur la crête, tourner à droite le long de la ligne de haute tension qui longe ce chemin à gauche. Passer en-dessous d'elle, vous rencontrez une exploitation. En arrivant à une route goudronnée, la prendre à droite (c'est-à-dire tout droit).

Laisser à gauche le chemin d'En Décis, puis après 300 m, prendre à gauche le chemin de l'Isle-Arné. 300 m après avoir croisé la ligne de haute tension, descendre à droite un chemin de terre entre les arbres. Arrivé à une route goudronnée, la prendre à droite et 50 m plus loin, prendre un chemin empierré qui descend à gauche.

Traverser un petit chemin goudronné qui va à gauche au Bachadou et continuer tout droit sur un chemin de terre. Arrivé sur un chemin goudronné, le prendre à droite (écriteau "Société de Chasse de l'Isle-Arné").

Il suit la crête. Suivre ce chemin en passant devant le château et la Vierge bleue. Le chemin menant au gîte est le premier à droite après cette statue. Continuer tout droit, entrer à l'Isle-Arné.

Arrivé au centre, vous trouverez à votre gauche un calvaire avec les attributs de la Passion. Arrivé à une intersection en T, prendre à droite. Après le pont, vous sortez de l'Isle-Arné. Après un second pont, à l'intersection, prendre à droite la D 40, direction Aubiet.

Après un petit pont et la station de pompage, tourner à gauche direction A Lalanne. Arrivé à un transformateur à gauche, poursuivre sur un chemin de terre. Traverser une intersection et continuer tout droit en crête (balisage Compostelle).

Arrivé à une route goudronnée en sortant de la forêt, prendre à gauche et 150 m plus loin à nouveau à gauche (direction Lussan). Vous entrez à Lussan. Au stop, tourner à droite en longeant l'église. Juste avant la sortie du village, prendre à gauche le chemin vers Dessan.

En bas de la côte, tourner à droite dans un chemin de terre à côté d'une marque de conduite de gaz - toit jaune. Arrivé à un talus en face, obliquer à droite vers une ligne de moyenne tension et la suivre. Arrivé au deuxième pylône, obliquer légèrement à gauche pour arriver à un bosquet d'arbres.

Remonter le vallon avec des arbres et des buissons à votre gauche, puis à votre droite, vers une exploitation et un transformateur EDF.

Arrivé à une petite route goudronnée, la prendre à gauche et presque immédiatement à droite (direction Au Pourret). Dans un hameau, arrivé à une ferme, la contourner par la droite et traverser un champ (en gardant la même direction) vers une haie que vous longerez par la gauche.

Ce chemin tourne à gauche, à droite et descend. À la sortie de la haie, monter à droite en direction d'un groupe de maisons à travers les champs.

Arrivé à une route goudronnée, continuer tout droit et passer une intersection. Vous sortez de Roquetaillade. 200 m plus loin, en face de la propriété A Dilhan, tourner à droite dans un chemin de terre. À votre droite les ruines d'une bergerie, le chemin oblique légèrement à gauche.

Arrivé à une intersection surplombée par des lignes électriques (avec une flèche remarquable), poursuivre tout droit avec une haie à votre gauche.

Passer le lit d'un ruisseau à gué et monter tout droit. Croiser un chemin goudronné surplombé par une ligne de moyenne tension et continuer à monter tout droit. Arrivé sur la crête, tourner à droite. Continuer sur ce chemin en suivant la ligne de crête (balisage quasiment inexistant). Arrivé à une espèce de clairière, le chemin descend légèrement à droite puis remonte sur la crête dans une chênaie.

À un moment, le chemin s'élargit un peu et vous avez une très belle vue sur le château de Montégut. En poursuivant tout droit vous rencontrez une grande croix en bois, descendre à gauche sur Montégut pour rencontrer son église (un point d'eau à droite).

Tourner à droite très fortement (à 5 heures sur le cadran d'une montre solaire) et emprunter la départementale.

En face du panneau de la sortie de l'agglomération, entrer à droite dans l'ancien parc du château en enjambant une chaîne (prendre l'allée plus large et plus proche de la route). Sortir du parc pour un parcours de 80 m sur la route et y rentrer à droite.

Sorti de cette allée, continuer tout droit en traversant un pont. Dans un virage de la route à gauche, la quitter et prendre tout droit un petit chemin de terre sous les arbres. Traverser la voie ferrée et continuer dans un petit sentier tout droit.

Monter sur la N 124 (redoutable par temps humide) et la suivre à gauche sur 50 m.
La traverser et prendre le chemin de terre qui monte assez raide en face.

Arrivé à une bifurcation, prendre à gauche, de même à la suivante et poursuivre sur le chemin qui commence à descendre doucement. Arrivé à une intersection en T, tourner à droite, puis parvenu à la route goudronnée, tourner à gauche.

En haut de la côte, en face d'un bâtiment, tourner à droite dans un chemin ("Propriété privée. Interdit à tous les véhicules"), vous passez à côté d'un transformateur. Le chemin aboutit dans le gîte de St-Cricq, le contourner par la droite sur un chemin herbeux qui descend.

Auch, jeu de lumière au crépuscule

Arrivé à une intersection en T, prendre à gauche en direction d'un grand silo. Le longer et traverser la route goudronnée vers un parking. Traverser un pont et continuer ce chemin à gauche puis traverser la N 124 sous un pont. Prendre à droite - le chemin devient goudronné. Traverser une route (priorité) et emprunter en face le chemin du Haget.

Continuer tout droit ce chemin qui monte puis descend. Prendre à droite le chemin du Seilhan. Entrée à Auch.

Auch, la maison du tourisme

Traverser un passage à niveau et, à l'arrivée au feu tricolore, traverser la route et s'engouffrer dans un tout petit passage dans la haie. Prendre tout de suite à gauche en longeant cette haie.

Arrivé à une intersection avec une boîte postale et un signe cul-de-sac en face, prendre à droite. Arrivé à une petite place, obliquer à gauche et pénétrer à droite dans le parc de Couloumé.

Traverser le parc (pas de balisage) en gardant globalement la direction SO et aboutir sur la voie piétonne qui longe le Gers sur une digue.

La prendre à gauche. Passer sous deux ponts et emprunter (à gauche) une rampe qui monte sur le troisième.

Traverser le pont et tourner à gauche dans le boulevard Sadi-Carnot.

Monter à droite dans la rue Gilbert-Bregail, puis emprunter à gauche rue Daumesnil. Prendre à droite rue Baudin puis en face rue Coquille (qui est en réalité un escalier). Tourner à gauche place Betclar.

Vous êtes arrivé à la Cathédrale Sainte-Marie d'Auch.

Auch

Forteresse naturelle dominant la vallée du Gers, le site était occupé avant la conquête romaine par une tribu celte-ibère, les Ausci, qui sans doute donna son nom à la ville. Vers 50 av J.C, les légions romaines s'y installent et dans les premiers siècles, sous leur protection, la population s'établit peu à peu dans la vallée. Mais la ville devenue le siège d'un évêché au IVème siècle se réinstalle sur l'oppidum pour mieux se défendre lors des invasions barbares.

Au fil des siècles la ville sera pillée à plusieurs reprises, une fois pendant la croisade contre les cathares, une autre fois à la fin du XVème siècle lors de cette véritable guerre civile qui opposa les Armagnac et les Bourguignons et à nouveau pendant les guerres de Religion.

Le XVIIIème siècle sera la grande époque pour la ville. Devenue capitale administrative de la Gascogne, elle connaît alors un grand développement économique, artistique et culturel.

Puis ramenée au rang de modeste préfecture, elle perd beaucoup de son rayonnement.

La vieille ville, dominée par sa cathédrale et par la tour d'Armagnac qui servit autrefois de prison, s'étale en amphithéâtre sur la pente du plateau jusqu'au Gers.

C'est un escalier monumental, surveillé par la statue de d'Artagnan qui permet de franchir cette importante dénivellation.

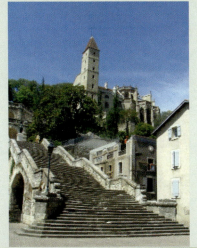

Au sud de la cathédrale, un labyrinthe de petites rues étroites constitue le pittoresque quartier des "pousteries".

De la place de la cathédrale ou place Salins, on gagne la place de la République et la place de la Libération. Là se trouve le centre-ville, très animé en fin d'après-midi.

L'Office du Tourisme occupe la maison Fedel aux remarquables colombages. De là, en contournant par le nord, vous trouverez la halle aux herbes et à quelques pas la préfecture installée dans l'ancien palais archiépiscopal qui témoigne du passé de la ville au XVIIIème siècle.

La cathédrale Sainte-Marie, dont la construction débute à la fin du XVème, ne sera achevée que deux siècles plus tard, offrant ainsi un mélange de styles.
Les vitraux qui datent du début du XVIème sont particulièrement intéressants.

Mais plus encore, les stalles de la même époque sont admirables et il faut s'attarder à reconnaître les scènes bibliques qui, dit-on, rassemblent près de 1500 personnages.

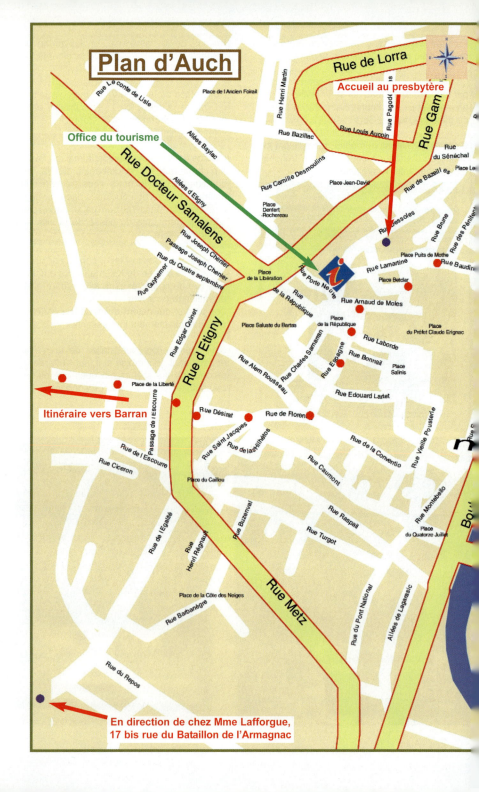

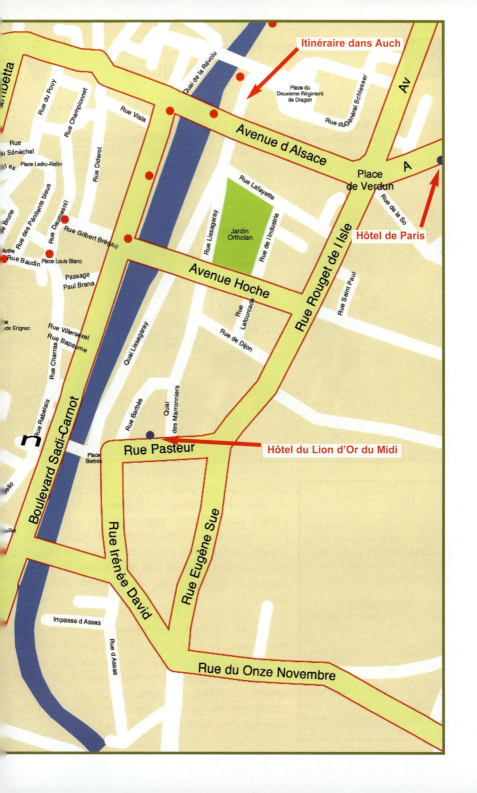

Etape N°23 32.2 Km
De Auch à Montesquiou

 8h4

Au **croisement de la D943** vous avez marché 1 h 30 et parcouru 5.5 km.
A **Barran** vous avez marché 4 h 35 et parcouru 17.4 km.
A **l'Isle-de-Noé** vous avez marché 6 h 30 et parcouru 24.2 km.
A **Montesquiou** vous avez marché 8 h 40 et parcouru 32.2 km.

Courage ! encore 6 km avant Montesquiou !!

Barran
Epicerie, bar-restaurant.

Gîte d'étape, 7 lits, douche/wc. Les clefs sont à récupérer chez Mme Cocco tél : 05 62 64 14 47. Participation obligatoire laissée à votre libre conscience

L'Isle-de-Noé
Boulangerie, épicerie, restaurant.

Camping Municipal, avenue Clemenceau, tél : 05 62 64 17 21 ou 05 62 64 14 79.

Chambres d'hôtes chez Mme Moody, tél : 05 62 64 83 04, 25 € pour 1 et 35 € pour 2. Ouvert toute l'année.

Cette étape est pour nous l'une des plus belles et des plus authentiques. Les 5 premiers kilomètres de l'étape ne quitteront pas la petite route bitumée pour rejoindre ensuite la forêt d'Auch. Après le franchissement de l'Auloue sur un poteau couché et quelques kilomètres de plus on retrouve Barran et le clocher vrillé " hélicoïdal " de son église Saint-Jean-Baptiste.

Barran et l'Isle-de-Noé permettent un ravitaillement facile, et c'est donc au restaurant l'Hélicoïdal à Barran que nous engloutirons une garbure gasconne : soupe de légumes enrichie de confit, chou vert, navets, carottes, carcasse de canard, cuisse de canard confite, jarret de porc confit… de quoi refaire le monde avec les amis pèlerins !

Montesquiou

Café hôtel restaurant l'Auberge, tél: 05 62 70 91 15, Mme Ader, demi pension à 38 € par personne (nuit, diner, PdJ).

Chambres d'hôtes pèlerins, M. Lutter-Bach, (centre bourg), tél : 05 62 70 97 06, 1 personne 35 €, et 48 € pour 2. Fait table d'hôte à 9 € par personne. Ouvert toute l'année.

Camping au château du Haget, à 2 km du bourg au croisement D216 et D34, (possibilité de venir vous chercher à Montesquiou), hébergement en petits chalets, tél: 05 62 70 95 80, nuitée à 12.50 € repas à 12.50 €. PdJ 6 €. Ouvert toute l'année. Courses et repas à prévoir lors de votre passage à Montesquiou si vous désirez cuisiner.

Chambres d'hôtes Le Petit Haget, tél : 05 62 70 94 13 (en face du camping), Mme Brazzalotto, la Ferme des Grisettes (à 2 km du bourg).

Camping de l'Anjou, tél : 05 62 70 95 24 ou 06 82 17 00 07, (route de Bassoues mais à 4 km du bourg).

A voir, à visiter à Montesquiou

Restes du château de La Mothe : donjon appelé Tour des Sorcières. Château de La Plagne: château et dépendances. Château du Cap du Barry : demeure bourgeoise. Château de Bière. Château du Haget. Eglise d'origine romane, choeur flamboyant, clef de voûte aux armes des Montesquiou. Chapelle du cimetière. Chapelle du château de La Plagne.

A l'Isle de Noé le château nous offrira l'opportunité d'une 2ème pause. Ce monument représente un poids non négligeable dans le petit budget de la commune et de récents travaux l'ont provisoirement sauvé de la ruine.

Montesquiou s'étire tout en longueur sur un coteau étroit et surplombe le vallon de l'Osse, la montée est rude, mais l'ambiance feutrée et calme de ce beau village médiéval fortifié permet de prolonger le sentiment de sérénité que nous offre le chemin.

Barran, la halle du marché

Chemin à suivre pour les pèlerins à pied

Dos tourné à la façade de la cathédrale (portail principal dans votre dos) prendre à gauche la rue d'Espagne. Au bout, descendre l'escalier et prendre à droite rue de Florence, jusqu'à la place Garibaldi, y laisser à gauche la rue Saint-Jacques et continuer tout droit. Arrivé à la rue d'Étigny, tourner à droite et presque tout de suite prendre à gauche la rue d'Embaqués (flèche IUFM).

Après le parking de l'IUT - IUFM continuer tout droit dans une allée ombragée. La rue d'Embaqués tourne à gauche et arrive à une intersection en T, prendre à droite le chemin de la Pause (vous sortez d'Auch). Au calvaire, laisser à gauche le chemin de Lescat et prendre à droite.

À la fourche suivante, prendre à gauche le chemin de Tougey (peu de balisage). Arrivé à une intersection en T (priorité), prendre à gauche (à votre droite une grande antenne de télécommunications).

200 m plus loin tourner à droite dans la route goudronnée qui mène à Ordan (7 km). Vous pénétrez dans la forêt communale d'Auch (en la traversant, vous trouverez à gauche un point d'eau).

À la sortie de la forêt, laisser à gauche le chemin de Coussouau et continuer tout droit. Laisser à droite le chemin d'Ordan Laroque et poursuivre tout droit sur le chemin d'Izandon. Il oblique à gauche et entre dans un petit bois. Passer une intersection et garder la direction Izandon. Laisser le chemin d'accès à une ferme à gauche.

Dans un creux de terrain, panneau Barran à gauche, Auch à droite, quitter la route goudronnée pour pénétrer dans la forêt à droite et bifurquer tout de suite à gauche en montant. Suivre ce sentier bien délimité et bien balisé, jusqu'à une intersection en T avec un chemin forestier, le descendre à droite. Arrivé à une passerelle à votre gauche, la traverser et sortir de la forêt sur un chemin de terre, peu marqué, tout droit. 200 m plus loin, tourner à gauche dans une route goudronnée.

Prendre le premier chemin à droite (C 15) qui passe à côté d'une exploitation et se transforme peu après en chemin pierreux qui louvoie entre les champs (pas de balisage mais impossible de se tromper). Arrivé à un chemin goudronné, le poursuivre tout droit direction Létouat.

Dans une fourche face à une haie prendre à gauche un chemin de terre. Longer la lisière de la forêt (palombière) puis arrivé au chemin goudronné, tourner à gauche. À la fourche (à côté d'un transformateur) prendre à gauche la C 4.

Peu de temps après, dans un tournant, vous apercevrez Barran et son église. Arrivé à une intersection en T, prendre à gauche. Vous entrez à Barran. Arrivé à la D 943, la prendre à droite en direction Barran - Village. Aire de pique-nique à gauche.

Passer la porte de la ville et suivre la rue principale du Dr J. Demandes. À voir : l'église avec le clocher tors et la Halle. Continuer sur cette rue et sortir de la ville. Aire de pique-nique à gauche. Continuer tout droit (vous sortez de l'agglomération) sur la D 943 un bon kilomètre.

À la fourche avec la C 10, continuer tout droit et 30 m plus loin emprunter un chemin de terre qui descend à gauche. Arrivé à une rangée d'arbres, le chemin oblique à gauche, suivez-le. Au bout de cette haie, traverser un tout petit pont et tourner à droite.

En quittant Montesquiou...

En chemin vers Montesquiou

Longer à gauche une ligne de moyenne tension vers un petit bois. Longer ce petit bois en l'ayant à votre gauche. Le chemin descend un peu vers le bout du lac. En face de ce bout du lac tourner à gauche en épingle (7 heures) et monter un chemin de terre qui tourne presque immédiatement à droite. Arrivé en haut à une ligne électrique (une ruine à votre gauche) tourner à droite.

Passer à côté de deux arbres et (au même endroit) d'une route fermée par une chaîne et continuer tout droit vers une forêt. Pénétrer dans cette forêt et suivre une allée non balisée mais n'offrant pas la possibilité d'erreur.

En sortant, à une intersection en T, prendre à droite. Avant d'arriver à une ferme, descendre à gauche. 150 m après la sortie de ce petit bois, à une bifurcation, prendre à droite. Avant que le chemin pénètre dans un bois, monter à gauche à sa lisière. Arrivé en haut, tourner à droite. Rencontrant un petit chemin goudronné, le prendre à gauche. Le chemin tourne à droite, le suivre et arrivé à une route plus importante (D 943), la prendre à gauche.

Elle oblique à gauche et entre à L'Isle-de-Noé, traverser le village sur la D 939. Vous traversez la Petite Baïse. Prendre la D 943, direction Montesquiou. Traverser le pont sur la Grande Baïse et continuer sur la D 943 en ignorant la D 179 qui part à droite. Dans le premier virage après cette bifurcation (après les jardineries) prendre à gauche une petite route goudronnée. Peu de temps après l'entrée de Chassagnard (à votre droite) prendre un chemin qui monte à droite.

Après plusieurs virages, il arrive à une haie, le quitter et emprunter à droite un chemin herbeux qui longe cette haie, passe derrière une maison, et longe à nouveau une haie, puis s'approche de la forêt. Continuer tout droit à l'intérieur à la lisière de cette forêt. Il s'enfonce dans la forêt puis longe une vigne pour rencontrer un chemin goudronné.

Le traverser et continuer tout droit. Avant d'arriver à la ferme, obliquer à droite sur un chemin herbeux puis encore une fois obliquer à droite pour passer le long d'une haie. Arrivé en bas, traverser un pré en direction d'une haie qui s'avance à gauche pour passer à côté d'un bâtiment très bas en continuant à suivre la haie à votre gauche.

Puis continuer entre deux haies. Passer par la cour d'une ferme et sortir tout droit. Arrivé à un chemin goudronné, tourner à gauche et immédiatement à droite dans un chemin herbeux.
Après avoir traversé un pont, continuer tout droit avec un fossé à droite. Passer de l'autre côté d'une haie et monter en l'ayant à votre gauche. Le sentier s'approche d'une forêt et emprunte sa lisière, il monte, puis descend. Arrivé à une route goudronnée (un élevage d'oies en face de vous) prendre à droite.

Traverser un pont et 300 m plus loin, dans un virage de la route à droite, continuer tout droit dans un chemin herbeux. Il monte doucement et, à côté d'une propriété à gauche, arrive à un chemin goudronné, que l'on prend à droite. Vous êtes à Montesquiou. Prendre la D 943 à gauche, 30 m plus loin bifurquer dans une petite rue qui monte, croise un calvaire jacquaire, puis descend sur la place où se trouve l'Office du Tourisme. Prendre une petite rue tout droit pour arriver à l'église de Montesquiou.

Barran

Située à 16 km à l'ouest d'Auch, cette magnifique bastide fut construite en 1278 par le comte d'Armagnac Géraud V en paréage avec l'évêque d'Auch, Amanieu II. Elle est située sur la voie romaine de Lamazière à l'Isle-de-Noé. Dès le départ y fut créée une léproserie. De l'ancien village fortifié sont visibles les restes des remparts, la porte de ville carrée, des maisons du XVIème siècle et la halle charpentée.

La rue principale est dotée de belles maisons à colombages. Divers monuments valent le détour : le château de Mazères qui date du XIVème siècle et qui fut l'ancienne résidence d'été des archevêques d'Auch, l'église, ancienne collégiale Saint-Jean-Baptiste (du XVIème siècle et remaniée au XIXème), son clocher hélicoïdal tout à fait particulier date lui du XIIème siècle, on dit qu'il doit sa forme au vent ou à l'originalité d'un couvreur amoureux !, la fontaine de dévotion Saint-Sauveur, l'église de la Castagnère qui contient une très belle statue de saint Jacques en bois dorée.

Montesquiou, fief des seigneurs d'Artagnan

Petite forteresse - ou castelnau - construite au XIIème siècle sur le coteau qui domine la vallée de l'Osse, Montesquiou ne garde qu'une porte de son enceinte fortifiée.

Quant au château datant de la même époque et construit par la famille Montesquiou, il devait comprendre deux bâtiments formant deux ailes soudées par un donjon. Le château détruit, le village a conservé quelques traces de son glorieux passé, notamment son église.

Construite également au XIIème siècle, c'est une église de style roman. Le clocher est d'origine, mais l'église a tout de même subi quelques modifications : le chœur fut remanié au XVème siècle, ainsi que la nef, au XIXème siècle.

Mais pour beaucoup, Montesquiou évoque surtout un personnage très populaire. C'est en effet le fief des seigneurs d'Artagnan dont le rejeton le plus célèbre est le mousquetaire qui inspira le roman d'Alexandre Dumas.

D'Artagnan, Charles de Batz de Castelmore de son vrai nom, est né en 1611. Son père était sans doute un roturier, descendant d'un marchand de drap, mais d'Artagnan est d'ascendance noble par sa mère, Françoise de Montesquiou. En 1640, il devient cadet de Gascogne, puis gagne Paris pour intégrer ensuite la compagnie des mousquetaires du Roi en 1644.

Deux ans plus tard, il entre au service de Mazarin et effectue pour lui des missions difficiles lors de la Fronde. A la mort de Mazarin, il continue à servir le roi et ses intrigues (arrestations du surintendant Fouquet et de Lauzin, amant de la cousine du roi).

En 1667, il devient capitaine-lieutenant de la compagnie des mousquetaires. Il meurt pendant la guerre de Hollande, au siège de Maastricht, en 1673.

Impossible ici de ne pas s'arrêter pour trinquer aux mousquetaires du Roi et à leur belle amitié. L'armagnac du pays est idéal pour cela. Profitez-en !

Etape N°24 24 km
De Montesquiou à Marciac

6h20

A **Pouylebon** vous avez marché 1 h 55 et parcouru 7.5 km.
A **Saint-Christaud** vous avez marché 3 h 15 et parcouru 12 km.
A **Monlezun** vous avez marché 4 h 35 et parcouru 18 km.
A **Marciac** vous avez marché 6 h 20 et parcouru 24 km.

A Marciac, le plus haut clocher de Gers !

Pouylebon
Gîte d'étape M. et Mme Duvert lieu-dit Le Ligueton, tél : 05 62 66 77 41 ou 06 99 27 88 41, nuitée à 15 € (avec PdJ), et demi-pension à 25 €.

Camping privé Pouylebon (avec piscine), tél : 05 62 66 72 10, nuitée 5 €, ou 7.50 € en caravane, ou 15 € en gîte. possibilité de commander ses repas.

Monlezun
Attention aucun commerce ! Hébergement sommaire au foyer municipal avec coin cuisine pour hébergement de dépannage, tél : 05 62 09 37 90 (mairie), les mardi jeudi et samedi matin, ou 06 83 65 07 16, M. Tenet.

L'étape est courte aujourd'hui mais avec de nombreux dénivelés. C'est de très bon matin, alors que les oiseaux chantent encore aux premières lueurs du jour, que nous quittons Montesquiou en cheminant d'abord sur la rive droite de l'Osse sur un peu moins de 4 km.

C'est ensuite en pente douce mais continuelle qu'il faut franchir le vallon pour retrouver dans un premier temps les bourgs de Pouylebon, puis Saint-Christaud.

Saint-Christaud (Christ Haut), parce que situé sur le point le plus haut entre les vallées de L'Osse et de la Bouès, se situe sur deux anciennes voies renommées que sont la route de César (ou chemin de Ténarèze), qui permettait de rejoindre les Pyrénées depuis Toulouse, et la voie d'Arles qui vous aspire

Chambres d'hôtes chez Mme Hélène Seailles, (lieu-dit Santulette, 800 mètres du bourg), tél : 05 62 09 39 99, 1/2 pension à 25 €.

Chambres d'hôtes chez M. et Mme Michel Lille, tél : 05 62 09 39 97, ou 06 73 76 59 49, ou 06 07 40 92 05, nuitée (et PdJ) à 30 € pour 1, et 40 € pour 2.

Marciac

Hôtel-restaurant des Comtes de Pardiac, tél : 05 62 08 20 00, 25 chambres, nuitée à 42 €.

Camping du Lac (chalet spécial pèlerin à 10 € la nuit), tél : 05 62 08 21 19, ouvert de mars à fin octobre, à 800 mètres du centre bourg, Mme Robinson vous expliquera comment venir. Pas de repas, mais le petit déjeuner à 4 €. Petite épicerie à disposition, et cuisine possible dans les mobil-homes.

Refuge-dortoir Le Grenier, (centre bourg, à côté de la place du village, 10 rue Saint-Jean), tél : 05 62 08 24 28, chez M. Gilles Petit de Mirbeck. Nuitée à 15 €. Pas de cuisine, et pas de chauffage l'hiver. Attention refuge toujours plein durant le festival de jazz d'août !

Chambres d'hôtes chez M. et Mme Garroussia, (lieu-dit Au Cassou, à 2 km sur la route de Maubourguet), tél: 05 62 09 37 33, 3 chambres à 30 €, casse-croûte possible pour dîner.

A voir, à visiter à Marciac

Vieilles maisons à pans de bois de la rue Saint-Jean. Château de Guitou. Château de Saint-Christaud. Eglise Saint-Justin. Ancienne chapelle du couvent des Augustins. Chapelle Notre-Dame-de-la-Croix. Eglise XIVème, remaniée XVIème : nef à bas-côtés, chevet pentagonal, portes gothiques, clocher-porche carré à étage octogonal et haute flèche.

depuis votre départ il y a plus de 3 semaines. L'église templière primitive qui date de 1260 est actuellement en cours de réhabilitation grâce à l'énergie d'une association locale.

Après Saint-Christaud, la descente est importante pour franchir la Bouès, et c'est une montée tout aussi ardue qui vous attend après la D3 pour rejoindre Monlezun et les 2 pans de mur, seuls vestiges d'un château du Xème siècle.

C'est ensuite en un peu plus d'une heure trente de marche que l'on arrive à Marciac, où l'on trouve la plus grande place de toutes les bastides du Gers et depuis 1865, le plus haut clocher gersois !

Attention !
Le festival du Jazz de Marciac, généralement les 15 premiers jours d'août, monopolise très souvent la totalité des hôtels et structures d'hébergements !

Accès internet à Marciac

Office du tourisme
Maison Guichard,
place Hôtel de Ville
05 62 08 26 60

Pouylebon, l'église Saint-Anne

Chemin à suivre pour les pèlerins à pied

À côté de l'église, prendre un chemin vers la porte de la ville, la passer et descendre à gauche. Arrivé au macadam, tourner à droite et tout de suite à gauche. Dans une mini placette, continuer tout droit sous un portique en métal et descendre un escalier. Descendre un sentier assez raide.

Arrivé à la départementale, la prendre à gauche et 10 m plus loin, descendre à droite le premier chemin possible. À une intersection en T à côté d'un lavoir, prendre à droite. Arrivé à une maison, prendre à gauche (à 10 h) un chemin herbeux.

Sorti dans une grande clairière, longer une haie à droite. Puis obliquer vers la descente à droite. Sorti du bois, continuer tout droit avec une haie à votre gauche.

Après un panneau "Chambres d'hôte, ferme de Grisettes" continuer tout droit en longeant une haie à votre droite, puis à votre gauche. Traverser un terrain découvert avec un fossé à votre droite et continuer tout droit après une cabane, en lisière d'une forêt à votre gauche.

Après le passage dans un champ, arrivé à un poteau électrique, tourner à droite. Traverser un pont. Vous passez à côté d'une habitation à votre gauche, continuer tout droit.

Traverser une route goudronnée et prendre une petite route goudronnée en face (11 h). 500 m après une ferme en ruine, dans une bifurcation, prendre à droite. 200 m plus loin, avant d'arriver aux habitations, prendre à gauche un chemin herbeux qui longe une ligne de moyenne tension. Après l'entrée d'une propriété à votre droite, tourner à droite. Arrivé en bas, juste après avoir passé une ligne de moyenne tension, tourner à gauche et traverser une petite passerelle.

Après avoir côtoyé un étang, entrer dans la forêt. Sortir de la forêt à côté d'une ferme et continuer tout droit. Juste après avoir traversé une ligne électrique, tourner à gauche et longer un bosquet d'arbres. Arrivé à une clôture, tourner à droite en la longeant.

Parvenu à une intersection en T, tourner à gauche sur le macadam, en direction de l'église de Pouylebon. Entrée de Pouylebon. Avant d'arriver à l'église, tourner à droite (signe cul-de-sac).

Prendre à gauche en direction de Castelbajac et 100 m plus loin, en haut de la côte, prendre à droite un chemin forestier. Emprunter un chemin qui descend fortement à gauche (bon balisage bicolore et jaune).

Sorti dans une clairière, tourner à droite et 10 m plus loin, traverser une haie, la longer en l'ayant à votre gauche. Rentrer dans la forêt en traversant une buse. Sorti de la forêt, traverser un pré tout droit et rentrer dans la forêt en face.

Pouylebon, le calme d'un petit bourg de campagne !

Ce chemin monte et serpente dans la forêt en gardant la direction générale ouest (bon balisage, beaucoup de balises anciennes).

Arrivé à une petite clairière, prendre à droite le chemin plus fréquenté. Sortir de la forêt et cheminer dans un pré en longeant une haie à votre gauche.

Puis entrer entre les arbres. Arrivé à une clairière, continuer à 10 h. Cheminer entre deux rangées d'arbres puis continuer (11 h) par un chemin de terre.
Arrivé à une route goudronnée, tourner à droite. Arrivé à une intersection, tourner à gauche dans la D 156, direction St-Christaud. Au calvaire, tourner à droite en direction de l'église Saint-Christaud. Continuer tout droit en laissant cette église à votre droite. À partir d'ici et jusqu'à Monlezun, le chemin file quasiment tout droit SO, différents tronçons s'enchaînent sans tournants notables.

Descendre le chemin d'herbe en ayant la haie tantôt à droite, tantôt à gauche. Obliquer à droite à côté d'une ruine. Poursuivre tout droit, traverser deux minuscules ponts, remonter, traverser un petit gué, longer une haie à votre gauche.

300 m après le gué, tourner à droite pour traverser un pré. Aux premiers arbres, tourner à gauche et marcher à la lisière de la forêt, qui est à votre droite, puis entrer dans la forêt. À la sortie du bois, le chemin tourne à droite et arrive à une route goudronnée, la traverser et descendre en face.

Suivre le chemin principal qui descend vers un pont, puis remonte à flanc de coteau dans la forêt. Arrivé à une bifurcation, poursuivre tout droit un chemin qui descend, traverser un pont (2,5 T). Parvenu à une large route goudronnée, la traverser et prendre le chemin de terre en face.

Après une ferme, continuer tout droit sur un chemin herbeux. Arrivé en haut de la côte, tourner à droite en direction des arbres et en vue de l'église de Monlezun. Continuer à monter sur un chemin qui devient goudronné en longeant une ligne électrique.

Arrivé à une intersection en T, tourner à droite, passer à côté de l'église et du cimetière (point d'eau juste à l'entrée). Suivre le mur du cimetière en tournant à droite et tout de suite à gauche. Continuer sur cette route qui passe à côté d'un groupe de maisons puis, dans un virage, descendre légèrement à gauche (11 h) un chemin de terre (2,5 T).

Vous pouvez déjà voir dans le lointain Marciac. Vous voyez à gauche les ruines d'un château. Suivez ce chemin assez longtemps, puis après avoir traversé un pont, arrivé au macadam, tourner à droite. Dans un virage à droite de cette D 286, la quitter et poursuivre tout droit (signe cul-de-sac).
Suivre la route qui tourne à droite en laissant à gauche un terrain d'aviation. Sorti du hameau, continuer tout droit sur un chemin herbeux qui longe un bois à gauche, puis traverser un champ et continuer tout droit vers les arbres. Puis poursuivre en longeant une haie.

Le sentier passe de l'autre côté de la haie et arrivé en face d'une exploitation, monter à gauche vers l'extrêmité gauche d'un bosquet, continuer à monter en longeant sa lisière située à votre droite.

Arrivé en haut, descendre vers le lac, tourner à droite et le longer en l'ayant à votre gauche. Arrivé à une rangée d'arbres, tourner à droite et 100 m plus loin à gauche en franchissant une passerelle.

Suivre l'allée située la plus à gauche de la plantation et continuer tout droit. Arrivé au chemin goudronné (panneau d'information pour les pèlerins à votre droite), continuer tout droit.

À une intersection en T, tourner à droite dans une allée de platanes. Parvenu à la D 3 (à côté d'une station d'essence) continuer tout droit jusqu'au centre. Vous arrivez à la place de l'Hôtel de Ville.

L'église forteresse de Saint-Christaud

Marciac

Bastide bien régulière, ordonnée autour de sa place rectangulaire, Marciac fut fondée par Philippe le Bel en 1298. Les halles de la place ont disparu au XIXème siècle mais le marché du mercredi matin continue d'offrir chaque semaine son animation colorée.

L'église du XIVème a eu plus de chance et a conservé une étonnante flèche de pierre au sommet de sa tour carrée.

Devenue célèbre parmi les amateurs de jazz du monde entier, son festival "Jazz in Marciac" se déroule au milieu du mois d'août et rassemble autour des plus grands des milliers d'amateurs dans une ambiance qui convient bien à cette musique.

Tout au long de l'année, l'exposition "Territoires du Jazz" fournit un cadre initiatique à cette musique. A l'aide d'un casque audio, le parcours offre un panorama assez complet des styles pratiqués depuis les origines au tout début du XXème siècle.

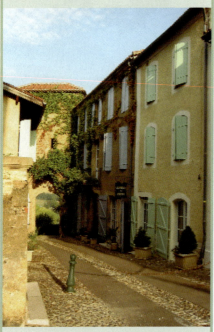

Soleil levant sur Montesquiou.

Les trésors du Gers

Les vignes et les hommes du Gers produisent ensemble deux trésors. Le premier est un vin rouge un peu rare sur nos tables.

Mais les vrais amateurs ne font pas de tapage et gardent pour eux ce vin bien charpenté et plutôt tannique. Deux cépages y sont assemblés : Tanat et Cabernet franc.

Le deuxième trésor est un miracle ! Un alcool ambré, velouté et sec à la fois, qui exhale un bouquet subtil et très long en bouche. Les dégustateurs y retrouvent la violette, le tilleul, le coing, la noisette et la vanille....

Lorsque votre verre sera vide, chauffez le dans vos mains et humez "le fond de verre"...Qu'en dites-vous ?

Pour fabriquer ce nectar, il vous faut réunir un terroir - ce peut être le Haut Armagnac, le Bas - Armagnac ou le Ténarèze -, un savoir-faire dans l'art de distiller, des fûts de chêne soigneusement sélectionnés pour le vieillissement, et surtout le nez d'un producteur...

Inutile de risquer l'aventure sans ces atouts. Et, pour le résultat, sachez que chacun a ses tenants et qu'il est difficile de faire prévaloir ses choix personnels. Tous détiennent la vérité, leur vérité ... !

Etape N°25 23.1 Km
De Marciac à Lahitte-Toupière

 5h55

Au **pont sur l'Arros** vous avez marché 1 h 25 et parcouru 5.3 km.
A **Auriébat** vous avez marché 2 h 55 et parcouru 11 km.
A **Maubourguet** vous avez marché 4 h 35 et parcouru 18 km.
A **Lahitte-Toupière** vous avez marché 5 h 55 et parcouru 23.1 km.

Bienvenue à Lahitte-Toupière !

Saint-Justin (4 km HC)
Hébergement possible mais pas obligatoire chez M. Lawson, tél : 05 62 08 22 86, (participation financière impérative mais laisée à votre libre conscience).

Auriébat
(HC à 1 km au lieu-dit Le Planté)
Refuge pèlerins possible mais pas obligatoire chez Mme Anne-Marie Arnauld de Sartre, tél : 05 62 96 96 50, ou 06 74 94 73 26, 6 places, table d'hôtes (10 €) sur demande mais cuisine en libre gestion avec épicerie. Nuitée à 12 €. Merci de prévenir de votre passage.

Si ce ne sont pas encore les paysages des Pyrénées que nous découvrirons aujourd'hui, c'est géographiquement l'entrée dans ce nouveau département, car peu après Marciac au niveau de l'Arros nous quitterons le Gers pour les Hautes-Pyrénées.

C'est une simple visite de courtoisie de quelques heures car demain en tout début d'étape nous retrouverons les Pyrénées-Atlantiques. Auriébat, petit bourg de 7 bâtiments, est perché dans sa verdure naturelle, et son clocher élégant et fuselé de 53 mètres de haut se voit de loin ! Mais malheureusement, Auriébat ne permet plus de trouver un petit bar de campagne et c'est à Maubourguet, après 18 km et 4 heures de marche, que l'on peut s'autoriser une première pause casse-croûte.

Maubourguet

Hôtel de France**, 75 allée Larbanés, tél : 05 62 96 01 01, Nuitée de 40 à 55 € pour 1. PdJ 6 €, 1/2 pension à 55 €.

Chalet pour pèlerins au camping de l'Echez, rue Jean-Clos-Pucheu, nuitée à 11 €. Tél : 05 62 96 37 44 ou la mairie au 05 62 96 30 09, ou office du tourisme au 05 62 96 39 09.

Accueil familial possible (mais pas obligatoire) pour pèlerin chez M. et Mme Jacqueline, tél : 05 62 96 04 12, (centre bourg), nuitée 16 €, repas à 12 €.

Hébergement pèlerin chez M. et Mme Henri Nouvellon, au lieu dit La Campagne, (1 km avant Maubourguet), tél : 05 62 96 45 71. Nuitée à 10 €, repas 10 €.

Chambres d'hôtes chez Mme Ducros (centre bourg, 210 du Mal Joffre), tél : 05 62 96 05 81 ou 06 89 15 28 19. 40 € pour 1, 65 € pour 2 + 20 € par personne supplémentaire. Table d'hôtes sur réservation.

5 chambres d'hôtes chez Mme Dauba, (83 route de Plaisance), tél : 05 62 96 38 78, ou Jean-Pierre, 06 33 97 77 74, nuitée à 10 €, 1/2 pension à 25 €.

Lahitte-Toupière

Aire de bivouac pour campeur avec tente, point d'eau et wc, joindre la mairie, tél : 05 62 96 33 97. La mairie est ouverte le mardi matin de 8 à 10 h et le jeudi après midi de 16 à 20 h.

Gîte d'étape et chambres d'hôtes chez Marie-Dominique Grasset, Le Puy des Grâces, tél : 05 62 96 09 89 ou 06 14 22 41 36. Cuisine en libre gestion, 1/2 pension à 30 €, nuitée et PdJ à 20 € (réservation). Si vous entrez par la route départementale la maison est à l'entrée du village.

Maubourguet, très bien desservi par la D935 (Tarbes -Aire-sur-l'Adour), permet de se ravitailler car Lahitte-Toupière, à la limite entre le Béarn et la Bigorre, n'a aucun commerce de proximité. On y trouvait aux XVIème et XVIIème siècles une importante fabrication de poterie (toupi : pot de terre), mais de nos jours tout cela n'existe plus, et c'est bien le passage des pèlerins de Saint-Jacques qui permet au village de ne pas être totalement abandonné.

Courage et félicitations car un panneau vous indique que vous avez parcouru 560 km depuis Arles et qu'il vous reste encore 880 km jusqu'au "Champ de l'Etoile" !

L'étape est courte aujourd'hui avec 22 km pour vous permettre de préparer au mieux celle de demain qui en fera 32 !

Maubourguet, l'église Sainte-Marie

Chemin à suivre pour les pèlerins à pied

Dos tourné à la Mairie, s'avancer vers le coin droit de la place et emprunter la rue St-Julien jusqu'au stop - tourner à droite (on retrouve le balisage bicolore). À la fourche, continuer tout droit rue du Pavillon (signe cul-de-sac). A l'intersection suivante, continuer à 11 h (interdiction aux motos).

En haut de la côte, à une intersection en T, prendre à gauche et continuer en longeant une haie à votre gauche et, au début, des arbres à votre droite. 50 m avant d'arriver à un bois, descendre fortement à droite.

A voir, à visiter à Lahitte-Toupière

Eglise gothique. Calvaire. Collines boisées. Rives du Louet.

Accès internet à Maubourguet

Cyber Espace,
188, Allées Larbanés
05 62 96 07 63

Passé sous une ligne de haute tension, arrivé à une route goudronnée, prenez-la, à gauche. Passé une rangée d'arbres à droite, continuer tout droit pour tourner à droite 150 m plus loin (dans un virage de la route à gauche).

Arrivé à un chêne, tourner à gauche. À côté d'un groupe de maisons, prendre à droite une route goudronnée. Au stop, continuer tout droit (chemin 15 T). Voir à cette intersection, derrière vous à gauche, une belle église avec un toit en bois.

Arrivé en bas, continuer sur le chemin avec le signe routier "interdiction d'entrer". Traverser un pont et après le second, tourner tout de suite à gauche. Arrivé à une ligne de moyenne tension qui suit tout droit et un chêne à votre droite, tourner à droite.

En vue d'un peuplier isolé, tourner à droite. Après avoir côtoyé un petit bosquet à droite, tourner à gauche, traverser un pont et continuer tout droit. Suivre longtemps un large chemin agricole, assez bien entretenu et non balisé, sans possibilité d'erreur.

Passer à côté d'une ferme à droite et arrivé à une intersection en T (priorité), prendre à gauche, puis 50 m plus loin à droite.

Arrivé à une ferme dans un virage (lignes électriques venant de droite), tourner à droite. À l'intersection suivante avec une grande croix en bois, prendre à gauche un chemin de terre, qui tourne bientôt à droite, entre dans la forêt et en sort.

On voit une église ressemblant sous cet angle à une fusée spatiale. Arrivé à une intersection en T, prendre à gauche puis longer le mur d'un cimetière, en obliquant deux fois à droite et passer sous une porte de ville en ogive.

Vous êtes à Auriébat. Continuer tout droit (en passant derrière l'église). Arrivé à une grande vierge blanche, poursuivre tout droit (11 h) sur du goudron. Arrivé à un calvaire, descendre à gauche un chemin de terre qui aboutit à une propriété. La contourner par la gauche pour arriver à une route plus importante.

Prendre à droite et 100 m plus loin, emprunter à gauche la direction Maubourguet, et 50 m plus loin au calvaire, tourner à droite (Établissements Lombard).

200 m plus loin, à un noyer à votre gauche, tourner à gauche. Arrivé à une intersection en T, tourner à droite. À l'intersection suivante avec une route goudronnée venant de droite (en vue d'une ligne de haute tension), prendre à gauche un chemin de terre.

À l'intersection suivante en T, tourner à droite en suivant la ligne de moyenne tension. Le chemin tourne à gauche et se transforme en rue des Champs.

À la fourche, en face d'un groupe de platanes, prendre à droite. À une intersection en T (un calvaire), prendre à droite et 100 m plus loin à gauche la rue Plaisance-du-Gers.

À un rond-point, prendre à droite direction Tarbe. Après le pont, tourner à gauche, traverser un pont piéton et emprunter à droite un chemin sur la digue de l'Adour. Traverser une passerelle et continuer jusqu'au pont à votre droite. Tourner à gauche - vous êtes arrivé à l'église de Maubourguet.

Tourner à droite (flèche Chemin Saint-Jacques) - vous êtes arrivé à la place de la Libération avec les halles.

À l'issue de cette place, emprunter à droite la D 935 direction Castelnau, traverser deux ponts, et à une intersection avec un garage, continuer tout droit sur la D 943 (direction Lahitte-Toupière). Après un passage à niveau, tourner à gauche et à la première petite fourche, prendre à gauche pour suivre la ligne de chemin de fer. Le chemin tourne à droite, arrivé au stop, traverser et continuer tout droit.

Traverser une passerelle et continuer tout droit en direction de la forêt.

Vous passez à côté d'un panneau avec une coquille "Arles 560 km, St-Jacques 880 km". Traverser la D 943 et 30 m plus loin, descendre un chemin de terre à droite.

Traverser une petite passerelle (attention ça peut glisser) et poursuivre tout droit. Arrivé à une petite route goudronnée, vous trouverez un panneau explicatif des chemins y compris un embranchement de Lourdes. Traverser ce chemin et monter en face à la lisière de la forêt puis entrer dans la forêt.

Sorti de la forêt, traverser un chemin goudronné et continuer entre deux haies. Croiser un chemin de terre (en oblique) et continuer tout droit (poursuivre les balises jaunes avec le numéro 2).

Il descend entre les arbres, puis remonte le long d'un fossé. Il ressort en face d'un tableau pour les pèlerins (sanitaires et abri-tente à 50 m) de Lahitte-Toupière et à proximité d'un centre de loisirs.

Si vous ne vous arrêtez pas ici, prendre à droite et enchaîner l'étape suivante. Prendre un chemin à gauche (longer le centre de loisirs à droite) qui en quelques minutes vous conduit à la Mairie.

Auriébat

Maubourguet

Située dans le Pays de Rivière-Basse, Maubourguet fut une étape sur le chemin de Compostelle. Siège d'un prieuré bénédictin fondé au XIe siècle, la ville fut fortifiée par les Anglais au XIVe, puis ravagée par les protestants au XVIe siècle, puis encore au cours de la Révolution.

Durant les guerres napoléoniennes, elle fut le théâtre d'escarmouches entre les armées impériales et les armées britanniques de Wellington en 1814.

Le foie gras du Gers...

Ce sont certainement les Egyptiens qui apprécièrent les premiers la saveur des oies qui passaient l'hiver sur les bords du Nil et emmagasinaient des réserves pour le retour. Les romains améliorèrent leur goût en les nourrissant de figues.

La célébrité du foie gras remonte seulement à Louis XV et Louis XVI, et sa publicité lui fut faite entre autres par George Sand, Alexandre Dumas et Rossini. Les Juifs d'Europe centrale furent réputés pour leur production de foie gras, mais naturellement, le Sud-Ouest l'est aussi !

Oies et canards font traditionnellement partie du paysage rural gersois. Le département du Gers et, plus largement, la Gascogne sont depuis longtemps des spécialistes du foie gras sous toutes ses formes.

On peut en effet déguster le foie gras de canard, le foie gras d'oie plus délicat et sans doute plus fin, le foie gras cru ou truffé, le foie gras semi-cuit ou encore le foie gras en conserve… Ce n'est pas le choix qui manque ! Accessible à tous les budgets, le foie gras peut-être accompagné d'un vin blanc liquoreux (de Monbazillac, ou de Sauternes).

Lahitte-Toupière

Lahitte-Toupière est un village situé à la limite du Béarn, de la Bigorre et de la Rivière-Basse. Le nom de la localité fait d'ailleurs référence à cette situation de frontière : le mot gascon " hitte ", ou " fitte ", signifie la borne, la limite. La deuxième partie du nom évoque l'industrie de la poterie, activité traditionnelle du village.

Quand ils ne travaillaient pas à la poterie, les habitants de Lahitte-Toupière cultivaient des terres arables et des vignobles. L'élevage était relativement marginal.

La langue du pays était le gascon, dans une variante locale plus proche de l'Armagnac que de la Bigorre. L'église paroissiale conserve quelques restes de l'église ancienne, datant du XIIème siècle, dans la nef centrale et le bas-côté sud.

L'édifice aurait été partiellement détruit lors des guerres de Religion ; c'est du moins ce que rapporte la tradition. Le clocher est constitué d'un mur percé de deux ouvertures en forme d'arc brisé pour y placer les cloches.

Etape N°26 31.9 km
De Lahitte-Toupière à Morlaàs

 8h40

A **Vidouze** vous avez marché 1 h 10 et parcouru 4.1 km.
A **Momy** vous avez marché 3 h 40 et parcouru 13.6 km.
A **Anoye** vous avez marché 4 h 35 et parcouru 16.9 km.
A **Abère** vous avez marché 5 h 40 et parcouru 20.4 km.
A **Gabaston** vous avez marché 6 h 40 et parcouru 23.9 km.
Au **pont sur le ruisseau le Biarré** vous avez marché 7 h 35 et parcouru 27.9 km.
A **Morlaás** vous avez marché 8 h 40 et parcouru 31.9 km.

Sainte-Foy de Morlaàs

Vidouze
(au lieu-dit Arriagosse)
Chambre d'hôtes chez M. Joël Then, tél : 05 62 96 37 36, 47 € pour 1, 55 € pour 2, table d'hôte à 17 € (piscine).

Anoye
Attention aucun commerces !
Refuge Cami d'Anoye, 10 places, 10 €, tél : 05 59 81 53 08 (M. Puyo), ou 05 59 81 53 45 (M. Reilhé), ou 05 59 81 53 36 (M. Jaegle). Nuitée à 10 €. Cuisine à disposition en libre gestion.

Il ne faut pas traîner en route aujourd'hui, et notre départ ce matin pour le vieux pays (Vic bilh) se fait aux aurores.

Au lieu dit Arriagosse, il faut aller voir l'église Saint Jacques qui possède 2 statues de l'âpotre au-dessus des 2 portes des 2 sacristies. Après 14 km, il est possible de faire une pause à proximité de l'église Saint-Jacques de Momy qui recèle un très beau vitrail représentant saint Jacques.
Il est aussi possible de profiter de l'aire de Compostelle 3 km plus loin à Anoye, où vous trouverez une table en granit avec 2 bancs de pierre.

Morlaàs

Refuge pèlerins au camping, 10 places, nuitée à 5 €, tél : 05 59 33 62 25 (OTSI) ou 05 59 12 00 87 (camping) ou 05 59 33 40 41 (mairie).

Hôtel-restaurant Le Bourgneuf, 3 rue Bourgneuf, tél : 05 59 33 44 02, 43 € pour 1, 47 € pour 2. 1/2 pension autour de 45 €.

Hôtel de France**, 15 place Sainte-Foy, tél : 05 59 33 40 24. Nuitée de 40 à 46 € la chambre. Demi pension entre 48 et 72 €.

Hôtel-restaurant L'Amandier, 6 place de la Hourquie, tél : 05 59 33 41 38, chambres de 26 à 36 €, réservation conseillée, menu du jour 11 €, menu à 18 et 23 € + carte.

Hôtel Curon, 17 place de la Hourquie, tél : 05 59 33 41 97, chambres à 25 €, PdJ 5 €.

A voir, à visiter à Morlaàs.

Eglise romane Sainte-Foy. Eglise à la sortie du bourg. Chapelle de Berlanne. Musée lapidaire : archéologie préhistorique et gallo-romaine, histoire régionale. Fontaine du Paradis. Châteaux : Baratnau ; Bernadetz ; Sarrabat. Anciens moulins.

Accès internet à Morlaàs

Cyber base
Place des Fors,
(bibliothèque municipale)
05 59 33 91 99,
Ouvert de 14 h 17 h,
et samedi matin 10 h 12 h

Les villages s'enchaînent rapidement les uns aux autres, rarement distants de plus de 5 à 6 km, et il n'y a aucun risque de se perdre car même si le chemin tourne de-ci de-là, les balisages souvent superposés les uns aux autres regorgent d'indications en tous genres. Peu à peu nous tournons le dos à la forêt pour rejoindre les plaines fertiles du Béarn.

Morlaàs, terme de cette longue étape, possède au camping un petit refuge en dur avec 8 à 10 places réservées aux pèlerins. Mais l'attraction principale de la fin d'après-midi sera la très belle église Sainte-Foy.

Il faut admirer le portail avec le Christ en majesté entouré des 24 vieillards de l'Apocalypse, et des Apôtres dans les ébrasements du portail. C'était la splendeur de Morlaàs, de 1080 à 1260 à l'époque où la ville était la 2ème capitale du Béarn après Lescar !

Morlaàs, détail de l'église Sainte-Foy.

Chemin à suivre pour les pèlerins à pied

Dos à la Mairie, partez à gauche sur un chemin goudronné (refaire à l'envers la fin de l'étape précédente). A la première intersection, continuer tout droit. À la fourche avec un chêne, prendre à droite - vous vous retrouvez à côté du panneau d'information pour les pèlerins.

Passer tout droit sur le goudron durant 50 m et arrivé à une fourche, emprunter tout droit un chemin gravillonné. Parvenu au macadam, tourner à droite et descendre tout de suite à gauche un chemin herbeux. À la fourche sous les arbres prendre à droite. Ce chemin serpente dans la forêt en descendent fortement. Arrivé à la lisière de la forêt, tourner à gauche et suivre une haie à gauche.

En vue d'un cours d'eau, tourner fortement à gauche puis à droite pour accéder à une passerelle avec deux barrières en bois et l'emprunter (une table de pique-nique à droite). Tourner à droite et suivre la ligne de moyenne tension. Ce chemin très peu balisé, quitte après un certain temps la ligne électrique et poursuit vers le hameau de Molugut. Arrivé à une ferme, traverser une route goudronnée et continuer tout droit. À la fourche suivante, prendre à gauche, le chemin vire à droite (sens interdit à gauche).

À l'intersection suivante (belle ferme à gauche), prendre un chemin de terre à gauche. Ce chemin arrive à une route goudronnée plus importante. La traverser et continuer tout droit vers les arbres. Arrivé face à un mur, tourner à droite dans un petit chemin goudronné. Peu de temps après vous arrivez à la Mairie de Vidouze.

Morlaàs, le majestueux portail de l'église Sainte Foy !

Porte blasonnée à Morlaàs

Tourner à gauche et passer (en descendant légèrement) à côté de l'église de Vidouze. Passer une intersection avec un signe cul-de-sac à droite, puis à côté d'une belle propriété et une croix.

Tournant à gauche et 100 m plus loin, après un pavillon à votre gauche et un chemin goudronné venant d'en face, obliquer à gauche en descendant sous les arbres.

Traverser une petite route goudronnée et continuer tout droit entre les bâtiments de ce hameau. La route goudronnée (devenue plus importante) tourne à droite, la quitter dans ce virage pour un chemin de terre.

Dans la première fourche, continuer tout droit, passer un peu plus tard à côté d'une ruine et suivre le chemin qui tourne à gauche. Il passe sous une ligne de moyenne tension, puis longe un bosquet. Dans un carrefour (votre chemin étant perpendiculaire à une ligne de moyenne tension), continuer tout droit.

Arrivé à un groupe de chênes, tourner à droite. Dans la bifurcation tout de suite après, prendre à gauche. À la fourche suivante (avec un chêne), continuer tout droit. Le chemin oblique à droite, passe sous une ligne de moyenne tension et arrive à une route goudronnée que l'on prend à gauche.

Après le dédoublement de lignes électriques, à côté d'un transformateur en haut d'un poteau, prendre à droite.

100 m après la dernière maison, à une bifurcation, prendre à gauche un chemin qui monte légèrement. À la bifurcation suivante, prendre à gauche en montant (suivre la flèche rouge). Le chemin sort de la forêt et oblique à droite puis il navigue entre les champs et les arbres avec un balisage (rouge, bicolore et parfois des coquilles naturelles) rare mais suffisant.

Arrivé à un petit chemin goudronné avec un panneau "Saint-Jacques-de-Compostelle" prendre à droite (ne plus suivre les flèches rouges). Arrivé à une intersection en T, prendre à gauche une départementale.

Laisser filer à gauche à la première bifurcation, puis 200 m plus loin, en haut de la côte, descendre à droite un chemin (balisage bicolore et coquilles stylisées). À la sortie de la forêt, tourner à gauche et suivre la lisière de la forêt (un balisage globalement très bon).

Passer une passerelle et continuer sur une petite route goudronnée. En arrivant à un hameau, tourner à gauche, puis à une intersection en T (à côté d'une ferme), tourner à gauche, traverser un pont et tourner à droite 30 m plus loin !

Continuer sur un petit chemin goudronné (il y a un hangar à votre gauche). Prendre à droite un petit chemin (très bien balisé) qui monte et entre 300 m plus loin dans la forêt où il commence à descendre.

En sortant de la forêt, en vue d'un lac pratiquement à sec tourner à gauche, continuer à travers une pépinière. Au bout du lac, tourner à droite très fortement (5 h) et longer l'autre rive (le balisage nul). Passer à côté d'une aire de pique-nique à votre droite et 200 m plus loin, emprunter à gauche un chemin herbeux qui monte. Franchir une barrière et continuer sur ce chemin qui oblique légèrement à gauche. Il devient goudronné et arrive aux habitations (le balisage est redevenu correct).

Arrivé à une intersection en T, tourner à gauche et à l'intersection suivante, poursuivre sur la D 224, direction Momy Centre. Passer devant la Mairie de Momy, l'église est devant vous. L'ayant passée tourner à droite et emprunter tout de suite à gauche la D 224, direction Anoye. 30 m plus loin, tourner à droite dans un chemin herbeux.
Laisser filer à droite un chemin qui monte et continuer à descendre.

Arrivé à une route goudronnée (D 224) tourner à droite et la longer sur 1,5 km. Laisser filer à gauche la D 145 pour Baleix et continuer sur la D 224. Entrée d'Anoye. Continuer tout droit. Arrivé à une fourche avec une placette, prendre à gauche direction Mairie, Salle des Fêtes, église. Passer devant l'église (à gauche), le gîte d'étape juste après à droite, continuer tout droit. Arrivé au stop, prendre à gauche, continuer sur la D 224 et peu de temps après la sortie d'Anoye, monter à droite le chemin des Vignes (flèche "Aire de Compostelle").

Suivre le macadam tout droit en ignorant toutes les intersections. Vous arrivez à l'aire de St-Jacques Anoye. Continuer en tournant le dos à cette aire. Arrivé à une route goudronnée perpendiculaire, tourner à gauche et 150 m plus loin, prendre à droite la direction d'Abère (chemin de la Teulere). Ce chemin descend, traverse un pont puis monte et entre à Abère.

À l'intersection suivante, continuer tout droit sur le Chemin du Moulin. À la bifurcation 100 m plus loin, prendre à gauche. Continuer tout le temps sur le même chemin qui monte plus loin en lisière d'une forêt. Arrivé dans un hameau, traverser une route plus importante et continuer tout droit sur le chemin de Lapoudg. 400 m plus loin, le chemin tourne à droite ; continuer tout droit (bien fléché "Chemin de Saint Jacques-de-Compostelle ").

À côté d'une ruine, tourner à gauche puis, arrivé à une route goudronnée tourner à droite. À l'intersection suivante, prendre à droite la D 7 direction Morlaàs, et 50 m plus loin, quitter le goudron pour descendre à gauche dans la forêt. Cette descente se poursuit par un escalier. Arrivé en bas en vue d'une boîte à lettres et d'un poteau électrique, tourner à droite.

Détail de l'église de Morlaàs

20 m avant d'arriver sur une route goudronnée, tourner à gauche dans un chemin gravillonné. Traverser le pont et emprunter à gauche la D 7 sur 250 m. Juste avant la première habitation, prendre à gauche un chemin avec la flèche " Foyer rural ".

Après une maison avec deux grands chênes (à votre gauche), tourner à gauche dans le chemin de la Couette. À l'intersection suivante, continuer tout droit sur ce chemin. Après les habitations, prendre à gauche la rue de Castet.

Après avoir traversé une route goudronnée, continuer tout droit sur un chemin herbeux à côté d'une habitation à votre droite. Arrivé à une route goudronnée, tourner à gauche et, 100 m plus loin, à droite dans une allée herbeuse ombragée par les chênes. 200 m plus loin, tourner à droite en restant à la lisière d'un bosquet.

Arrivé au macadam à côté d'une habitation, tourner à gauche. Continuer sur ce chemin en suivant ses tournants, puis 100 m après un pont, prendre tout droit le chemin Bernat.

Il est bien délimité et bien fléché et louvoie entre les champs et les bosquets. À un moment, il devient très étroit et envahi par la végétation. Traverser un petit pont, peu après, en sortant d'un bosquet, tourner à gauche. Au bout, tourner à droite dans un chemin gris cendre. Quand ce chemin tourne à droite, prendre à gauche.

Le chemin entre dans la forêt, traverse un petit pont, ressort de la forêt et longe une haie à votre droite. 100 m après cette rangée d'arbres, arrivé à un chemin de terre, tourner à droite.

Le chemin tourne à gauche, puis à droite entre les châtaigniers, et arrive aux habitations. Obliquer à gauche et continuer tout droit le chemin Capburgue. Passer à côté d'un garage et continuer le long d'une rangée d'arbres.

À un moment, le chemin oblique à gauche. Traverser une buse et longer une rangée d'arbres à votre droite. Il pénètre dans une forêt. Traverser deux petits ponts et après le deuxième, obliquer à gauche en longeant un cours d'eau. Arrivé au bout de la forêt, tourner à droite.

Traverser la D 943 et continuer en face sur une route goudronnée, puis rue Marcadet direction Morlaàs Centre (D 62). Continuer tout droit, traverser un pont toujours rue Marcadet. Vous arrivez à l'église.

Morlaàs

Succédant à Lescar, Morlaàs devint capitale du Béarn de 1080 à 1260, avant qu'Orthez à son tour n'assurât la primauté. Mais jusqu'au XVème siècle, une cour de justice siégeant à Morlaàs a gardé un rôle important dans le système judiciaire du royaume de Navarre.

Seule l'église Sainte-Foy aujourd'hui témoigne de cette période. Son portail roman du XIème siècle en est la partie la plus intéressante.

Chacune des deux portes est surmontée d'un tympan où sont représentés à gauche le massacre des Innocents et à droite la fuite en Egypte.

Au-dessus, un Christ en majesté est entouré des symboles des évangélistes saint Mathieu (l'ange) et saint Jean (l'aigle). Le cortège de canards montant vers le ciel que l'on peut déchiffrer dans les voussures représenterait selon certains la marche des canards vers Compostelle !

Le Jurançon

C'est le vin du Béarn, celui que goûta le bon roi Henri lors de son baptême. Malgré sa réputation, on le connaît mal et on ignore souvent que l'appellation jurançon produit des vins blancs secs et des vins blancs moelleux.

C'est "le Petit Menseng", cépage noble, qui compose les vins blancs moelleux. Ils sont souvent d'une étonnante richesse aromatique, et soutenant la comparaison avec les sauternes, sont bien adaptés au foie gras et aux abats. Dans de bonnes conditions, on garde ces vins une quinzaine d'années.

Le vin blanc sec est issu essentiellement du cépage "Gros Menseng", qui donne des vins vifs et généreux. Il peut se servir avec des poissons grillés.

En dégustation, on lui trouvera des notes de fruits exotiques, d'ananas, de litchis.

Etape N°27 21 km
De Morlaàs à Lescar

 5h30

A **Rey** vous avez marché 1 h 40 et parcouru 4.7 km.
Au **pont sur l'A64** vous avez marché 3 h 20 et parcouru 14 km.
A **Lons** vous avez marché 3 h 50 et parcouru 15 km.
A **Lescar** vous avez marché 5 h 30 et parcouru 21 km.

Lons
Hôtel-bar Le Carré d'As, 99 bd Charles de Gaulle, tél : 05 59 32 00 73, chambres de 32 à 37 €.

Lescar
Refuge Saint-Jacques au 22 rue Lacaussade, 14 places, demander les clefs à l'office du tourisme, tél : 05 59 81 15 98, ou M. Vital Van Espen au 05 59 81 15 46, nuitée à 10 €, cuisine en libre gestion, lave linge et sèche linge à disposition.

Etap' hôtel, 1 rue du Bilàa, tél : 08 92 68 06 65 (mais assez éloigné du centre bourg).

Hôtel-restaurant La Terrasse, M. et Mme Gireau-Harris, 1 rue Maubec (en bas de la cathédrale), tél : 05 59 81 02 34, chambres à partir de 47 à 51 €, soirée étape à 60 € pour 1 et 90 € pour 2.

Camping Le Terrier, avenue du Vert Galant, (sur la D501, à la sortie de Lescar), tél : 05 59 81 01 82, emplacement à 6 € + 3.50 €.

Sans commentaires !

La cathédrale de Lescar
(photo Mairie de Lescar J.P Auger)

Inutile de vous lever avec le chant du coq car la distance réduite (21 km) de l'étape d'aujourd'hui permet la flânerie, moment bien particulier que connaît le pèlerin qui sait marcher à son rythme.

Cette étape se déroule " page à page " comme un bon roman d'aventure que l'on découvre pas à pas. Cette étape est la transition entre la plaine nue du Béarn et les premiers contreforts de la montagne béarnaise.

On retrouve avec plaisir la forêt domaniale de Bastard communément appelée "Bois de Pau", lieu de balade le week-end des randonneurs et joggers palois. Puis s'enchaînent rapidement la passerelle sur l'autoroute pyrénéenne A64, le passage à proximité de l'hippodrome de Pont Long Pau qui est le

A voir, à visiter à Lescar

Maisons béarnaises à pignons XVIIe, rues du Bialé et de Hiaa. Presbytère à tour octogonale XVe. Ancien couvent des barnabites.

Eglise Notre-Dame, ancienne cathédrale romane. Eglise Saint-Julien, XIe. Chapelle de l'Aviation : chapelle-mémorial. Restes de la tour de l'Esquirette en brique, parties XIIIème et XIVème.

Accès internet à Pau

Cyber
20 rue Lamothe
05 59 82 89 40

deuxième de France après celui d'Auteuil, puis Lons que vous traverserez vite dans sa partie résidentielle et le petit cours d'eau de l'Ousse des Bois qui vous apportera la fraîcheur si vous décidez la pause "casse-croûte" à proximité.

Juché sur une colline qui domine la plaine, le bourg de Lescar, chef-d'oeuvre d'art médiéval avec ses remparts, devrait vous intéresser et notamment la cathédrale et son portail décoré avec 6 coquilles Saint-Jacques, qui nous confirme que nous suivons le bon chemin !

En soirée nous dégusterons avec les amis pèlerins, et avec modération, un petit verre de Jurançon au Bistrot des Oliviers, avant de refermer doucement notre roman et retrouver le gîte des pèlerins déjà assoupi.

Chemin à suivre pour les pèlerins à pied

Dos tourné à la façade de l'église, prendre à gauche la rue des Cordeliers. Arrivé au feu tricolore, traverser et prendre la direction de Pau. Après la gendarmerie, monter à droite la petite rue des Frênes.

Arrivé au stop rue Capdessus, tourner à droite dans un sens interdit. Arrivé à l'intersection suivante avec un stade en face de vous, tourner à droite et au bout du stade, à gauche dans le chemin de la Grabasse.

Continuer de descendre à gauche - après l'établissement scolaire une borne jacquaire en béton. Le chemin entre dans la forêt, continuer à descendre tout droit en ignorant toutes les bifurcations et intersections. Passer à côté d'une ruine, peu de temps après, dans un virage à droite, continuer tout droit (attention un balisage bicolore équivoque) pour sortir sur un chemin de terre, que l'on prend à gauche.

Arrivé à un chemin goudronné, à côté des habitations, le prendre à droite. Arrivé au chemin des Higueres, le prendre à gauche et tourner tout de suite à droite dans le chemin de Casteyrie.

Passer à côté de deux élevages de poulets et, à l'intersection suivante de chemins de terre, tourner à gauche. Passé un pont, le chemin tourne à droite puis à gauche et il monte doucement le long d'une rangée d'arbres.

Quelque 300 m plus loin, laisser filer tout droit le chemin herbeux et prendre à droite un chemin mieux marqué (il sera bordé bientôt de deux rangées d'arbres). Arrivé près des habitations, il devient goudronné. Dans une intersection en T (à proximité d'une belle maison moderne à droite), tourner à gauche dans l'allée de Larricq et, au stop, à droite dans le chemin de Morlanné (un abri bus au coin).

Continuer tout droit sur ce chemin en passant deux stops et au total trois abris bus (peu de balisage) puis tourner à gauche au stop dans le chemin dit Lepetit. Après les dernières habitations en s'approchant des champs, prendre à gauche, puis arrivé à une barrière en face et ayant croisé une ligne de moyenne tension, tourner à droite dans un chemin de terre.

Le chemin croise encore une ligne de moyenne tension, tourne à gauche vers un chêne solitaire puis il tourne à droite, s'approche d'un bosquet, devient goudronné et s'approche des habitations.

Arrivé à une barrière en bois à votre droite la traverser et continuer sur un chemin de terre qui au début longe une haie à votre gauche, puis une route importante.

Il arrive à la forêt de Bastard. Traverser un fossé et pénétrer dans la fôret. Continuer tout droit sur 1ère Allée Est (balisage inexistant hormis une borne jacquaire en béton à votre gauche) qui arrive à une barrière en bois. Traverser une route et garder le même cap sur 1ère Allée Ouest (signe d'interdiction d'entrée de tous les véhicules).

50 m avant la fin de la forêt, prendre à gauche un chemin bien balisé. Sortir de la forêt, vous rencontrez le virage d'une route goudronnée. Rentrer dans la forêt à gauche à côté d'une barrière métallique. Traverser l'autoroute par une passerelle et longer l'hippodrome qui est à votre droite. Arrivé à une rue, tourner à droite et continuer à longer l'hippodrome sur un petit chemin parallèle à cette rue.

Après les tribunes de l'hippodrome, continuer tout droit en empruntant une allée du parc parallèle à cette rue. Au feu tricolore, continuer tout droit et entrer dans Lons par le chemin Salié, traverser un rond-point et continuer assez longtemps tout droit sur la rue Salié. 50 m avant l'arrivée à un stop d'une route importante, tourner à gauche dans un chemin de terre bien indiqué.

Ce chemin tourne à droite, franchit une passerelle puis se transforme en route goudronnée nommée Chemin de Lasbourdettes.

Vous êtes à Lescar. Après un centre canin à votre gauche, prendre à gauche un chemin goudronné en direction d'un château d'eau, et arrivé à son niveau, prendre un sentier à droite.

Il passe bientôt entre les habitations, devient goudronné, tourne à gauche et tout de suite à une intersection en T, laisser à gauche rue la Franz Schubert, prendre à droite rue Cam Loung.

Arrivé au stop, poursuivre tout droit rue Maurice-Cousteau. Continuer tout droit après un autre stop. Arrivé à une route importante, la traverser, tourner à droite et continuer tout droit sur le trottoir de gauche.

50 m après un arrêt de bus (à votre gauche), prendre à gauche la rue du Vallon. Passer le rond point du Vallon et 20 m plus loin, obliquer à droite. Passer devant un cimetière, traverser une chicane à sa gauche et le longer avec un cours d'eau à votre gauche.

Au bout d'une résidence (à votre droite), tourner à gauche en épingle (7 h) et traverser une passerelle, monter vers une cour, sortir par une porte cochère et tourner à droite rue de la Cité. Suivre la route jusqu'à la Cathédrale.

Lescar

Le site de Lescar fut habité depuis l'âge du bronze et des traces de tombes en témoignent. Plus tard, "Beneharnum" sera une importante ville romaine, capitale de la province à qui elle donnera son nom : Le Béarn.

Elle est le siège d'un évêché dès le VIème siècle, mais détruite lors des invasions normandes, la ville sera rebâtie sur la colline au Xème siècle.

Les rois de Navarre de la dynastie d'Albret choisissent d'être inhumés dans la cathédrale dont ils entreprennent la construction.

Pendant les guerres de Religion, sous le règne de Jeanne d'Albret, l'édifice est saccagé. Mais des restaurations importantes menées entre le XVIIème et le XIXème le sauveront de la ruine.

Chœur et transept de cette cathédrale Notre-Dame sont romans. Les chapiteaux historiés présentent des scènes bibliques : Daniel et les lions ou le sacrifice d'Abraham. Le pavement du chœur est une belle mosaïque du XIIème représentant des chasses.

Remarquez le pittoresque personnage de petit archer estropié, à la jambe de bois...

Les vins du Béarn

En marchant, vous apercevrez sûrement les vignes du Béarn : les Pacherencs du Vic-Bilh, c'est-à-dire les "piquets en rang du vieux pays", une appellation confidentielle !

Ce vignoble comprend des vins blancs secs et moelleux dont les arômes frais et parfumés sont forts agréables.

La production se trouve à la frontière de 3 départements : les Hautes-Pyrénées, le Gers et les Pyrénées-Atlantiques.

Le climat doux et tempéré est un atout majeur pour cette culture. Les vieux cépages traditionnels sont toujours privilégiés : l'Arrufiac, le Courbu, le Gros Manseng, le Petit Manseng, le Sauvignon.

Le Madiran, classé AOC et le plus connu, donne un vin rouge très présent en bouche.

Cette vigne implantée par les Romains et mise en valeur vers l'an mil par les moines a traversé toutes les invasions... pour le bonheur des pèlerins de Saint-Jacques puisque l'abbaye de Madiran leur réservait un accueil chaleureux et permit de contribuer aussi à la renommée du vin.

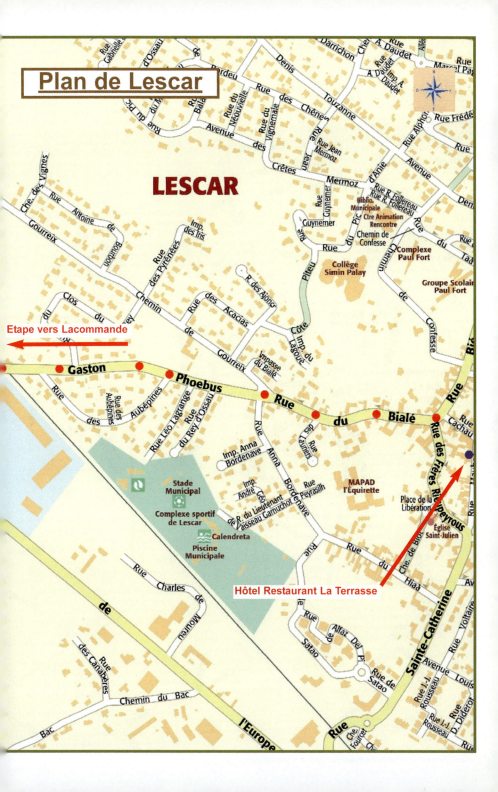

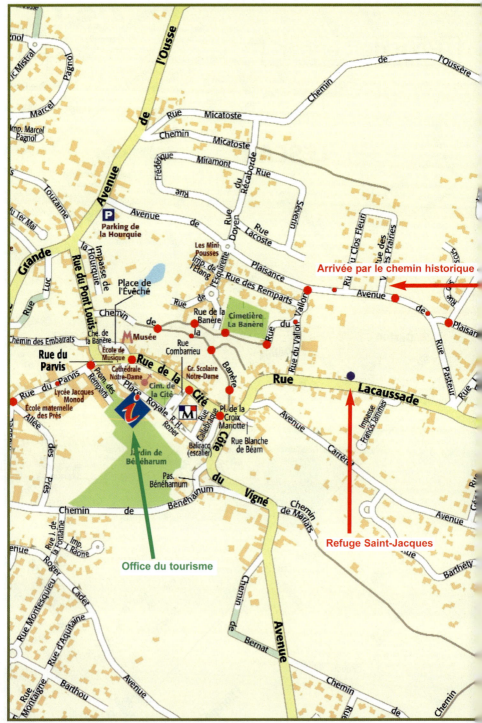

Etape N°28 13.8 Km
De Lescar à Lacommande

 3h45

A **Artiguelouve** vous avez marché 1 h 30 et parcouru 5.4 km.
A **Lacommande** vous avez marché 3 h 45 et parcouru 13.8 km.

Lacommande

Artiguelouve
Hôtel (WE uniquement) restaurant Le Kildara, place d'Aubertin, tél : 05 59 83 00 12. Chambres à 35 € pour 1 et 40 € pour 2, PdJ 4.50 €, menus entre 12 et 18 €, + carte le WE. Reservation obligatoire

Lacommande
Attention aucun commerce.

Gîte d'étape pèlerin, 4 places, cuisine en gestion libre, prendre contact avec M. ou Mme Monart, au tél : 05 59 82 70 39 (ou la commanderie tél : 05 59 82 70 68, les mercredi, samedi, dimanche après midi), pas de réservation possible.

Aujourd'hui, même si vous arrivez le dernier à l'étape, vous serez sans doute le roi du pèlerinage !

L'étape aujourd'hui est si courte (14 km) que les plus courageux devront prolonger vers Oloron Sainte-Marie. Les 3 premiers kilomètres jusqu'au franchissement et de la route nationale 117 et de la départementale 2 sont ennuyeux car assez urbains, mais passés ces deux axes bruyants, on retrouve très vite le calme et la sénénité.

Cependant attention, le dénivelé devient de plus en plus rude après Artiguelouve dans la traversée du Bois-de-Haut et si cette étape est courte c'est aussi pour économiser vos forces pour celle de demain qui (si par malchance il a plu) peut devenir, à

Restaurant La Vieille Auberge Lavigne, tél : 05 59 82 70 29, menu à 12 € midi et soir, fermé le mercredi, réservation conseillée pour déjeuner !

Chambres d'hôtes La Maison Canterou, chez Mme Nousty, sur commune Monein, à 3 km par la D34, (panneau chambres d'hôtes), tél : 05 59 21 41 38 ou 06 70 98 07 07, 1/2 pension à 43 € pour 1, et 65 € pour 2.

A voir, à visiter à Lacommande

Eglise Saint-Blaise, romane XIIème, remaniée XVIème : influences hispano-musulmanes, abside XIIème, au riche décor roman, chapiteaux représentant des scènes profanes, religieuses et décors floraux. Tombes discoïdales au cimetière. Commanderie du Jurançon : accueil et dégustation de vin.

cause de la boue qui colle aux chaussures, l'une des plus épuisantes.

Lacommande possède un petit gîte au pied de l'église Saint-Blaise dont des stèles discoïdales ornent l'arrière du bâtiment. A noter qu'en cas de pluie l'un des côtés de l'église permet un abri de fortune sous un petit toit si le responsable du refuge se fait attendre.

En face, de l'autre côté de la place, se trouve la Maison des Vins La Commanderie de Jurançon, où il sera possible d'acheter de quoi agrémenter votre repas du soir, mais aussi d'acheter d'excellents produits du terroir. De quoi dresser une table royale entre amis pèlerins !!

Souvenez vous qu'en 1553, le futur Henri IV est baptisé d'une goutte de vin de Jurançon, et le vin doré est alors sacré "vin du Roi et roi des vins".

Chemin à suivre pour les pèlerins à pied

Cette étape (tout comme la suivante) est relativement bien balisée. On y trouve aussi des flèches du Camino avec le temps de parcours. Qu'ils nous semblent un peu optimistes ! Ne soyez donc pas surpris d'avoir un temps de parcours de 10, voire 20% plus long que celui des flèches.

Dos tourné au fronton de la cathédrale, prendre à droite la rue qui descend pour passer la porte de la ville.

Continuer la rue du Parvis, passer devant le lycée Jacques Monod à votre gauche. Arrivé à une intersection en face du restaurant "La Terrasse", prendre à droite. Arrivé rue Bié-Grande prendre à gauche et tout de suite à droite rue de Bialé.

Parvenu à une placette, continuer tout droit direction Pau Bayonne, traverser un passage à niveau et, à la bifurcation, continuer tout droit. Au feu tricolore, traverser la N 117 et poursuivre tout droit dans la rue de Batan (indication cul-de-sac), traverser un pont et sortir de Lescar.

Continuer tout droit et sous une ligne de haute tension, bifurquer à droite dans un chemin de terre qui longe un cours d'eau important et passe sous un pont routier. 50 m après le pont, monter à droite sur le pont et traverser le Gave de Pau.

Tout de suite après le pont (panneau " Territoire de Jurançon "), descendre à droite et arrivé à un chemin de terre, tourner à gauche. Passer à côté d'une scierie (à votre gauche), puis prendre le premier chemin à gauche et traverser un tunnel sous la route.

Vous arrivez à un stade. Continuer le long du terrain de sport (en l'ayant à votre droite) et, après avoir dépassé le bâtiment (attention une balise qui peut prêter à confusion), obliquer à gauche pour quitter le stade en passant par un portique comportant une limite de hauteur et prendre à droite un chemin goudronné avec des réverbères qui longe une ligne de moyenne tension.

Traverser un petit pont et poursuivre tout droit. Au stop, tourner à gauche puis à une fourche avec abri bus, tourner à droite et choisir tout de suite à droite le chemin de Biroulet. Vous êtes à Artiguelouve.

Dans un rond-point, tourner à gauche. Arrivé au bout, prendre à droite le chemin Junquaa qui traverse tout de suite un pont. Tourner à gauche en longeant à votre droite un bosquet.

Au stop, prendre à droite en passant à côté de l'hôtel-restaurant. Juste après le restaurant, à la fourche avec un calvaire, prendre à droite le chemin du Cinquau (sens interdit et signe cul-de-sac).

À la fourche, continuer de monter tout droit avec les vignes à votre droite. Entrer dans la forêt par le chemin de gauche (interdiction de véhicules à moteur). Continuer à monter tout droit. Le dénivelé de cette première montée est de 120 m. Le balisage est peu présent.

Peu après le point le plus élevé de cette partie, on atteint une intersection en T avec un chemin goudronné et un mur derrière. Tourner à gauche et 100 m plus loin, prendre à droite un chemin de terre qui descend (panneau déconseillant au VTTistes de continuer ce chemin et suggérant un contournement).

Après une descente assez raide (attention aux glissades sur le sol mouillé), traverser une buse et remonter, ignorer un chemin qui remonte à gauche et poursuivre à la lisière de la forêt (en l'ayant à votre droite), emprunter un virage à gauche en épingle à cheveux et continuer de monter. Arrivé à un chemin forestier plus important, continuer tout droit (c'est-à-dire à gauche).

Parvenu à une route goudronnée, tourner à droite (une borne jacquaire en béton). Dans le hameau en face d'un transformateur, choisir à gauche le chemin des Palombières.
À la fin des habitations, continuer de descendre le chemin goudronné.

Au point où le chemin commence à remonter légèrement, prendre un chemin forestier à gauche.

À la fourche après une palombière, prendre à gauche. Arrivé à un chemin plus important, le traverser en biais et poursuivre tout droit.

Continuer à descendre et traverser une rigole. Descendu tout en bas, prendre à droite un chemin qui ne monte pas (le premier chemin à votre droite), puis obliquer à droite et continuer à la lisière de la forêt (qui se trouve à votre droite).

Le chemin tourne à gauche, poursuivre à la lisière de la forêt (qui se trouve à votre gauche). Passer à côté d'une ferme et continuer tout droit sur le chemin goudronné. À l'intersection suivante (une route venant de droite), poursuivre tout droit chemin de Labory.

Le chemin tourne à droite, puis à gauche et passe à côté d'une ferme abandonnée et arrive à une intersection en T, tourner à droite et traverser un pont. Arrivé à une intersection avec une borne d'incendie, tourner à gauche.

Après avoir rencontré une ligne de haute tension, quitter le goudron et tourner à gauche.

Rester sur un chemin qui tourne à droite et longe une ligne électrique avec un seul câble. Passer à côté d'une ferme (à votre gauche) et continuer tout droit sur un chemin herbeux. Ce sentier entre dans un petit bois puis progresse à la lisière (les arbres se trouvent à votre gauche).

Traverser un petit pont et entrer entre les habitations. Arrivé à une route importante, prendre à gauche et obliquer rapidement à droite. Passer par une petite rue piétonne et aboutir devant l'église de Lacommande.

Lacommande

A la fin du XIème siècle et au début du XIIème siècle, suite à la Reconquista dans le nord de l'Espagne, Saint-Jacques-de-Compostelle attire de plus en plus de pèlerins.

Le vicomte de Béarn, Gaston V le Croisé, fait la promesse au pape de veiller à la sécurité des pèlerins empruntant la voie d'Arles.

Cette promesse correspond aussi à un calcul politique : en incitant de nombreux pèlerins à passer par le col du Somport, Gaston V pouvait espérer entretenir une relation privilégiée avec l'Aragon. Il fonda ainsi un ensemble de haltes, dont Lacommande fait partie, où les moines hospitaliers offraient aux pèlerins le gîte et le couvert.

De l'église romane restent quelques chapiteaux, tandis que le clocher, plus récent, date du XIIIème siècle. Le cimetière recèle de très belles stèles discoïdales qui étaient à l'origine dans le cimetière des moines hospitaliers.

Lacommande a retrouvé sa vocation d'accueil des pèlerins. La ville est aujourd'hui un lieu d'exposition et abrite la Maison des vins de Jurançon.

Le Béarn

A l'époque romaine, cette région fait partie de l'Aquitaine, elle est peuplée par les "Venarni". La période qui suit l'éffondrement de l'Empire Romain est mal connue. Mais on sait que les invasions se succèdent : Vandales, Alains, Suèves, Wisigoths dévastent le pays. Puis les Basques à leur tour l'occupent.

Le pays est christianisé vers les VIe VIIe siècles, les Carolingiens y installent des vicomtes dépendant des comtes de Gascogne. Louis le Débonnaire en fait plus tard un fief héréditaire, et le Béarn traverse toute la période médiévale sans aliéner sa liberté. Sa participation à la lutte contre les Arabes aux côtés de l'Aragon lui procure un important butin.

C'est alors que sont construites, au long du Chemin de Saint-Jacques, de nombreuses églises romanes. En 1465, le Béarn passe à la famille d'Albret. En 1527, Henri II d'Albret épouse Marguerite de Navarre, sœur de François Ier. Leur petit-fils, Henri de Navarre hérite alors du trône de France, sur lequel il monte après sa conversion au catholicisme, devenant alors notre bon roi Henri IV. Le Béarn garde pourtant son autonomie, jusqu'à ce que Louis XII, en 1620, l'unisse à la France. Mais son parlement subsistera jusqu'à la Révolution.

Lescar - Lacommande

Etape N°29 20 km
De Lacommande à Oloron-Sainte-Marie

5h

Au **Haut-d'Estialescq** vous avez marché 2 h 30 et parcouru 9.3 km.
A **Goès** vous avez marché 4 h 30 et parcouru 16.4 km.
A **Oloron Sainte-Marie** vous avez marché 5 h 35 et parcouru 20 km.

Détails du portail de la cathédrale Sainte-Marie d'Oloron

Estialescq
Chambres d'hôtes chez Mme Péricou, (centre bourg), tél : 05 59 39 99 11, 1/2 pension 32 € par personne. maisonnaba@aol.com

Oloron-Sainte-Marie
Hôtel de France, 21 avenue Sadi-Carnot, tél : 05 59 39 01 63, chambres à partir de de 35 € pour 1 ou 2 personnes.

Hôtel de la Paix**, 24 avenue Sadi-Carnot, tél : 05 59 39 02 63, chambres de 44 à 53 €.

Le programme de cette journée est assez simple : 20 km de calme dans les forêts du Laring, du Bois d'Oloron et de Goès. Puis très vite l'arrivée à Goès. Il est impératif de prévoir dans cette étape de quoi déjeuner ce midi car le ravitaillement est impossible.

Si l'étape est courte, c'est qu'il y a de bien belles choses à voir à Oloron. Construits sur 3 collines distinctes, ce sont 3 villages qui au Moyen-Age se disputèrent le pouvoir les uns sur les autres.
En 1080, le quartier Sainte-Croix est un bourg d'étape pour les pèlerins de Saint-Jacques, c'est ce qui deviendra Oloron. En face, c'est le quartier épiscopal de Sainte-Marie qui possède la Cathédrale.

Logements accueil pèlerin et chambres d'hôtes chez M. Chouraqui, 18 rue de Révol, tél : 05 59 36 10 13, nuitée 12 €, PdJ 5 €. Table d'hôtes pâtes et pizza.

Gîte communal pour pèlerins et randonneurs Le Bastet, place de la résistance, tél : 05 59 39 98 00 (office du tourisme), 14 places.

Centre hébergement Le Bialé, 10 rue de Révol, tél : 05 59 39 15 29, mais donne la priorité aux groupes scolaires. Nuitée à 12 €.

Hébergement du Centre Nautique de Soeix, tél : 05 59 39 61 00, nuitée à 12 € en chambre de 6 ou 8, cuisine en libre gestion. A 4 km d'Oloron sur le chemin vers Eysus au hameau de Soeix, à 300 mètres du chemin. Réservation impérative.

Camping gîte du stade, (1.5 km du centre ville, accès direct par la rue Révol), chemin Lagravette, tél : 05 59 39 11 26, nuitée à 6 €.

A voir, à visiter à Oloron Sainte-Marie

Cathédrale Sainte-Marie. Musée du patrimoine. Espace muséographique de présentation d'Oloron. Ancien hôtel de ville et prison. Ancien couvent des cordeliers.

Accès internet à Oloron

Cyber Base
48 rue Barthou
05 59 39 56 13

Cybercafé Chabanne
Place de la cathédrale
05 59 39 03 39

Vous voilà aux portes de la vallée d'Aspe, et c'est le gave d'Aspe que vous allez longer dans les 3 prochaines étapes.

Il faut admirer le Trésor de la cathédrale Sainte-Marie, composé du chapier de l'orfèvrerie et de la crèche, mais aussi le passage Monseigneur-Saurine, l'église Sainte-Croix, la Maison du Patrimoine, la Tour de Grède, les Remparts, la Promenade Bellevue, la place Saint-Pierre, le parc Pommé. On ne peut malheureusement pas tout voir en une demie après-midi.

Le refuge du Bialé accueille en priorité des groupes de jeunes et sa disponibilité est donc incertaine, surtout durant les mois d'été de juillet et août, renseignez-vous !

Dans la même rue 50 mètres plus loin, la maison de monsieur Chouraqui saura vous accueillir au mieux avec un bel accent chantant en provenance du Québec, et nous ne saurons mieux vous conseiller d'y déguster la très bonne pizza maison...

Oloron Sainte-Marie, la cathédrale

Chemin à suivre pour les pèlerins à pied

Dos à l'église et le point de vente du vin de Jurançon à votre droite, prendre un chemin à gauche. À la première intersection, tourner à gauche (9 T).

En haut de la côte, juste en face du cimetière (point d'eau au fond à côté de l'autre entrée) tourner à droite, le chemin longe une ligne de moyenne tension. 50 m avant d'arriver à un portail, prendre à gauche (une borne jacquaire en béton).

Le chemin entre dans la forêt communale de Lacommande. Après une clairière, tourner en épingle à droite (c'est une petite montée de quelque 120 m). Continuer sur le chemin bien balisé. Arrivé à une intersection en T, prendre à droite et presque tout de suite descendre à gauche. Plus loin, à une vague fourche, prendre à droite. Arrivé en bas, traverser un ruisseau sur les pierres et poursuivre tout droit.

À l'intersection suivante avec une route goudronnée, continuer tout droit et 20 m plus loin à la fourche, obliquer à gauche. Ce chemin (peu balisé) est assez évident (étant très boueux on y trouve de petites déviations sauvages pour éviter les plus grosses flaques, mais on ne trouve pas de chemins secondaires ni bifurcations). Après un parcours à plat, il recommence à monter (cette montée assez douce n'est que de 70 m) puis descend.

Après une ultime montée, on rencontre une route goudronnée sous une ligne de haute tension (une borne en béton " lieu-dit Peyre-Blanque "). Continuer tout droit à la lisière de la forêt (en l'ayant à votre droite). Le chemin se poursuit entre la forêt et une rangée d'arbres (il est assez difficile à marcher, on peut longer par le champ).

Puis il entre dans la forêt et descend légèrement puis fortement (il est très raviné et pourrait être dangereux par temps humide ; un bourdon ou encore mieux, les bâtons de marche, peuvent être d'un grand secours) . Peu de temps après un fort virage à droite, une fausse bifurcation (deux chemins qui se séparent pour se rejoindre peu après).

Moulure de soubassement à La cathédrale d'Oloron

Traverser une route goudronnée et continuer tout droit en face. Traverser un petit pont et tourner à gauche sur un chemin qui monte (encore 90 m de dénivelé). Arrivé tout en haut, prendre à gauche et à la fourche suivante, laisser filer un chemin à droite et continuer sur la crête.

Sorti de la forêt, longer un bosquet (à votre gauche) puis arrivé à une route goudronnée, monter à droite. Vous êtes à Estialescq sur le chemin Carrère.

Poursuivre tout droit. Après un calvaire à la fourche, prendre à droite puis, en face de la plaque chemin de Nava (à votre droite), prendre à gauche un chemin de terre qui descend fortement, sort de la forêt et passe à côté d'une ruine, devient goudronné et entre dans un hameau.

Arrivé à une intersection en T avec une route plus importante, tourner à droite et tout de suite descendre à gauche le chemin de Latapie.

Traverser un pont et arrivé à une route goudronnée de Manechal, tourner à droite et quelque 300 m plus loin monter à gauche un chemin de terre de Majourau.

Arrivé à un bosquet d'arbres, monter à gauche un chemin empierré. Arrivé en haut à une intersection en T, tourner à gauche (c'était votre dernière montée de l'étape de 100 m). Tourner à droite dans le premier chemin de terre possible (une borne jacquaire en béton). Le chemin tourne bientôt à gauche. Arrivé à une bifurcation avec un pont à votre gauche, prendre à gauche, traverser ce pont et monter.

Arrivé à une intersection en T, prendre à droite. A une intersection après un portique pour les enfants, prendre à gauche. Passer successivement devant des anneaux de gymnastique, un rouleau, une échelle et poursuivre le parcours de fitness. Peu après un poids jaune à soulever, tourner à droite direction Goès et longer un chemin à la lisière qui surplombe la départementale.

Rentrer dans le bois, traverser un pont avec une chicane, tourner à gauche et ressortir sur une pelouse, atteindre le macadam et prendre la D 24 à droite. Après l'entrée à Goès et avant le pont, prendre à droite et continuer tout droit en longeant l'Escou à votre gauche. Traverser le pont à gauche et arriver à la place de l'Église. Arrivé au rond-point, prendre à droite Avenue Jean-Mermoz.

Vous sortez de Goès et entrez à Oloron. Continuer toujours tout droit (traverser le pont de chemin de fer, arriver à un carrefour et poursuivre tout droit direction Notre-Dame, puis Place Gambetta) jusqu'à l'église de Notre-Dame à votre gauche. Continuer tout droit par la place Amédée-Gabe, traverser le pont sur le Gave d'Ossau, poursuivre par la rue de la Justice.

Arrivé à la place Léon-Mendiondou, tourner à droite et traverser le pont sur le Gave d'Aspe, continuer tout droit puis tourner après la poste place du Gal-de-Gaulle et emprunter la rue de la Poste. Arrivé au parking, obliquer à gauche et suivre une allée piétonne surplombant le Gave d'Aspe, sortir par une chicane, vous êtes place Mendès-France.

Traverser la place et prendre à gauche, tourner à droite dans la première rue, rue de Révol. Au bout prendre à droite la rue de la Cathédrale et arriver tout de suite à la Cathédrale à votre gauche.

Le pacherenc du vic bilh

Le nom de ce vin vient du gascon "bi de bits de pacherads" (vin de vigne en échalas) et de "vic bilh" (vieux pays). On parlait parfois de vin de Portet (village des environs de Viella) jusqu'à ce que le pacherenc bénéficie d'une appellation contrôlée en 1948.

La production de ce vin a véritablement progressé à partir des années 1980, période pendant laquelle on relança à Viella la coutume des vendanges de la Saint-Sylvestre.

La récolte s'étale de la première quinzaine d'octobre à la fin novembre, voire plus tard encore pour le pacherenc moelleux.

La pratique des vendanges tardives est rendue possible par une arrière-saison douce et ensoleillée : le raisin est alors à pleine maturité.

De la Saint-Albert (15 novembre) à la Saint-Sylvestre ont lieu les vendanges tardives pour fabriquer un vin liquoreux. Les fruits sont alors "passerillés", c'est-à-dire blettis par le soleil et le froid et très concentrés en sucres.

Ce vin tardif, qui peut atteindre jusqu'à 19 degrés d'alcool naturel, a des arômes de miel et d'épices.

Oloron-Sainte-Marie

Le site sert d'étape lors de la conquête de l'Espagne par les Romains, elle portait alors le nom de "Iluro". Devenue un lieu de marchés, elle sera détruite lors des invasions normandes et ses populations seront dispersées.

Au XIème siècle, c'est Centule V, vicomte de Béarn, qui fait construire une nouvelle ville d'Oloron sur le site de l'ancien oppidum romain.

Le lieu bien protégé attire les populations auxquelles l'acte de "población" accorde des privilèges juridiques et économiques.

Entre-temps, sur la terrasse alluviale plus basse, l'ancienne Iluro, devenue Sainte-Marie depuis la construction d'une chapelle dédiée à la Vierge, se développe à nouveau.

Mais cette partie basse de la ville passe aux pouvoirs des évêques lorsque Gaston VI est compromis avec les Albigeois. C'est ainsi qu'apparaissent 2 cités séparées : Oloron la ville du vicomte, et Sainte-Marie la ville épiscopale.

Huit siècles de rivalité vont suivre avant que la réunion des deux ne soit imposée sous Napoléon III en 1858. L'ancienne cathédrale Sainte-Marie possède sous son clocher-porche un magnifique portail roman en marbre des Pyrénées. C'est un formidable livre d'images reprenant des scènes de l'Ancien et du Nouveau Testaments.
Les voussures abritent des petits croquis de la vie paysanne pleins de charme et de pittoresque : chasse au sanglier, réalisation d'un tonneau, fabrication d'un fromage ou plumage d'une oie.

A l'intérieur, admirez la très belle crèche à santons de bois peint du XVIIème ou le buffet d'orgue de 1650.

Oloron-Sainte-Marie a vu passer depuis longtemps des pèlerins de Saint-Jacques qui prenaient la route du Somport. Pour rappeler ce passé, la municipalité a fait placer dans les quartiers historiques des statues qui évoquent "les marcheurs de Dieu".

Maisons au bord du gave à Oloron

Lacommande - Oloron-Sainte-Marie

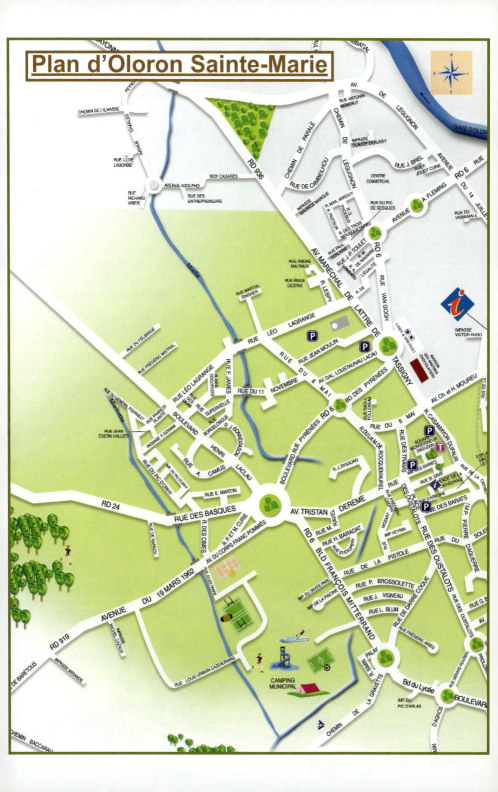

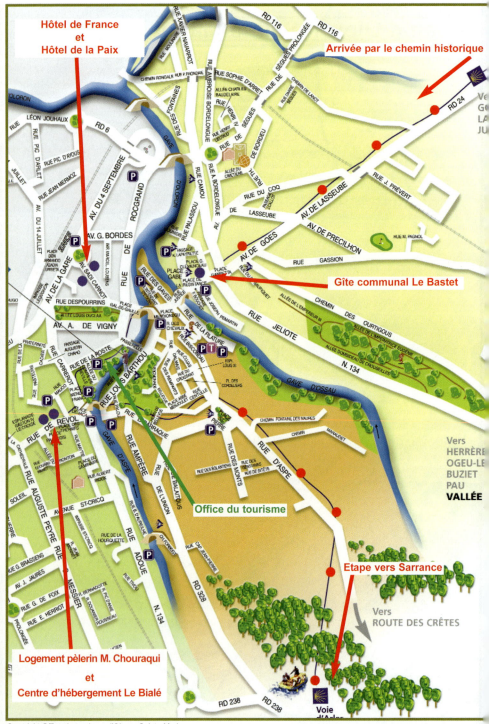

Etape N°30 21.8 Km
De Oloron-Sainte-Marie à Sarrance

5h50

A **Eysus** vous avez marché 2 h 15 et parcouru 8.4 km.
A **Lurbe-Saint-Christaud** vous avez marché 3 h 30 et parcouru 12.7 km.
A **Escot** vous avez marché 4 h 40 et parcouru 17.6 km.
A **Sarrance** vous avez marché 5 h 50 et parcouru 21.8 km.

Petit sentier pour rejoindre Sarrance

Lurbe-Saint-Christau
Boulangerie, épicerie, boucherie, bar.

Résidence Saint-Christau, tél : 05 59 34 29 29, location d'appartement en studio 1 ou 2 place(s) partir de 42 €, avec petite cuisine. PdJ à 7.50 €.

Hôtel-restaurant Au Bon Coin***, tél : 05 59 34 40 12, chambres à 56, 66 et 88 €, réservation souhaitée.

Hôtel-restaurant des Vallées**, tél: 05 59 34 40 01, M. Lucion. Nuitée en dortoir, à 10.50 €, assiette du pèlerin à 10 €, 3 menus à 17 € + carte.

L'étape se présente aujourd'hui sous deux aspects différents. La première partie suit de près ou de loin les petites routes secondaires en prenant bien le soin de les éviter au maximum quand cela est possible et jusqu'à Escot il n'y a aucune difficulté majeure.

Après Escot, il faut longer le gave sur un chemin à flanc de montagne avec quelquefois un passage très réduit pour poser ses pas ! Vous pourriez observer les beaux tunnels créés par la végétation luxuriante au dessus de votre tête, mais nous vous conseillons de bien regarder là où vous mettez les pieds ! Sarrance est un petit village qui possédait autrefois une communauté religieuse dans une abbaye, mais faute de vocations et à cause d'un matérialisme toujours plus

Sarrance
Bar, boucherie, restaurant, épicerie
Auberge de Sarrance.

Accueil et hébergement pour pèlerin au Monastère Notre-Dame, 6 places, tél : 05 59 34 54 78, nuitée à 8 €, cuisine en libre gestion. Laisser un message sur le répondeur pour prévenir de votre passage. Ouvert de mai à fin août.

Osse-en-Aspe
(à proximité de Sarrance à 1.5 km)
Epicerie.

Gîte les amis de Chanëu, contacter Mme Lassalle, tél : 05 59 34 75 60, ou 06 88 86 95 11, 26 places, nuitée 10 €, cuisine en libre gestion.

A voir, à visiter à Sarrance
Cloître et église. Musée à la chapelle Notre-Dame-de-la-Pierre. Ecomusée de la Vallée d'Aspe : reconstitution d'un pèlerinage en 1930, spectacle audio-visuel, histoire du village.

destructeur de vie dans les campagnes, la communauté a quitté les lieux. Le curé, fidèle à son engagement, perpétue toujours l'accueil des pèlerins.

L'eau qui coule sur la place du village en face de l'abbaye Notre-Dame possède de nombreuses vertus guérisseuses. On vient de loin pour la boire !

Dans le creux de la vallée d'Aspe

Chemin à suivre pour les pèlerins à pied

Départ de la cathédrale Sainte-Marie, portail principal dans votre dos. Traverser sur votre gauche le parking et emprunter au fond de celui-ci la rue Révol qui descend vers le Gave.

Franchir le Gave d'Aspe, et après celui-ci tourner à droite pour emprunter la rue Labarraque. Laisser la rue Ampère à droite. A mi-pente, emprunter sur votre gauche (à la hauteur du N° 43 sur la gauche, coquille jaune sur fond bleu) les escaliers qui montent.
En haut de ces escaliers, virer à gauche, puis tout de suite à droite et laisser sur la droite une statue en bronze de la Vierge Marie, et plus loin laisser l'église Sainte-Croix sur la droite. Laisser la rue Dalmaison à gauche. Au bout de la ruelle et face au n°21, tourner à droite vers la place Saint-Pierre.

Emprunter au fond de la place (légèrement à gauche) la rue d'Aspe, et laisser ensuite la rue de Bitète sur la droite. Après 400 mètres, laisser le cimetière Sainte-Croix sur la gauche. Puis après 300 mètres, laisser un calvaire à droite.

Au carrefour suivant (4 bancs en bois sous des platanes), tourner à gauche par la D338 vers la forêt du Bager. Après 500 mètres, tourner à droite par un chemin en sous-bois qui monte fortement. Poursuivre plus loin (à la fourche à droite) pour prendre à gauche après un virage, puis à droite. Le chemin longe une clôture à gauche, sur laquelle le balisage est visible.

Au carrefour suivant, à proximité d'un groupe de maisons, continuer tout droit par la route qui monte sur la gauche. Après 150 mètres au panneau de bois à droite, tourner à droite et parcourir 600 mètres pour retrouver plus loin la route bitumée.

Emprunter la route des Crêtes sur la droite (fléchée aussi vers Arudy, forêt du Bager). Après 150 mètres, laisser la route qui descend. Parcourir 900 mètres et à la fourche, virer à droite vers la forêt du Bager, puis après 70 mètres descendre la route de Habas à droite. Parcourir 400 mètres pour franchir ensuite un cours d'eau qui coule vers la droite. Emprunter ensuite un chemin sur la gauche (en laissant la clôture sur votre gauche).

Au carrefour, emprunter le sentier des Ecoliers qui descend (panneau indicateur voie d'Arles à gauche), et franchir plus loin un tout petit ruisseau. Poursuivre tout droit par la route qui remonte, puis au calvaire Jubilé 1875, tourner à gauche, laisser la mairie sur la gauche et emprunter plus loin la route des Thermes.

Parcourir 250 mètres et à la fourche suivante, emprunter au milieu la route indiquée avec une borne en granite gris, ornée d'une coquille Saint-Jacques. Sur la D638 au carrefour, tourner à gauche par la route qui monte vers les Thermes de Saint-Christau. Laisser sur votre gauche l'accès aux bâtiments. Ne pas quitter la petite route, pour laisser plus loin sur votre droite la petite chapelle.

Au carrefour suivant, virer à droite par la D918 fléchée vers Lurbe 1 km, Col du Somport 49 km. Plus loin, laisser l'hôtel-restaurant Au Bon Coin** à gauche.

Le cloître de Sarrance

Rejoindre après 600 mètres le bourg de Lurbe. Dans le bourg virer à gauche (monument aux morts au milieu) vers Escot.

Dans la rue principale du village franchir un pont en laissant après celui-ci une croix à droite, pour tourner après 250 mètres à droite (balisage visible), et délaisser le balisage bicolore à gauche, pour tourner plus loin après 200 mètres à gauche, et quitter le village par une route qui se transforme plus loin en chemin vers les champs, en descendant.

Le chemin serpente de ci de là sur 900 mètres et se rapproche du Gave d'Aspe (que vous entendez sur votre droite). Au pont que vous laisserez sur votre droite, virer à gauche par un chemin qui se fait de plus en plus étroit après 200 mètres. Franchir un ru (cailloux pour passer à pieds secs), et emprunter ensuite sur la gauche le chemin qui monte vers la route.

Sur cette route, tourner à droite. Parcourir 1300 mètres et laisser sur la gauche la route du Col de Marie-Blanque, pour rejoindre le bourg Escot.

(Attention prudence ! A partir d'Escot le chemin se poursuit au-dessus du gave d'Aspe, il est très dangereux au VVT de s'y risquer, le sentier faisant à certains endroits 50 cm de large au dessus d'un "à pic" sur votre gauche de 40 mètres. Il est conseillé au VTT de poursuivre par la RN134, dangereuse elle aussi !).

À Escot franchir la route nationale 134, le pont, et après celui-ci, tourner à gauche par un tout petit sentier qui domine le gave d'Aspe. Passer sous l'ancienne voie ferrée SNCF, passer une passerelle en bois, et poursuivre sous la végétation qui finit par recouvrir le chemin.

Au niveau d'une bergerie abandonnée et en ruines, passer entre ces ruines pour virer à gauche sur le chemin situé au-dessus. Franchir la porte métallique (coquille stylisée), et descendre le chemin gravillonné sur 20 mètres pour emprunter ensuite à droite le sentier qui monte à flanc de montagne.

Après 2 km environ, à la chapelle Ex-Voto (Paroisse d'Uzein) sur votre gauche, passer le portail métallique (coquille stylisée), et rejoindre la grand route à gauche (RN134). Sur celle-ci, tourner à droite et rejoindre après 250 mètres le centre bourg de Sarrance à droite. Rejoindre la place de l'église Notre-Dame (fontaine d'eau potable sur la place de l'église).

Escot

Initialement appelé Scot (1096) Eschot (1154), puis de nouveau Scot (1187), puis Escot au XVIIIème siècle. Ce village tirerait son nom de la reine d'Escot, qui désigne le col, le passage de la montagne.

Escot est également le premier village de la vallée d'Aspe. C'est d'ailleurs dans ce lieu que d'après le "For d'Aspe", quand le vicomte du Béarn pénétrait dans la vallée, il devait se soumettre à un rite.

Il mettait les pattes antérieures de son cheval au milieu du ruisseau appelé Tou (Arricoutou) et devait réciter: "Le val d'Aspe fut avant le seigneur et n'a sur la vallée que les droits donnés à lui par ses habitants".

Sarrance

Après cette cérémonie, on échangeait des otages entre les vicomtes et les Aspois. Même Louis XI lors de sa visite dut se soumettre à ce cérémonial. Une légende indique aussi qu'à Escot existait un rocher prolifique sur la rive gauche du gave, qui se dressait fièrement et se nommait "Rouquet de saint Nicolas". Il rendait les femmes fécondes si elles consentaient à s'y frotter le ventre.

Mais Escot, traversé aussi par le chemin de Saint-Jacques-de-Compostelle, est connu par les amateurs de courses cyclistes pour le col de Marie-Blanque qui relie la vallée d'Aspe à la vallée d'Ossau.

Communauté de communes de la vallée d'Aspe.

Sarrance

Sarrance se trouve sur la route du col du Somport, l'un des grands chemins de Compostelle. En 1345, des Prémontrés quittent l'abbaye de Saint-Jean-de-la-Castelle dans les Landes pour s'installer à Sarrance. Ils y côtoient les bergers du Béarn et les nombreux pèlerins de Saint-Jacques.

En 1385 a lieu "la visite des Trois Rois Mages". Le premier est Gaston Phoebus, qui n'est pas roi mais comte de Foix et vicomte de Béarn. Les deux autres sont Charles, roi de Navarre et déjà connu sous le nom de "Charles le Mauvais", et Pierre IV, roi d'Aragon. Derrière le Pic d'Anie, en haut de la vallée d'Aspe, se trouve la Table des trois rois.

Sarrance sert de halte aux personnages de l'Heptaméron, œuvre composée à la Renaissance par Marguerite, reine de Navarre.

Les guerres de Religion frappent durement la ville. Jeanne d'Albret, fille de Marguerite et mère d'Henri IV, était passée à la Réforme. "On a brûlé quelques villages et déniché l'idole de Sarrance" (7-8 avril 1569), écrit le secrétaire de Jeanne. Sarrance est pillée et brûlée.

Des règlements sévères interdisent le culte catholique en Béarn, et tous les domaines religieux sont volés par le pouvoir en place.

Achetée d'abord par un capitaine protestant, Sarrance est vendue ensuite à la Communauté de Bedous.

L'Edit de Nantes rétablit la liberté du culte en Béarn, mais ne restitue pas encore les biens. Les Prémontrés rachètent Sarrance en 1605, et la reconstruction commence. L'église et le cloître actuels datent de cette époque, rares et beaux exemples de style baroque en Béarn.

Vous êtes sur le bon chemin... à Eysus !

Les gaves

Un gave est le nom générique des torrents du Béarn et de Bigorre. Ceux-ci prennent leur source dans les Pyrénées et se jettent presque tous dans le Gave de Pau (aussi nommé Grand Gave) qui à son tour alimente l'Adour.

Le nom de gave (gabarrus en latin dans des textes du VIIIème siècle) est peut-être d'origine pré-celtique. Le radical gaba signifierait " rivière encaissée ". On retrouve ce radical dans divers noms du Midi de la France : Garravet, Gavarret, Gabali, Gabardan, etc.

Voici la définition qu'en donne l'Encyclopédie de Diderot et d'Alembert :

Gave : ce nom est commun à plusieurs rivières de Béarn, qui toutes ont leurs sources dans les Pyrénées, aux confins de l'Aragon : telles que sont le Gave d'Aspe, le Gave d'Ossau, le Gave d'Oloron, le Gave de Pau. La rapidité de ces Gaves est cause qu'ils ne portent point de bateaux ; mais ils sont très poissonneux.

Etape N°31 22.9 Km
De Sarrance à Borce

6 h

A **Bedous** vous avez marché 2 h 30 et parcouru 9 km.
A **Accous** vous avez marché 3 h 40 et parcouru 13 km.
A **Borce** vous avez marché 6 h 10 et parcouru 22.9 km.

En cheminant paisiblement vers Accous

Bedous

Gîte d'étape Le Mandragot, place François Sarraille, (place de l'église), tél : 05 59 34 59 33, 28 places, demander Wilfried. Nuitée à 10 €, pas de repas mais cuisine en libre gestion.

Chambres d'hôtes chez M. et Mme Teisseire, tél : 05 59 34 70 19, ou 06 31 33 84 13, (à la sortie du village vers Aydius, coquille sur le portail), nuitée à 27 € pour 1, 34 € pour 2.

Chambres d'hôtes et restaurant Chez Michel, tél : 05 59 34 52 47, rue Gambetta, 45 € pour 1 ou 2 personnes. M. et Mme Abrioux. Pour le restaurant menu à 16 et 20 € + carte. Déjeuner en semaine (midi) sauf we à 10.50 €.

C'est encore sur de minuscules chemins que l'on avance, laissant tantôt sur votre gauche, tantôt sur votre droite le gave d'Aspe qui rejoint Oloron plus bas dans la vallée. C'est quelquefois dans un bruit de tourbillons étourdissant que l'on rejoint dans un premier temps le village de Bedous.

Le gîte d'étape Le Mandragot, sur la place devant l'église du village, est une "auberge espagnole" toujours ouverte car son gérant Wilfried déclare avec humour que "Bedous n'est pas Chicago !". Situé à l'abri du bruit de la route nationale sur la place principale du village, il est tentant de vouloir y passer la nuit.

Nous préférons poursuivre le chemin vers Borce, car 9 km depuis Sarrance sont trop peu pour nous. Accous 4 km plus loin sera très vite rejoint par des petits chemins de pâture sans aucune difficulté.

Camping municipal de Carolle, tél: 05 59 34 59 19 (après 19h), ou la mairie tél : 05 59 34 70 45, nuitée à 3.50 €.

Accous
Hôtel-restaurant Le Permayou**, tél : 05 59 34 72 15. Chambres à 39 € pour 1 et 44 € pour 2. Demi pension à 51 et 66 €. Menu à partir de 14 € + carte.

Gîte d'étape Despourrins, tél : 05 59 34 53 50, (centre bourg), 23 places en chambres, nuitée seule à 14 €, cuisine en libre gestion. 1/2 pension à 31.50 €.

Chambres d'hôtes chez M. et Mme Lesire, (centre bourg), L'Arrayade, tél : 05 59 34 53 65, ou 06 70 71 89 45, nuitée à 35 € et 45 € pour 2. Ne fait pas table d'hôtes.

Accueil spirituel et chrétien possible mais pas obligatoire au presbytère Maison Saint-Norbert, (en face de l'église), entre 2 à 5 places, tél : 05 59 34 71 17. Partage du repas et des offices religieux. Libre participation.

Le moulin d'Orcun, route d'Aydius, tél : 05 59 34 74 91, ou le 06 08 54 45 27, nuitée à 15 €, Pdj à 4 €, 1/2 pension à 22 €.

Hôtel-restaurant Auberge Cavalière, quartier de l'Estanguet, (sur le chemin 2.5 km après Accous) tél : 05 59 34 72 30, 1/2 pension à 48 €.

Etsaut
Hôtel-restaurant des Pyrénées, tél : 05 59 34 88 62, (centre bourg), chambre randonneur à 15 E. 1/2 pension pour randonneur à 35 €, et 45 € en chambre tout confort.

Gîte d'étape, Auberge la Garbure, (centre bourg), tél : 05 59 34 88 98 ou 06 25 30 62 32, nuitée à 12 €, 1/2 pension à 26 €, et pension complète (avec panier repas) à 33 €.

C'est après Accous qu'il n'y a pas d'autre choix que d'emprunter la route nationale… Prudence !

Borce vous accueillera avec ses 2 refuges, l'un pour les randonneurs du GR 10* dans le centre du bourg, l'autre pour les pèlerins de Saint-Jacques dans l'ancienne chapelle Saint-Jacques, propriété de la commune et restaurée par ses soins. Dans ce lieu millénaire on a retrouvé dans les années 1980 de très vieux ossements humains, sans doute des pèlerins morts d'épuisement… !

Attenant à la chapelle, le refuge de 6 places, avec sa petite cuisine, est un havre de paix et de calme, loin des bruits du village.

Chemin à suivre pour les pèlerins à pied

À Sarrance sur la place du village (portail principal de l'église dans votre dos), tourner 2 fois à droite et contourner l'église par l'arrière pour retrouver plus loin la RN134.

Franchir le pont sur le gave d'Aspe pour tourner à droite après le pont. Parcourir 200 mètres et, avant les maisons, emprunter à droite le chemin qui se dirige vers le gave. Parcourir 200 mètres pour passer sous la voie SNCF. Vous êtes comme au début de l'étape, en bordure de montagne de l'autre côté du gave.

Passer derrière une bergerie, puis emprunter les escaliers en rondins de bois qui descendent. Laisser une autre bergerie à gauche et s'approcher à quelques mètres du gave par l'unique chemin.

Rejoindre un petit hameau, et traverser par le pont à droite. Sur la RN134, tourner encore à droite vers l'ancienne maison du garde-barrière (fléché par la D241 vers le Col d'Ichère).

Emprunter le chemin derrière la maison, indiqué chemin de Langous par un panneau de bois sur la droite. Parcourir 600 mètres puis laisser une ruine à gauche. Poursuivre par un chemin qui remonte et laisser plus loin une cave grillagée à droite.

À la route bitumée qui remonte et après la bergerie de Portaricq à gauche, à la fourche (panneau indicateur au milieu), tourner à droite pour rejoindre le hameau de Areille-Secout.

À la fourche (4 abreuvoirs à droite), emprunter l'embranchement de gauche, et tourner encore à gauche au carrefour suivant par une route qui descend légèrement.

Borce

Epicerie, bar.

Gîte communal, s'adresser à Mme Othaqui, tél: 05 59 34 86 40, ou 06 08 58 86 71, nuitée 11 €, 18 places, cuisine en libre gestion, fermé en octobre et une semaine fin mars.

Gîte de l'hôpital Saint-Jacques, tél: 05 59 34 88 99 (mairie), 6 places, nuitée à 11 €, cuisine en libre gestion.

Le heurtoir du gîte d'étape de Bedous

A voir, à visiter à Borce

L'ancien hospice Saint Jacques. Eglise remaniée, nef à chapelles latérales, porche, retable incomplet, pierres tombales, bénitier gothique.

Emprunter sur votre droite le chemin qui passe au dessus du tunnel de contournement de Bedous et au pont, tourner à droite. Emprunter la rue qui remonte vers la RN134.

Rejoindre la place de l'église ou vous trouverez la mairie à gauche.

À la place de l'église, passer derrière l'église et passer derrière le fronton de pelote basque pour laisser la rue du Lavoir à droite. Tourner ensuite à droite par un chemin de cailloux indiqué par une borne de granite gris à gauche, et rejoindre le Moulin d'Orcun (hébergement possible).

À ce moulin, emprunter sur la droite le chemin (mais ne pas suivre la direction "La roche qui Pleure"). 10 mètres avant le pont, virer à droite, puis tout de suite à gauche (borne granite gris à gauche).

Après 80 mètres tourner à gauche, puis à droite par une voie qui mène à un sentier qui monte légèrement après avoir quitté le bitume. Après un large virage à droite puis à gauche, le chemin serpente dans les prairies et franchit des clôtures.

Aux maisons du hameau de Jouers et au carrefour (abreuvoir et croix datée de 1973), poursuivre droit devant par un chemin qui monte. Au carrefour suivant, poursuivre tout droit et traverser la route vers la gauche sur 10 mètres. Prendre le petit sentier étroit à droite (panneau en bois Saint-Jacques) à flanc de colline.

On retrouve plus loin un chemin plus large. A ce chemin plus large, tourner à droite et à la fourche suivante, prendre à droite. Contourner la colline de Poey (652 m). Au carrefour suivant (2 panneaux de bois au centre), tourner à droite par le chemin qui descend entre les maisons.

Dans le bourg et au premier petit carrefour, tourner à droite. Laisser 2 abreuvoirs à droite, et rejoindre l'église du village à droite. Passer entre la mairie et l'église. Le chemin se poursuit au bas de la place à gauche.

À la petite place (lavoir), tourner 2 fois à gauche pour avoir la montagne face à vous. Face au petit ruisseau de Berthe, tourner à droite et laisser les huit platanes sur votre gauche.

Plus loin, franchir le ruisseau de Berthe à gauche. Emprunter la route bitumée, puis le chemin. Laisser une grange à droite. Plus loin lorsque le chemin vire fortement à gauche, tourner à droite (très bon balisage à coquille jaune), pour refranchir un petit ru après 20 mètres. Peu après, retrouver la RN134.

Sur cette RN tourner à gauche. Laisser dans la montée le fléchage vers Athas-Osse-en-Aspe (D237) à droite.

* GR est une marque déposée appartenant à la FRP

Parcourir 900 mètres et emprunter ensuite sur la gauche la ruelle qui se dirige vers l'Estanguet (aussi fléchée vers Borce 1 h 40 par un panneau de bois). Dans la montée, vous trouverez l'Auberge Cavalière à droite. En quittant le hameau de l'Estanguet, prendre à droite dans la descente vers la RN134.

Sur la RN, virer à gauche. Dans la montée, laisser sur votre droite le fléchage vers Lhers, Cirque de Lescun. Parcourir 1700 mètres environ, et avant d'entrer dans le bourg de Eygun (regroupement des 2 communes Cette et Eygun), tourner à droite (panneau bleu Voie d'Arles) pour descendre vers un pont (pont avec un parapet en béton d'une hauteur de 1 mètre) que vous franchirez.

Après ce pont, tourner à gauche, franchir une barrière métallique (coquille Saint-Jacques stylisée). Poursuivre dans les champs, en franchissant de-ci de-là des clôtures. Parcourir 350 mètres et laisser à gauche un pont. Passer une autre barrière métallique (coquille Saint-Jacques stylisée). Laisser le gave d'Aspe sur votre gauche.

Lorsque vous arrivez à une bergerie (sur votre droite), poursuivre tout droit (dans le torrent à gauche une vieille bassine en zinc pour le bétail). Passer un pont en bois (récent) sur la gauche, pour changer de rive, et rejoindre plus loin la RN 134.

Sur la RN tourner à droite, parcourir 800 mètres et tourner de nouveau vers Borce à droite, par la route qui monte raide en lacets. Le refuge est le premier bâtiment attenant à la chapelle Saint-Jacques sur la gauche.

Borce

Borce, sur la rive gauche du Gave d'Aspe, est depuis 1140 une des étapes sur la Voie d'Arles. Le Chemin vers Saint-Jacques reprend ici le tracé d'une ancienne voie romaine. Aux abords du village à caractère médiéval, la chapelle Saint-Jacques, aussi appelée "Hospitalet", a été restaurée il y a quelques années. L'Hospitalet abrite aujourd'hui une mise en scène muséographique sur le thème du pèlerinage.

L'hospitalet de Borce

L'exposition comporte notamment une représentation sculptée du Christ et de ses apôtres ainsi que la broderie du visage d'un pèlerin réalisée en fil de soie.

A quelques mètres de l'Hospitalet, la mairie a ouvert un gîte pour les pèlerins, respectant ainsi la tradition d'accueil du village.

Au gré des rues vous attendent diverses curiosités : la mairie, ancienne maison forte du XIIIème siècle que vous pouvez visiter ; la maison Tarras et sa tourelle ; la maison de Bernard de Salefranque, notaire sous Jeanne d'Albret, ornée de sculptures et d'un très bel écusson.

A travers le village, parmi les sculptures de têtes d'animaux et de motifs divers, des croix et des bourdons rappellent l'importance du Chemin. L'église, rénovée au XVIIème siècle, comporte un curieux bénitier en calcaire sombre paré d'un masque, d'un bourdon et d'une coquille Saint-Jacques.

Etape N°32 18.2 Km
De Borce au col du Somport (frontière)

5h1

Au **fort du Portalet** vous avez marché 0 h 40 et parcouru 2.4 km.
A **Urdos** vous avez marché 1 h 40 et parcouru 6.6 km.
A **l'ancienne voie ferrée** vers le Somport vous avez marché 3 h 10 et parcouru 11.9 km.
A **Peyrenère** vous avez marché 4 h 10 et parcouru 15.7 km.
Au **col du Somport** vous avez marché 5 h 10 et parcouru 18.2 km.

Pèlerins Espagnols à Peyrenère (Somport).

Urdos
Hôtel-restaurant des Voyageurs**, tél : 05 59 34 88 05. Chambre à 31 à 34 €. Chambre au gîte d'étape de l'hôtel 10 €. Menus à partir de 9 et 12 €.

Hôtel-restaurant Le Pas d'Aspe **, RN 134, tél : 05 59 34 88 93. Chambres calmes pour 1 à partir de 30 € et 40 pour 2. Menus à partir 10 €.

Si vous aimez le calme de la forêt loin de la RN134, cette étape vous enchantera surtout dans sa deuxième partie. Les premières heures de marche oscilleront entre route nationale et petit chemin à proximité de la route nationale, autant vous dire que cette première partie est assez monotone !

Dès le passage sous l'ancienne voie de chemin de fer désaffectée, on retrouve le plaisir d'un retour au calme avec le seul bruit du gave d'Aspe courant frénétiquement vers la vallée dans un éternel tourbillon, et les petits ruisseaux à flanc de montagne.

Camping municipal Le Gave d'Aspe, tél : 05 59 34 88 26, nuitée 6 €.

2 km avant le Col du Somport accueil au Chalet de Peyrenère, tél : 05 59 36 01 05. 6 places, ouvert en saison (hiver et été). Accueil en demi-pension à 28 €.

Col du Somport côté France
Restaurant Le Chalet, tél : 05 59 36 00 60. Menus autour de 15 € midi et soir, plat à emporter sur réservation. Service à toutes heures.

Gîte d'étape du col du Somport, tél: 05 59 34 79 03 ou 05 59 36 00 21 (hiver). Nuitée à 11 €. 12 places, petite cuisine, coin cheminée (mais pas de bois !). Réservation conseillée jusqu'au 15/12.

Col du Somport coté Espagne
Refuge-bar-restaurant Aysa, tél : 974 37 30 23, nuitée 13 €, 35 places, PdJ 4 €, repas toutes formules possible à partir de 9.50 €.

Cependant la montée vers le Somport est en pente douce mais continuelle. Vous cheminerez au cœur du Parc National des Pyrénées, où il vous est demandé de ne pas cueillir de fruits sauvages, de ne pas faire de feu, et de ne pas oublier de remporter avec vous les restes de votre pique-nique. Soyez des pèlerins responsables et irréprochables !

Si vous savez être discret lors de votre chuchotement vous pourrez rencontrer chevreuils, isards, ou des écureuils glanant des noisettes et des châtaignes pour l'hiver. A Pèreneyre, il vous sera possible d'acheter à Jérôme, le berger du hameau, du fromage de brebis de fabrication traditionnelle... c'est un vrai régal ! Au Somport, sachez profiter du calme du refuge relativement peu fréquenté (l'été) car demain la gigantesque gare de Canfranc (en rénovation) déversera son flot de pèlerins espagnols... et le chemin prendra alors un tout autre visage !

Goûtez donc au fromage de Jérôme, le berger de Peyrenère !

Chemin à suivre pour les pèlerins à pied

Au gîte des pèlerins, rejoindre le centre bourg du village (sur la gauche) et traverser le bourg par la ruelle centrale. Au bout de cette ruelle, la route vire sur la gauche pour rejoindre la RN 134.

(Attention en bas de la route, l'ancien chemin des pèlerins continuait tout droit, mais un rocher de plusieurs tonnes menace de s'écrouler à tout moment sur ce chemin, il faut donc suivre l'explicatif ci après).

Sur la RN 134 tourner à droite, franchir le Belonce. Ne pas quitter la RN134 (attention danger, si vous circulez très tôt le matin lorsque la visibilité est réduite, marcher côté gauche et signalez-vous avec un lampe de poche). Laisser dans la montagne sur votre gauche l'ancien fort du Portalet. Parcourir 2,5 km sur cette route.

Laisser un pont sur la droite, et suivre ensuite le fléchage vers le Camping "Le Gave d'Aspe" et laisser la gare désaffectée d'Urdos sur la droite.

Au carrefour suivant à la fourche (indiqué Col du Somport 3 h 25 et Vers Ancienne gare SNCF), poursuivre à gauche par une petite route bitumée qui domine le camping (qui lui est à droite). Laisser le cimetière sur la gauche et poursuivez tout droit pour rejoindre le bout du village après 200 mètres.

À la sortie du village, tourner à gauche, puis passer le pont à droite (WC à proximité). Vous retrouvez la RN134 qui monte. Ne pas quitter cette route qui devient plus large 500 mètres après la sortie d'Urdos (fléché Somport 13 km). Poursuivre sur 3 km sans quitter la RN134.

La route redevient à 2 voies, puis devient de plus en plus étroite (prudence passage dangereux, si des camions vous croisent), puis s'élargit de nouveau. 300 mètres avant un bâtiment visible sur le côté droit de la RN (Auberge de Peilhou), virer vers la montagne à gauche (grosse borne de granit gris de 1.50 mètre à l'entrée du chemin). Le chemin monte raide au début.

Passer sous l'ancienne voie ferrée, et après celle-ci, virer à droite pour poursuivre à flanc de montagne. Après 1600 mètres, un arbre mis volontairement en travers du chemin vous invite à prendre le petit sentier sur la droite (pour vous repérer, un cairn de cailloux se trouve côté droit du chemin). Poursuivre par ce sentier de transhumance qui est quelquefois assez étroit.

Parcourir 2 km, pour rejoindre ensuite la RN134 dans un virage (avec bien moins de circulation, les camions sont obligés d'emprunter le tunnel du Somport dans la vallée !).

Rencontre en chemin, vers le col du Somport...

Vous êtes au lieu-dit Peyrenère (ou vous pouvez acheter à Jérôme, le berger, du vrai bon fromage de brebis !).

À la RN134, tourner à droite pour redescendre sur 100 mètres. Emprunter ensuite sur la gauche le chemin de cailloux vers les cabanes de L'Oustaou (DDE) que vous laissez sur votre gauche. Poursuivez tout droit par la piste discrète à travers les herbages.

Passer successivement 2 petits rus par 2 passerelles en bois. Laisser la ruine d'une ancienne bergerie à gauche, pour emprunter plus loin un troisième petit pont en bois. Remonter vers la RN.

Attention le refuge des pèlerins de Saint-Jacques se trouve sur le bord de la RN à 200 mètres après le restaurant de ski du Col du Somport, sur votre droite dans la montée. Si vous y logez pour la nuit, ne montez pas au Somport, car vous devrez dans ce cas rebrousser chemin et refaire 350 mètres sur la RN 134).

À la hauteur des 2 grands parkings sur la gauche en montant, emprunter dans l'angle de celui qui est le plus à droite vers le sommet un petit sentier discret qui monte vers le Somport. Vous apercevez un toit (c'est le centre de déneigement du col du Somport, côté français). Après 200 mètres vous atteignez le Col du Somport à 1640 mètres.

Le fort du Portalet

La construction du fort du Portalet correspond à un impératif défensif. Suite à l'occupation de la vallée d'Aspe par une division espagnole en 1814-1815, lors de la chute de l'Empire napoléonien, Louis-Philippe décida en 1842 de construire un fort.

Celui-ci prit le nom d'un ancien péage situé un peu plus haut, dont on voit encore quelques ruines sur la rive gauche du gave.

Le fort fut creusé dans la falaise, sur la rive droite du gave. La caserne et le pavillon des officiers pouvaient abriter jusqu'à 400 hommes.

La route du Somport est dominée par des galeries taillées dans la roche le long du gave. La garde fut montée dès 1871 par le 18e régiment d'infanterie de Pau jusqu'au désarmement du fort, en 1914.

Sous Vichy, le fort du Portalet servit de prison pour les "responsables de la défaite" : Paul Reynaud, Edouard Daladier, Georges Mandel, Léon Blum et Maurice Gamelin.

Dès novembre 1942, l'occupant allemand intègre le fort à la "zone interdite" qui longe la frontière, jusqu'au 24 août 1944, date de la Libération de la vallée.

Au col du Somport

Ce fut ensuite au tour de Pétain d'être prisonnier du fort, d'août à novembre 1945, avant son transfert à l'île d'Yeu.

Déclassé en 1962 par le Ministère de la Guerre, le fort fut vendu aux enchères à un particulier en 1966.

Longtemps laissé en état d'abandon, il a été racheté en 1999 par la Communauté de Communes de la Vallée d'Aspe. La restauration est actuellement en cours.

La vie pastorale

Le pastoralisme reste un élément important de la vie économique dans la vallée d'Aspe. La production de lait est, pour l'essentiel, transformée en fromage. En hiver, les troupeaux de vaches, de brebis et de chèvres restent dans les villages, au creux de la vallée.

Au début de la belle saison, les troupeaux font leur transhumance vers les estives. Autrefois, les bergers passaient l'été avec leur troupeau et s'abritaient dans des cabanes de montagne.

Aujourd'hui, certains bergers rentrent chez eux le soir, mais continuent à fabriquer le fromage dans ces cabanes, mises aux normes actuelles.

Au cours de votre marche, vous trouverez certaines de ces cabanes de berger, du simple abri sous la roche, comme on peut en voir en forêt d'Issaux, à la cabane rénovée.

Premiers pas en Espagne, en vallée du rio Aragon

Etape N°33 31.4 Km
Du Col du Somport à Jaca

 8h10

Aux **Ruines de Sainte-Christine** vous avez marché 0 h 20 et parcouru 1.6 km.
A **Canfranc Estación** vous avez marché 2 h 00 et parcouru 7.7 km.
u **pont des pèlerins** (Rio Aragon) de Canfranc vous avez marché 3 h 10 et parcouru 11.8 km.
A **Villanuá** vous avez marché 4 h 15 et parcouru 16.4 km.
A **Castiello de Jaca** vous avez marché 6 h 10 et parcouru 23.5 km.
A **Jaca** vous avez marché 8 h 10 et parcouru 31.4 km.

La station internationale de Canfranc

Canfranc-estacion
Hôtel Santa Cristina de Somport***, Ctra de Francia s/n, tél : 974 37 33 00.

Hôtel Villa de Canfranc*** av Fernando El Católico 17, tél : 974 37 20 12.

Hôtel Villa Anayet**, 8 plaza de Aragón, tél : 974 37 31 46.

Hôtel Ara, 2 plaza del Ayuntamiento, tél : 974 37 30 28. Chambres à partir 38 €.

Peu à peu la montagne s'éloigne doucement. Jusqu'à Villanua le relief est encore vallonné avec de gros blocs de rochers quelquefois dangereux, qui nous obligent à rester vigilants sur notre progression.

Puis peu à peu le relief se fait moins rude, et nous progressons de-ci de-là par les rives du rio Aragon. De l'autre côté de la frontière hier en France c'était le gave d'Aspe, en Espagne c'est le rio Aragon.

Depuis Canfranc Estacion il y a de plus en plus de pèlerins... la gare de Canfranc dépose chaque jour entre avril et septembre quelques dizaines de pèlerins !

Auberge Pepito Grillo, (qui fait refuge pèlerin) 2 av Fernando El Catolico, tél : 974 37 31 23, nuitée 11 €, cuisine en libre gestion.

Canfranc ville
Refuge Sargantana, 19 calle Albareda. 90 places, tél : 974 37 32 17. Nuitée de 9 à 12 €.

Villanuà
Auberge de jeunesse (entrée obligatoire avec la carte des réseaux auberges de jeunesse). 110 places, Nuitée - 26 ans : 12 €, + 26 ans : 15 €, repas possible si hébergement sur place , tél : 974 37 80 16, mais pas de cuisine en gestion libre, réservation fortement conseillée.

Hôtel-restaurant El Reno, 23 avenida de Francia, tél: 974 37 80 66, chambres à partir 35 € avec PdJ.

Hôtel Triton Plaza Mediodía, S/N, tél : 974 37 81 81, chambres à partir de 15 €, 1/2 pension à partir de 26 €.

Hôtel L'acasa**, 330 Carretera. Nacional 330, tél : 974 378 136, chambres à partir de 76 €, PdJ 13 €.

Hôtel Asador José, 6 calle Escualeas, tél : 974 37 80 26 ou 974 37 82 57, chambres à partir de 35 €.

Castiello de Jaca
Hôtel Meson de Castiello, tél : 974 35 00 45, chambres de 30 à 48 € selon la saison.

Casa La Englata, 11 calle La Fuente, tél : 627 03 18 28, ou 605 92 26 94.

Jaca
Refuge pour pèlerins, 28 Calle Conde Aznar, tél : 974 36 08 48, 36 places, nuitée 7 €, cuisine en libre gestion.

Hôtel El Bucardo, 13 avenida Francia, tél : 974 36 24 85, chambres de 28 à 50 €.

C'est ainsi et il nous faut renouer les contacts car de nouveaux visages sont apparus ! Nous sommes un peu méfiants !

En bas dans la vallée au-delà des vallons, on devine l'agitation d'une ville bruyante, ce que nous avions quitté depuis Oloron-Sainte-Marie. Le refuge de Jaca, situé en centre ville à proximité de la cathédrale, est parfaitement organisé avec de nombreuses places et un ou deux hospitaliers selon l'affluence. En déambulant dans la ville, ne manquez pas la visite de l'ancienne forteresse.

Toit d'Aragon à Castiello de Jaca.

Chemin à suivre pour les pèlerins à pied

A l'ancienne frontière du Somport (que vous laissez dans votre dos), engagez-vous sur la droite vers Candanchu, pour virer sur la gauche après 40 mètres par le chemin qui descend à flanc de montagne (barrière en bois sur votre gauche), et fléché vers Canfranc Estacion.

Plus bas, franchir la passerelle en bois (15 mètres de long environ), et laisser une clôture de bois sur la gauche.

A la borne bétonnée de 2 mètres de haut (ruines à gauche), tourner à gauche pour descendre un escalier.

Refuge paroissial Inmaculado Corazon de Maria, 40 avenida Juan XXIII, (près de la gare). Accueil spirituel possible. 12 à 15 places, repas communautaire proposé, participation financière laissé à votre libre don, (ce refuge devait ouvrir en mars 2008).

Hôtel Paris, 5 place San Pedro, tél: 974 36 10 20, chambres à partir de 29 €.

Pension La Campanilla, 44 plaza Mayor, tel : 974 36 14 48, chambres de 2 personnes à 40 €, repas toutes formules possibles.

Hôtel Charle, le chemin passe juste devant au km 648 (dans l'étape suivante Jaca - Arrés, soit 2 km après Jaca), tel : 974 36 00 44, nuitée de 35 à 50 €.

Hostal Alpina, 57 calle Mayor, tél : 974 36 40 26, chambres à partir de 36 €.

A voir, à visiter à Jaca

La citadelle. La cathédrale San Pedro (Saint-Pierre). Le musée Diocésain. Le monastère des Bénédictines. L'église de Santiago. Le Pont de San Miguel. La Tour de l'Horloge (XVe siècle).

Accès internet à Jaca

Cybercafé dans la Calle Mayor (rue principale) dans le centre commercial.

Cybercafé
Avda Regimiento Galicia 19.

Emprunter le pont puis les marches à gauche qui montent, poursuivre par 2 petits ponts d'un mètre de large au-dessus de petits rus.

Franchir la route bitumée RN330 E7 et emprunter en face la petite route (panneau en bois sur le bord gauche) et laisser ensuite plus loin sur la droite un transformateur électrique.

A la fourche suivante, emprunter tout droit le chemin de cailloux qui se fait ensuite plus discret et plus étroit. Poursuivre la descente et tourner à gauche et passer une passerelle en bois.

Descendre par les escaliers une soixantaine de marches, le chemin serpente à flanc de montagne puis passe sous une ligne Haute Tension. Attention passage dans la rocaille dangereux et très glissant par temps de pluie. Dans les herbages, poursuivre tout droit et franchir le portail métallique.

Lorsque vous tombez sur un autre chemin plus large, tourner à gauche par le chemin qui monte jusqu'à une ancienne bergerie.

Passer le portail métallique (ruine à gauche) et, après 300 mètres, tourner à droite par un chemin qui descend fortement (très bon balisage, poteau indicateur en bois) à flanc de montagne. Laisser sur la gauche une cabane en pierres, franchir un portail en bois, puis descendre par les escaliers.

Après 200 mètres vous trouvez un nouveau chemin que vous empruntez sur la gauche. Passer le pont (barrage à gauche). 80 mètres après ce pont, tourner à droite par un passage en S et poursuivre à travers les herbages. Plus loin laisser une vieille bergerie sur la droite.

A la fourche suivante (laisser le fléchage vers Formigal à gauche) continuer tout droit, et laisser plus loin un pont à droite, pour poursuivre tout droit plus loin par un petit pont en bois.

Laisser à gauche la direction du col de "los ladrones" (Col des voleurs). Laisser une boulangerie industrielle à gauche, et laisser un premier pont sur votre droite pour emprunter le deuxième pont à droite et rejoindre la route nationale à 100 mètres, pour tourner à gauche vers Canfranc Estacion à 300 mètres.

(Si vous faites escale au refuge Pepito Grillo, l'auberge se trouve sur le trottoir de gauche, à l'entrée de la ville). Un large panneau de bois en hauteur la signale).

Après 200 mètres sur le trottoir de gauche laisser la gare (en cours de rénovation lors de notre passage) de Canfranc Estacion et poursuivre par la rue centrale. Suivre plus bas la direction de Sabinanigo par 2 tunnels neufs successifs.

La cathédrale San Pedro de Jaca

Juste après le deuxième tunnel, tourner à gauche par l'escalier (fléché vers Canfranc) et laisser le barrage sur le rio Aragon sur votre gauche pour franchir le rio par le pont en bois.

Après le pont tourner à droite et longer le rio (qui est sur votre droite). Parcourir 1400 mètres par le chemin qui serpente de-ci, de-là. Passer un pont en béton aux rambardes métalliques (cascade d'eau sur votre gauche) et faire 70 mètres. A la fourche suivante, tourner à droite (panneau indicateur en bois). Parcourir 350 mètres et au chemin que vous allez rejoindre, poursuivre sur la droite en descendant.

Au pont sur le rio Aragon emprunter la N330 E7, tourner ensuite à gauche (panneau indicateur en bois) par la calle J.L. Albareda et entrer dans Canfranc ciudad (ville). Laisser sur la gauche une église. Poursuivre vers la sortie du village.

A la sortie du village, tourner à gauche (ancienne église à gauche) et laisser plus loin le cimetière à droite, puis franchir le pont sur la gauche (ancien pont roman des pèlerins). Après le pont, tourner à droite et retrouver après 500 mètres un pont en bois de 2 mètres de long.

Petit à petit vous vous rapprochez de la RN 330 E7. Passer sous cette route nationale par un petit chemin qui descend (passage étroit). De l'autre côté, remonter (barrière en bois sur votre droite) et suivre le chemin qui vire à gauche pour vous faire repasser de nouveau sous la RN 330. Laisser le Rio Aragon sur votre droite, et longer une paroi rocheuse sur la gauche, pour entrer plus loin dans Villanua.

A l'entrée du village de Villanua (Cuevas de Guixas, grottes de Guixas), et face au petit jardin public, tourner à droite vers Castiello de Jaca.

Franchir le pont et rejoindre l'axe principal (RN330) du village (nombreux bars-restaurants), puis tourner à gauche. Parcourir 350 mètres, et laisser une station-service sur la droite à la sortie du village.

Laisser la RN330 sur la droite et poursuivre après 4 petites marches par le chemin parallèle à celle-ci. Laisser une aire de pique-nique sur la droite. Passer par une passerelle en bois au dessus d'un petit ru. Après 1200 mètres et au parking (à gauche) franchir prudemment la route nationale à droite pour prendre le petit chemin de cailloux.

Après 50 mètres, tourner à gauche. Le chemin est plat jusqu'à un petit carrefour avec un autre chemin. Tourner encore à gauche par le chemin très cailouteux qui monte légèrement (attention aux chevilles foulées !).

Au carrefour suivant (poteau électrique à gauche), tourner à gauche, et ignorer le fléchage vers Aratores pour rejoindre la route et un petit canal d'irrigation sur la droite. Poursuivre tout droit en descendant sur environ 250 mètres. 10 mètres avant de retrouver la RN 330, tourner à droite (laisser une maison à gauche) par un chemin plat. Passer le pont, ensuite le chemin monte raide sur 50 mètres.

Au carrefour suivant (fléché vers les chambres d'hôte de l'Orache) poursuivre tout droit et après 30 mètres au carrefour en Y, emprunter l'embranchement de gauche qui descend. Au groupement d'arbres, virer à gauche par le chemin qui descend.

Franchir un petit ruisseau et après 150 mètres (maison à droite), tourner à droite pour rejoindre Castiello de Jaca par une route bétonnée qui descend. Laisser dans la descente (à gauche) l'église du village.

La ruelle unique du village descend fortement sur 150 mètres. Passer le pont pour retrouver la RN330 que vous traversez pour continuer devant vous à l'angle du restaurant Casa Pio (à gauche), fléché vers Villanovilla 6 km.

Passer encore un pont sur le rio Aragon, puis après celui-ci, tourner à droite vers Jaca (panneau en bois fléché Jaca). Avant le pont de la voie ferrée (visible à 200 mètres), emprunter un gué à droite avec des plots qui permettent un passage sécurisé. Rejoindre plus loin la route bitumée et plusieurs petites maisons. Parcourir 400 mètres et laisser un tunnel sur la gauche.

Lorsque vous vous trouvez à un dégagement, un arbre isolé au milieu avec à ses pieds un bloc de béton, virer par l'embranchement de gauche, et passer un petit pont de bois. Laisser ensuite sur votre gauche la maison aux 10 volets de couleur rouge et avec la façade en partie cachée par de la vigne vierge.

A la route bitumée (pont à proximité), poursuivre tout droit par les escaliers qui descendent sur la route et longer la route que vous avez sur votre gauche. Laisser un hôtel sur la droite (Charlé**), ne pas quitter le sentier qui serpente en s'éloignant quelquefois de la RN330, et quelquefois en s'en rapprochant. Franchir un petit pont en bois de 10 mètres de long et poursuivre sur la gauche par une route.

10 mètres avant la RN330, poursuivre droit devant par un chemin qui descend légèrement. Franchir ensuite le petit pont de bois, et poursuivre par le chemin qui monte. Au carrefour suivant, poursuivre tout droit par le chemin qui monte fortement vers des escaliers à gauche.

Une fois sur la route, tourner à droite et entrer dans la ville de Jaca par une grande allée ombragée et bordée de sapins (avenida de Francia). A la citadelle que vous trouverez après 700 mètres sur la droite, virer à gauche vers la cathédrale San Pedro. Suivez les coquilles Saint-Jacques au sol qui mènent devant le refuge des pèlerins.

Le "Col des voleurs"

Le fort du Coll de Ladrones, intégré à la roche, est l'homologue espagnol du fort du Portalet que vous avez longé hier, sur l'autre versant du Somport.

L'édification du fort primitif au milieu du XVIIIème siècle est décidée par le royaume d'Espagne suite à la construction en France de la voie carrossable reliant Oloron au Col du Somport. Alors que les anciennes défenses espagnoles sont à l'abandon, cette nouvelle route constitue une réelle menace d'invasion de l'Espagne.

Le fort du "Cod de Ladrones" (le nom "Cod", d'origine béarnaise, est ensuite remplacé par "Coll", d'influence catalane), conçu par un des plus brillants ingénieurs militaires de l'époque, est pourtant un échec. Bâti à l'économie, le fort est officiellement abandonné en 1801.

Au milieu du XIXème siècle s'impose de nouveau la nécessité d'améliorer la défense de la vallée de Canfranc. Le souvenir de l'invasion de l'Espagne par la France en 1808 est encore douloureux. Versant français, on est en train d'achever une nouvelle route jusqu'au Col du Somport, qui va bientôt être dominée par le fort moderne du Portalet. Le projet définitif pour la construction du nouveau fort est approuvé par ordre royal en 1888.

On rase l'ancien fort, dont on conserve cependant le mur septentrional. La poudrière et les bouches à feu, creusées dans le roc, sont situées au nord. Une galerie percée de meurtrières permet de contrôler la route. La porte, orientée à l'est, est protégée par un chemin fortifié.

Le fort fut achevé en 1900. Inoccupé depuis 1962, le Ministère de la Défense espagnol décide de le vendre aux enchères en 1990. Acquis par une société privée, le fort est aujourd'hui à l'abandon.

La gare de Canfranc

La gare de Canfranc est le plus grand vestige de l'ancienne ligne ferroviaire transpyrénéenne construite au début du XXème siècle entre Pau et Saragosse. En 1970, suite à un accident côté français, la ligne est coupée, et la gare internationale de Canfranc devient la plus grande gare fantôme du monde.

Côté espagnol, la gare est encore desservie par quelques navettes, mais seul un petit local pour les mécaniciens est encore utilisé. L'immense gare de 220 mètres de long, ainsi que les infrastructures (plate-forme de 1200 mètres de longueur sur 170 de largeur) sont laissées à l'abandon.

Aujourd'hui cependant, la réouverture de la ligne transpyrénéenne est en cours de négociation entre la France et l'Espagne, mais encore faut-il convaincre les sociétés ferroviaires des deux pays.

Jaca

Jaca est située au débouché du col du Somport, porte de l'Espagne. C'est une ville d'étape tant pour le tourisme d'été et pour la randonnée que pour les vacances de neige car elle assure la desserte de très nombreuses stations de sports d'hiver sur le versant espagnol des Pyrénées. Première capitale du royaume d'Aragon, elle possède une cathédrale romane datant du XIème siècle.

On remarque au portail sud de très beaux chapiteaux historiés. Assez largement modifiée par des ajouts gothiques et enrichie de sculptures Renaissance, elle n'a pas conservé sa simplicité d'origine.

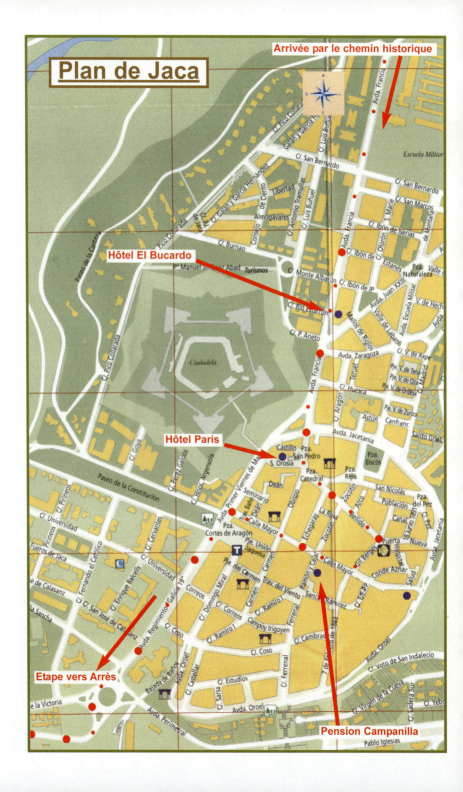

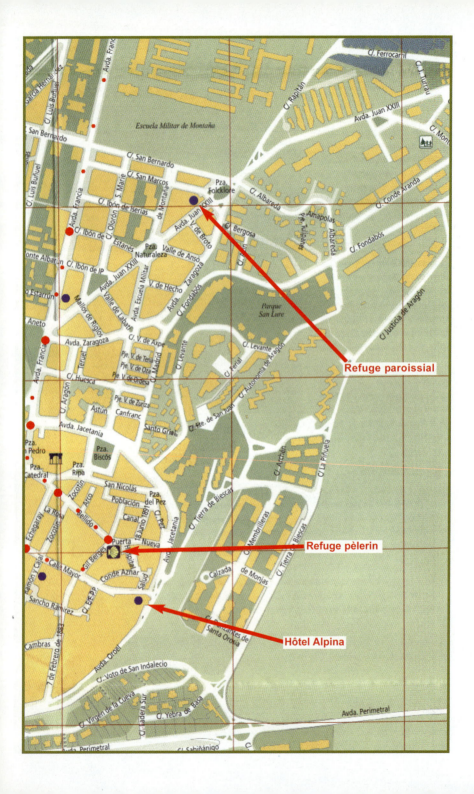

Etape N°34 25.3 Km
De Jaca à Arrés

6h40

Au **terrain militaire abandonné** (N240) vous avez marché 1 h 30 et parcouru 6 km.
A **Santa Cilia de Jaca** vous avez marché 4 h 10 et parcouru 15.6 km.
A **Puente la Reina de Jaca** vous avez marché 5 h 40 et parcouru 21.7 km.
A **Arrés** vous avez marché 6 h 40 et parcouru 25.3 km.

De l'autre côté du vallon : Santa Cilia de Jaca !

Santa-Cilia
Epicerie, bar, restaurant.

Auberge pour pèlerins, calle des Sol, 30 places, nuitée à 13 €, tél : 974 37 70 63, clés à la mairie, ou à la maison voisine.

Chambre à la Casa Rural Angel, tél: 974 37 71 74, chambre à partir de 14 €, repas et PdJ à 10 €.

Puente la Reina de Jaca
Hôtel del Carmen* sur la N 280, tél: 974 37 70 05, chambres à 35 €.

Meson-restaurant, Anaya, tél : 974 37 71 94.

Cette étape est la transition entre la montagne pyrénéenne et les plaines fertiles du rio Aragon. Le relief reste important, mais c'est surtout pour emprunter les chemins de transhumance des brebis aragonaises et éviter au maximum la route nationale.

Il reste cependant entre Santa Cilia de Jaca et Puente la Reina de Jaca plusieurs kilomètres de piste à quelque 3 mètres de la route nationale !

Puente la Reina, bourgade posée à droite du Rio Aragon, ne vaut pas le détour, sauf pour un estomac affamé, la ville se résume à un simple pont et une dizaine de bars-restaurants. L'autre village de Puente la Reina (en Navarre), recèle de réels trésors et méritera dans quelques jours une longue halte.

Arrés
Pas d'épicerie, pas de commerces.

Refuge pèlerins, 20 places, tél : 941 24 56 74, nuitée 10 €, l'été un hospitalier est sur place, l'hiver les clefs sont chez la voisine.

Attention vous devez avoir fait vos courses à Jaca, car Arrés ne possède aucun commerce.

La montée vers Arrés, par un petit chemin étroit entre les genêts et les ronces, est difficile, mais d'un calme absolu, le village ayant été construit au sommet d'un monticule.

Anciennement abandonné, c'est le Camino qui a sauvé les quelques maisons de la destruction du temps et de l'indifférence. Actuellement plusieurs maisons sont reconstruites, et la vie reprend doucement. L'été, le refuge est tenu habituellement par un hospitalier volontaire qui saura vous accueillir au mieux, et en automne c'est la voisine qui pourra vous ouvrir la porte. Prévoyez dès Jaca de quoi préparer vos repas car il n'y a aucun commerce à Arrés !

<u>Chemin à suivre pour les pèlerins à pied</u>

Depuis la cathédrale San Pedro, rejoindre la rue principale de Jaca (rua de Francia), puis sur celle-ci virer à gauche par l'avenida Del Regimiento de Galicia. A la hauteur de la station-service (que vous laissez sur votre droite), emprunter sur la droite la rue qui monte, fléchée vers Pampelune 107 km.

Après 200 mètres et après les bâtiments Matadero Municipal, tourner à gauche, et franchir une zone de bâtiments, immeubles d'habitations de brique rouge, par le Paseo Camino de Santiago. Tourner au bout de ce lotissement sur la droite (40 mètres), puis tourner sur la gauche vers une zone industrielle pour emprunter après celle-ci un chemin sur la droite.

Ce chemin reste plus ou moins parallèle à la route. Parcourir 600 mètres, et à la ligne HT tourner à gauche par la route nationale 240 sur 100 mètres environ (Avenida de la Victoria).

Parcourir 300 mètres et au parking suivant (cimetière de murs blancs à gauche), poursuivre le long de la RN240. Plus loin, le chemin s'éloigne de la route vers la droite. Plus loin, le chemin rejoint le canal qu'il longe.

Le pèlerin de Santa Cilia de Jaca

Au carrefour suivant, poursuivre tout droit entre une maison et une ferme, puis plus loin virer à gauche vers la RN240 (panneau Santa Cilia), que vous empruntez. Laisser sur la gauche une usine Prefabricados Aneto. Ne pas suivre la direction à gauche vers San Juan de la Pena et Atares.

Poursuivre sur le petit chemin le long de la RN, jusqu'à un parking avec une aire de repos (avec des tables en bois pour pique-nique). Lorsque vous retrouvez la route plus loin, ne pas quitter le sentier qui vire légèrement à droite et passe au milieu de bâtiments inoccupés et abandonnés.

Parcourir 600 mètres pour franchir la RN240, et engagez-vous dans le chemin bloqué par 4 plots en béton, et franchir ensuite un ruisseau. A la route bitumée, tourner à droite, et 100 mètres avant la RN240, tourner à gauche (panneau indicateur Peligro de Incendio à gauche). À la fourche suivante, emprunter le sentier à droite.

Le sentier monte assez fortement sur 150 mètres puis redescend tout aussi fortement. Laisser la RN240 pour une route bitumée qui monte sur la gauche. Parcourir 80 mètres pour virer ensuite à droite avant le parking (gros bloc de grès de 1.50 mètre à gauche) par le sentier qui descend. Franchir un petit ru, puis un pont métallique très étroit (40 cm, VTT attention aux chutes !).

Laisser un hôtel sur la droite et poursuivre tout droit par le sentier au milieu des herbages.

À la route bitumée en face (panneau Puente la Reina, Jaca) à droite, poursuivre tout droit (sauf si vous désirez faire le crochet pour visiter le monastère de San Juan de la Pena, tourner à gauche, compter 4 heures de marche pour l'atteindre et un bon dénivelé de 600 mètres, attention pas d'hébergement au monastère !), et après un premier lacet, emprunter un chemin sur la droite.

Après 150 mètres vous retrouvez un autre chemin qui descend. Au carrefour (mare d'eau à droite), tourner à gauche pour passer à gué un ruisseau d'une largeur de 5 mètres. Emprunter sur la droite la route qui descend.

Lorsque celle-ci tourne quasiment à angle droit vers la droite, emprunter le chemin de terre qui descend sur 80 mètres et, avant la route, tourner à gauche pour passer un pont en béton. Après ce pont, virer à droite vers des habitations que vous laisserez sur votre droite.

Laisser la RN240 sur votre droite. Après l'usine Prefabricados Santa Cilia, marcher prudemment sur la RN240. Plus loin, entrer dans Santa Cilia par une rue qui part en oblique sur la droite. Parcourir 200 mètres et laisser la place du village sur la droite (point eau potable).

Pour trouver un bar, emprunter la ruelle centrale du village (un bar est à 50 mètres à droite), et poursuivre sur la gauche pour laisser plus loin la bascule du village sur la droite, et rejoindre un rond-point. A ce rond-point, poursuivre tout droit le sentier, franchir un premier pont et un deuxième 20 mètres après. Poursuivre le chemin le long de la route et d'un canal d'irrigation.

Plus loin traverser la RN (panneau kilométrique km 300), pour passer une passerelle métallique en laissant la route sur votre droite. Ne pas prêter attention au routes et chemins qui partent à droite et à gauche. Poursuivre par le petit sentier au bord de la route.

Plus loin, laisser le restaurant Pirineos à droite, pour emprunter après 300 mètres sur la droite le chemin qui descend en sous-bois (très bon fléchage local). Passer une zone où les pèlerins ont spontanément érigé des monticules de pierres pour témoigner de leur passage. A la fourche suivante, emprunter l'embranchement de gauche.

Sur la RN240, si vous voulez déjeuner, vous pouvez franchir le pont et trouver de l'autre côté de très nombreux bars et restaurants.

Pour poursuivre vers Arrés, laisser le pont sur la droite, et suivre la direction Huesca par la route qui monte (sentier sécurisé sur la droite) puis après 300 mètres, virer à droite vers Arrés pour franchir un pont après 400 mètres.

Peu après ce pont, emprunter sur la gauche le sentier qui monte à flanc de colline et serpente dans les genêts. Après 3 km de montée (quelquefois difficile) vous trouverez le village d'Arrés.

Après le pont il est possible de rejoindre Arrés par la route et/ou de poursuivre vers Artieda (si vous ne voulez pas faire la halte à Arrés). Vous éviterez ainsi la montée fatigante vers Arrés et gagnerez 1 heure et 4 km sur le temps nécessaire pour rejoindre Artieda.

Pour cela ne pas quitter la route bitumée. Lorsque cette route amorce un large virage sur la gauche pour monter vers une bergerie, puis Arrés, poursuivez tout droit par le sentier de cailloux blancs (très bon fléchage local).

Le royaume d'Aragon

Suite à la Reconquista contre les musulmans, la Péninsule ibérique fut partagée entre plusieurs royaumes chrétiens, dont le royaume d'Aragon.

L'Aragon est né des ruines de la Marche d'Espagne carolingienne, qui était sous la dépendance de la Navarre. Le royaume s'étendit au XIème siècle en intégrant les comtés de Sobrarbe et de Ribagorza.

Mais c'est surtout grâce à la Reconquista que l'Aragon s'étendit au-delà des Pyrénées. Saragosse, conquise par Alphonse Ier, devint la capitale du royaume. Enfin, par le mariage de Pétronille d'Aragon et du comte Raimond-Béranger IV de Barcelone, le royaume d'Aragon devint un des royaumes de ce qu'on appela la "couronne d'Aragon".

Bien que partie intégrante de la couronne d'Aragon, le royaume d'Aragon conserva un fort particularisme. Sa noblesse jouissait en effet de pouvoirs étendus, et surtout, c'était le seul royaume de la couronne où l'on parlait le castillan, et non le catalan.

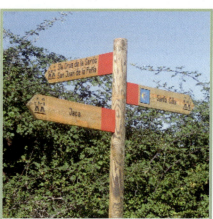

Le "petit patrimoine" de l'Aragon

Au cours du Chemin, vous avez déjà pu visiter de nombreuses merveilles et bien d'autres vous attendent encore. Cependant, le "petit patrimoine" des villages et des hameaux mérite aussi l'attention, malgré la fatigue. Lors de votre passage en Aragon, vous pourrez admirer les moulins, les fontaines et les fours à pain.

Très reconnaissables par leur forme conique, les cheminées aragonaises jouaient un rôle important dans l'habitat traditionnel. Une grande part de la vie familiale se déroulait dans la cuisine, auprès du large foyer de la cheminée.

Pour se protéger contre les mauvais esprits, on installait au sommet de la cheminée des "chasse-sorcières" ("espantabrujas ").

Etape N°35 27.4 Km
De Arrés à Ruesta

 7h00

A la **route vers Martes** vous avez marché 2 h 00 et parcouru 7.5 km.
A la **route d'Artieda** vous avez marché 5 h 00 et parcouru 19 km.
Au panneau **Cinco Villas et Jancétania** vous avez marché 5 h 20 et parcouru 19.6 km.
A **Ruesta** vous avez marché 7 h 00 et parcouru 27.4 km.

"Venga ! Buen viaje !", et rendez-vous à Arrés... !

Artieda
Refuge pèlerins, 22 places, tél : 948 43 93 16, ou 669 27 03 18, nuitée 10 €, 1/2 pension à 18 €.

Hotel Casa rural Blasco, 11 calle Mayor, tél : 616 62 22 23.

Ruesta
Bar faisant épicerie et restauration légère.

Refuge pèlerins, 80 places, tél : 948 39 80 82, nuitée 9 €, PdJ 3.50 €, repas 9 €, petite cuisine, (mais courses à prévoir dès Jaca).

Camping, 180 places, nuitée 6 €, ouvert de mai à mi septembre.

En quittant Arrès, le chemin se faufile comme un serpent entre les petits bourgs visibles sur leur promontoire, mais qui se situent souvent hors chemin…

La première partie évite soigneusement le goudron, mais lorsque l'on s'approche du barrage de Yesa, on ne peut plus trouver d'alternative à la route.

Sur la fin du parcours, le chemin décidé par les autorités locales veut à tout prix vous faire éviter la route nationale en vous promenant de-ci de-là. C'est vrai que le cheminement à travers les sentiers ombragés par les petits chênes est plaisant, mais il est bien plus court et surtout bien plus astucieux de ne pas quitter la petite route sur laquelle on compte 5 à 10 véhicules par jour !

A voir, à visiter à Ruesta

Ruines de l'ancien château musulman. L'église de l'Assomption. Ruines de l'ancien village.

Ruesta que vous découvrirez dans un virage au dernier moment, fut abandonnée en 1959 lorsque fut construit le barrage hydro-éléctrique et que les habitants virent leurs terres recouvertes par 30 ou 40 mètres d'eau. C'est maintenant un village qui reprend vie doucement grâce au chemin de Saint-Jacques. C'est le syndicat CGT "local" qui en a repris la gestion et qui facture nuitées et consommations au bar en faisant "honteusement" du profit sur le dos des braves pèlerins ! C'est la découverte de l'économie de marché. On rit beaucoup à Ruesta... car il n'y a rien d'autre à faire !!

Chemin à suivre pour les pèlerins à pied

Au refuge des pèlerins (entrée du gîte dans votre dos) descendre par l'unique rue du village et virer à gauche après 80 mètres par un petit chemin d'herbes (attention dangereux par endroits), et emprunter plus bas la piste carrossable. Laisser une ruine sur la droite et passer un pont pour poursuivre par la piste.

On aperçoit ensuite le village de Berdun sur son monticule à l'horizon. Laisser une grange sur la gauche et 10 mètres après, tourner à droite par la piste qui descend vers le Rio Aragon visible au loin (bon balisage jaune).

En bas de la piste, tourner à gauche (panneau de bois Martes - Artieda) et laisser 100 mètres après des ruines sur la droite. Laisser la ferme de La Pardina Del Solano sur la droite. Tourner ensuite sur la droite vers Martes (et Berdun visible au loin, Berdun sur la rive droite est sur l'autre tracé du chemin. En suivant cet itinéraire nous n'y passerons pas).

Ruesta, abandonnée et misérable...

Passer au-dessus d'un petit cours d'eau (pont avec barrière métallique) et poursuivre par la piste. Après 20 mètres à la fourche, poursuivre par la piste et par l'embranchement de gauche. Sur la route bitumée, tourner à gauche par la route qui monte (fléchage Martes - Artieda). Après 10 mètres, emprunter sur la droite la piste peu marquée à travers l'herbe et qui se dirige vers un hangar. Passer ensuite derrière ce hangar (bergerie).

À la route bitumée (le village de Martes, où vous trouverez un bar et une fontaine, se trouve à 1 km droit devant), tourner à droite par la piste fléchée Mianos - Artieda) et passer sous une ligne de moyenne tension. Parcourir 1.5 km, laisser une piste fléchée vers Martes 1.5 km sur la gauche et après 200 mètres, tourner à droite vers Mianos - Artieda par un chemin plus petit qui descend légèrement.

Parcourir 400 mètres et rejoindre une route bitumée (borne jacquaire sur le bord de la route), pour l'emprunter sur la droite. Après 150 mètres (au virage de la route à route en angle droit), poursuivre tout droit par un sentier de terre (panneau en bois). Laisser plus loin une bergerie à droite et poursuivre la piste qui descend en lacets.

Traverser un tout petit ru peu profond mais très large (20 mètres) et suivre le sentier. Après 400 mètres franchir un autre ru plus petit. Le sentier monte en lacets (quelques fois fortement) puis devient plus plat. Parcourir 1.5 km et à la route (épingle à cheveux), poursuivre par la route qui descend vers Mianos - Artieda. Laisser dans la descente à gauche La Fuente de San Martin (Fontaine de Saint-Martin), puis plus loin une ferme à droite (3 grands arbres dans la cour intérieure).

Avant que la route ne remonte fortement vers Mianos, quitter cette route bitumée pour emprunter la piste à droite (fléchée vers Artieda) qui descend fortement. A la fourche suivante, poursuivre sur le chemin à plat qui part sur la gauche.

Après une montée difficile (fléchée Mianos à 0.7 km), au carrefour suivant, poursuivre tout droit par la piste qui redescend et fléchée vers Artieda, puis laisser sur la droite une ruine pour franchir un petit gué et poursuivre par la piste de gauche qui remonte fortement (mais ne pas emprunter celle qui part à droite).

Ne pas prêter attention aux chemins qui partent de-ci de-là et rester sur l'axe principal qui est parfaitement bien balisé. Parcourir 1.2 km et laisser à gauche une antenne hertzienne rouge et blanche. On aperçoit le village d'Artieda. Au Stop (route bitumée), tourner à droite et emprunter la route qui descend en lacets. Laisser ensuite le cimetière à gauche, pour rejoindre Artieda (refuge, bar), tourner à gauche par la route qui monte. Pour poursuivre vers Ruesta, tourner à droite par la piste de cailloux qui descend.

À la hauteur des petites maisons basses, tourner à gauche par la piste qui part en direction du lac barrage de Yesa (visible à l'horizon). Parcourir 1.5 km puis franchir la route bitumée et prendre la piste en face. Après 900 mètres, à la route bitumée, tourner à gauche en montant légèrement, et laisser plus loin à gauche un bâtiment.

Vous êtes sur la route A1601 sur laquelle il faut parcourir 3.8 km et dépasser le panneau vert à droite sur lequel est noté Cinco Villas (et du côté gauche, dans le sens inverse Jacetania), pour poursuivre tout droit. Après 1 km attention : prendre sur la gauche le sentier discret qui monte à flanc de colline (mais on peut aussi poursuivre sur la route pour rejoindre directement et sans détours le village abandonné de Ruesta).

Poursuivre ensuite sur la droite par un sentier discret qui serpente entre le champ et la haie, pour retrouver plus loin la route bitumée (la même que vous avez quittée pour emprunter le sentier raide à gauche). Le sentier serpente ensuite dans une forêt de petits chênes sur une distance de 1.6 km. A la piste que vous franchirez, poursuivre tout droit de nouveau à travers le bosquet de chênes. Croiser des pistes de-ci de-là qu'il faut ignorer pour poursuivre toujours tout droit. Plus loin, le chemin longe sur la gauche un muret de pierres et plus loin encore laisse une plantation de pins sur la droite.

Laisser à droite les ruines d'une chapelle (Ermita de San Juan Bautista) surmontée d'un toit en tôle lisse pour la protéger des intempéries. Tourner à gauche et laisser la chapelle dans votre dos pour emprunter un sentier étroit entre les taillis (attention glissant par temps de pluie) et retrouver plus loin la route bitumée.

Sur celle-ci tourner à droite sur 100 mètres. On voit la tour ruinée du village de Martes que l'on rejoint à 200 mètres. Le refuge et le bar sont face à l'église au cœur du village abandonné.

Une étape de désert ou presque

Le Chemin serpente entre les champs et les talus de marne bleue. Il longe les eaux du barrage de Yesa qui a considérablement élargi le lit du rio Aragón, et noyé quelques villages... D'autres villages de la contrée comme Escó et Tiermas ont échappé aux eaux de la retenue mais ont tout de même été abandonnés.

Peu avant le bourg de Ruesta, le Chemin longe l'ermitage San Juan de Maltray. C'est le dernier vestige du monastère fondé au Xème siècle après la conquête par les Navarrais de la forteresse islamique de Ruesta.

Le bourg même de Ruesta, abandonné pendant plusieurs décennies, retrouve peu à peu une activité grâce au tourisme.

Quand vous dépasserez Ruesta, pensez à vous retourner pour admirer la vue sur le village, son château, son église et ses fortifications.

Profitez bien du panorama car un projet d'agrandissement du barrage de Yesa menace plusieurs sites : l'ermitage San Pedro à Artieda, les ermitages de San Juan de Maltray et de San Jacobo à Ruesta, ainsi que d'autres sites archéologiques.

Etape N°36 22.7 km
De Ruesta à Sangüesa

5h50

A **Undués de Lerda** vous avez marché 3 h 10 et parcouru 12.1 km.
A la **route vers Javier** vous avez marché 4 h 00 et parcouru 16 km.
A **Sangüesa** vous avez marché 5 h 50 et parcouru 22.7 km.

Ruesta, les ruines du village abandonné en 1959 !

Undués de Lerda
Petit bar Hogar, café pour restauration rapide (face à l'église).

Refuge pèlerins, 45 places, tél : 948 88 81 05, 35 calle mayor nuitée 7 €, PdJ 3.50 €, repas 9 €.

Sangüesa
Refuge pèlerins, tél : 948 87 00 42, 12 places, cuisine en gestion libre, les clefs et la nuitée sont à régler à la mairie.

Pension Navas, tél : 948 87 00 77 12, 5 chambres de 30 à 40 €, fermée en septembre et octobre.

C'est discrètement par l'arrière du village que l'on quitte "Ruesta la misérable". Après le camping il faut cheminer durant presque 9 km sur un sentier qui serpente lentement à travers les pins et ne fait que monter, le dénivelé de 350 mètres est le plus important depuis la montée du col du Somport.

A l'arrivée au col de Pena Musera, on aperçoit les éoliennes au loin qui fournissent l'électricité locale, puis après $\frac{1}{4}$ d'heure de descente on aperçoit sur la gauche le village de Undués de Lerda où il est possible de se restaurer et de dormir au refuge.

Nous quittons l'Aragon pour retrouver les riches plaines fertiles de Navarre.

Hotel Yamaguchi **, carretera de Javier, tél : 948 87 01 27.

Hostal JP, 3 Padre Raimundo Lumbier, tél : 948 87 16 93. Chambres à partir 33 €, plateau repas à partir de 6 € et PdJ 4.50 €.

Camping Cantolagua, Paseo Cantolagua, 220 places, tél : 948 43 03 52.

Undues de Lerda

A voir, à visiter à Sangüesa

L'église Santa Maria la Real. Les couvents San Francisco de Asis et Nuestra Señora del Carmen. L'église Santiago. L'église San Salvador. Le palais du Prince de Viana.

La deuxième partie de l'étape est quasi rectiligne, et emprunte de longues pistes de craie blanche.
A Sangüesa vous retrouverez dans la Calle Mayor l'ambiance familiale que l'on aime voir en terre ibérique, rue piétonne, véritable centre de vie du village. Sangüesa est la seule ville tous services et tous commerces depuis Jaca, il y a 3 jours déjà !

En déambulant dans la ville, il faut faire un détour pour voir et visiter l'église Santa Maria et ses belles et nombreuses sculptures sur le tympan extérieur.

Chemin à suivre pour les pèlerins à pied

Au refuge casa Valentin que l'on laisse dans le dos, emprunter le petit sentier qui descend à gauche vers le camping, et franchir ensuite la zone du camping.

Plus loin, laisser sur la gauche la Chapelle de Santiago Apostol. Poursuivre en sous bois jusqu'à la piste. À cette piste, tourner à gauche en montant et parcourir 2 km, passer une chaîne métallique réglementant l'accès aux véhicules à moteurs.

À cet endroit, emprunter la piste à l'extrême droite (en revenant quasiment sur vos pas). Après 1.3 km, tourner à gauche pour suivre le fléchage Undués de Lerda (chemin qui se dirige vers 2 collines).

La piste monte et se dirige vers un premier col, puis un deuxième. Cette piste monte toujours sur une distance d'environ 5 km. Au col (borne jacquaire), tourner à gauche et après 80 mètres, tourner à droite par le chemin de terre.

Laisser sur la droite une première bergerie bétonnée puis, après 500 mètres, une deuxième. On aperçoit à l'horizon le village de Undués de Lerda.

Après la descente de 2 km vers le village, et face à la construction neuve blanche (bergerie), tourner à gauche vers Undués de Lerda par la piste bétonnée, tourner à gauche vers le village.

À l'entrée du village, prendre sur la droite pour quitter le village (si vous revenez du bar au centre du village ou du refuge derrière l'église il faut alors prendre sur la gauche). À la fourche qui se trouve à la sortie du village, engagez-vous sur la piste de droite qui descend (fléchée vers Sangüesa).

Poursuivre par le sentier qui descend plus fortement à flanc de colline. Ce sentier tourne en lacet. Laisser un muret de pierre sur la gauche. Ensuite le sentier se réduit pour passer entre 2 haies.

Après 900 mètres, on retrouve une piste plus importante et carrossable, tourner à gauche (fléchage jaune à gauche). Parcourir 500 mètres pour franchir la route bitumée et poursuivre par le sentier devant.

Après 900 mètres, laisser sur la gauche la borne d'entrée en Navarre. Après 900 mètres, à la route bitumée, poursuivre tout droit sur celle-ci et sur 20 mètres et poursuivre tout droit par le sentier de cailloux blanc droit devant.

Après 1.5 km, laisser une bergerie à droite et poursuivre de nouveau par la piste sur 900 mètres. Au carrefour de pistes, poursuivre sur 800 mètres. On rentre progressivement dans les faubourgs de Sangüesa.

Avant l'entrée dans la ville, tourner à gauche par le petit chemin qui descend en virage et franchir un tout petit canal d'irrigation. Tourner après 250 mètres à droite pour longer un petit muret de pierres (à droite). Ne pas quitter le chemin de cailloux blancs. A la fourche (silo à grains au fond), tourner à gauche (balisage jaune).

À la route bitumée, prendre à droite entre les bâtiments agricoles. La route descend. Passer sous le pont (4 mètres). Sur la RN, tourner à droite (cooperativa Vinicola San Sébastian) pour rejoindre tout droit le centre bourg de Sangüesa.

Le château de Javier

Sur la colline du Castellar, (étape Ruesta - Sangüesa) le château de Javier fut détruit puis reconstruit, d'où son nom de "Etchevarria" signifiant en basque "construction neuve", qui fut déformé en "Chavier", puis "Xavier" et enfin "Javier".

Situés près du Chemin de Saint-Jacques, le village et le château de Javier hébergeaient de nombreux pèlerins. Saint François Xavier naquit le 7 avril 1506. En 1512, les troupes de Castille envahirent la Navarre et détruisirent les murailles du château, mais pendant ces années de guerre, François étudiait à Paris.

Aux côtés de saint Ignace de Loyola, il fonda la Compagnie de Jésus (congrégation des jésuites), et partit en mission en Orient, de l'Inde au Japon. Canonisé, François Xavier est le patron de la Navarre.

Restauré au XIXème siècle, le château est ouvert au public. Dans la tour du Christ, la chapelle est ornée d'un crucifix en noyer et d'une fresque sur le thème de la mort.

On peut visiter également les parties résidentielles du château, ainsi que les dépendances qui abritent une exposition artistique.

L'église Santa María la Real à Sangüesa

Merveille du style roman en Navarre, Santa María la Real a été construite en 1131, neuf ans après la fondation de Sangüesa la Nueva par le roi de Navarre Alfonso Ier. Située auprès du pont qui enjambe l'Aragon, l'église devint un endroit stratégique pour la défense de la ville.

Le portail de l'église est de toute beauté. Le tympan est l'œuvre de San Juan de la Peña. Dans une double galerie d'arcs, le Christ en majesté est entouré par les symboles des quatre évangélistes et par les apôtres.

La partie inférieure du portail a été réalisée par Leodegarius. A droite sont sculptés saint Pierre, saint Paul et Judas pendu. A gauche, les trois Marie sont sculptées en cariatides.

Le plan de l'église évoque celui de la cathédrale de Jaca avec ses trois nefs et son transept surmonté d'une coupole du XIIIème siècle. Un retable aragonais du XVIème siècle abrite une Notre-Dame-de-Rocamadour, image en argent de la fin du XIIIème siècle qui prouve l'influence du pèlerinage à Sangüesa.

Au centre du tympan est figuré le Jugement dernier ; Marie et les apôtres se font médiateurs auprès du Christ, tandis que saint Michel pèse les âmes des morts qui vont grossir les rangs des damnés ou des bienheureux.

De chaque côté, on peut observer des animaux chimériques inspirés de scènes bibliques ainsi qu'une représentation de la légende nordique de Sigurd (Siegfried pour les Allemands) tuant le dragon Fafner.

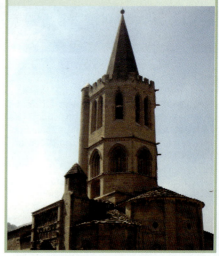

Etape N°37 31.5 Km
De Sangüesa à Monreal

 8h20

A **l'usine de carton de Rocaforte** vous avez marché 0 h 40 et parcouru 2.4 km.
Au **village en ruine de Olaz** vous avez marché 4 h 20 et parcouru 18.2 km.
A **Izco** vous avez marché 5 h 50 et parcouru 22 km.
A **Abinzano** vous avez marché 6 h 30 et parcouru 24 km.
A **Salinas de Ibargoiti** vous avez marché 7 h 40 et parcouru 29 km.
A **Monreal** vous avez marché 8 h 20 et parcouru 31.5 km.

Sangüesa, le pont sur le rio Aragon...

Izco
Refuge municipal, 10 places, tél : 948 36 21 95, ouvert du 15/05 au 15/10. Nuitée à 3 €.

Monreal
Petit village tous commerces.
Refuge pour pèlerins à proximité de l'église, 25 places, tél : 948 36 20 81. Nuitée à 7 €.

Hôtel-restaurant Unzue, (RN 240), 12 chambres, tél : 948 36 20 08. Chambres à partir de 29 €, 1/2 pension à 40 €, PdJ à 4 €.

Vous quitterez aujourd'hui le fidèle compagnon que vous retrouviez à chaque étape depuis le Somport, et qui dévalait comme vous la vallée vers les vertes plaines fertiles de Navarre, car en quittant Sangüesa vous saluerez une dernière fois le Rio Aragon aux eaux maintenant plus calmes et boueuses...

Le chemin va rapidement quitter le bitume pour vous proposer une très belle étape. Une première fontaine d'eau potable après 4 km vous permettra de vous rafraîchir et de remplir au maximum votre gourde.

Le chemin passe ensuite de collines en collines en se faufilant discrètement jusqu'au Col de Loïti à 785 mètres, point culminant de l'étape, pour rejoindre le petit bourg d'Izco.

Le vent souffle fort sur les crêtes et on comprend pourquoi des éoliennes ont été mises ici par dizaines.

Ce sont ensuite de larges pistes de craie qu'il faut emprunter pour rejoindre Abinzano, Salinas de Ibargoiti, puis Monreal après une très belle descente à l'ombre d'une futaie de chênes verts.

Monreal possède un bon refuge au pied de l'église Notre-Dame-de-la-Nativité, calme et très bien équipé pour cuisiner avec les amis pèlerins ! Et comme saint Jacques n'a rien laissé au hasard, dans la rue principale se trouve une petite épicerie bien achalandée pour un pèlerin affamé.

Sur la route nationale, ceux qui n'aiment pas cuisiner trouveront un bar-restaurant aux menus bien alléchants !!

Chemin à suivre pour les pèlerins à pied

A voir, à visiter à Monreal

L'église San Martin de Tours.
Les ruines du château dominant la ville.

Au gîte des pèlerins dans votre dos, prendre sur la gauche la rue qui rejoint, après une église que vous laisserez sur votre droite, la Calle Mayor (rue principale), à 250 mètres. Dans cette Calle Mayor, tourner à gauche et franchir au bout de la rue le Rio Aragon par le pont métallique.

Après le pont, tourner à droite puis laisser sur la gauche la Policia locale, puis le bâtiment des pompiers. Emprunter ensuite la route NA5401 sur la gauche vers Rocaforte à 1.5 km. Laisser la station d'épuration sur la droite.

Après 200 mètres, quitter la route pour un petit chemin sur la droite qui se dirige vers le village de Rocaforte. Le chemin contourne une usine de carton / papier et monte à flanc de colline vers Rocaforte, en contournant le village par la droite.

Au village, à la première maison de crépi rouge, tourner à gauche et poursuivre 10 mètres plus loin par l'embranchement de droite vers Alto de Aibar. À la sortie du village, emprunter le sentier de cailloux blancs qui se dirige vers les éoliennes. Laisser sur la gauche une aire de pique-nique (Fuente de san Fransisco). Le chemin alterne entre bitume et cailloux.

À une haie d'arbres (à gauche) poursuivre tout droit. Laisser plus loin sur la droite une maison isolée, puis 10 mètres après, emprunter la piste sur la droite et laisser ensuite sur la gauche un petit muret de pierres.

À la fontaine (eau potable) poursuivre tout droit à travers des parcelles agricoles et vers des éoliennes visibles au sommet. Parcourir 1800 mètres et laisser une plantation de vigne à gauche pour poursuivre tout droit en direction des éoliennes.

Parcourir 400 mètres et à une fourche laisser le sentier filer à droite et poursuivre tout droit par la piste de cailloux blancs. À la fontaine (bac de 10 mètres de long), poursuivre vers la gauche et vers les éoliennes visibles au fond sur le haut de la montagne.

Peu à peu le chemin se dirige vers une route bitumée, en longeant sur la droite la ruine d'un mur qui s'écroule. Au bosquet d'arbres, virer à droite par le sentier qui monte fortement (borne avec coquille jaune). 30 mètres avant la route, tourner à droite (autre borne avec coquille jaune) et passer sous la route par le tunnel.

A proximité de la fontaine de saint Francois

À l'aire de stationnement qui suit, poursuivre tout droit la montée à flanc de colline (excellent balisage). Franchir une clôture barbelée puis descendre assez fortement par un chemin qui se rétrécit vite et qui domine la route visible à droite.

Franchir de nouveau une 2ème clôture barbelée. Le chemin redescend à un certain moment assez fortement au milieu des pins. Franchir une 3ème barrière barbelée (dans le vallon à droite plus bas vous pouvez apercevoir un bassin de rétention d'eau pour la défense contre les incendies).

Dans le virage emprunter la route carrossable sur la droite, et après 80 mètres, emprunter à droite un sentier qui serpente à flanc de coteau. Plus loin, suivre le balisage (borne jacquaire) qui indique de poursuivre tout droit. Parcourir 600 mètres et à la fourche (borne jacquaire), emprunter sur la droite un petit sentier étroit.

Sur le chemin de cailloux, tourner à droite et passer plus loin par une herse au sol qui empêche le passage du gros gibier (sangliers, chevreuils). Après 100 mètres, tourner à gauche par un portillon en bois (que vous refermerez après votre passage).

Le sentier monte et serpente à flanc de coteau (éolienne en haut de la crête à gauche). Parcourir 1.5 km et refranchir un autre portillon en bois (Cierren El portillo, fermez le portillon). Parcourir 300 mètres et au carrefour qui suit, tourner à droite par le chemin qui remonte.

Dans cette montée, laisser un panneau métallique à droite qui indique la proximité du village de Olaz, abandonné. Après 800 mètres, laisser sur la gauche une bergerie. Franchir ensuite un portail métallique. Sur le chemin de cailloux blancs qui suit, tourner à droite par le chemin qui monte. Laisser ensuite sur la droite la direction du col de Loïti (750 mètres) pour s'engager à gauche par un sentier qui descend assez fortement (fléché Donejakue Bidea).

Le chemin serpente dans une forêt de pins. On aperçoit sur la gauche le village d'Izco. Au chemin de cailloux blancs poursuivre tout droit vers le centre bourg d'Izco. Dans ce petit village, le refuge se trouve à côté du fronton de pelote basque. Traverser le village et après celui-ci, poursuivre tout droit par la piste de cailloux blancs, qui se dirige vers le village d'Abinzano. Après 300 mètres, laisser un sentier qui tourne à droite.

Poursuivre tout droit vers Salinas de Ibargoiti 7 km fléché sur une borne. A l'entrée de Abinzano, laisser l'église à gauche et prendre la 2ème à droite qui descend (excellent fléchage).
Emprunter ensuite la piste blanche qui part à gauche en quittant le village (face à vous une barre rocheuse surmontée d'une antenne relais). La piste descend fortement pour remonter ensuite tout aussi fortement.

À la fourche, tourner à droite (borne jacquaire). Ne pas quitter la piste blanche, sans prêter attention aux pistes qui partent de-ci de-là. Parcourir 1.5 km. À la route bitumée dans un virage, tourner à droite vers le village de Salinas.

Dans la descente, emprunter la piste de cailloux blancs à gauche (interdite aux plus de 2.5 T). Passer par un pont au-dessus d'un petit cours d'eau, puis virer à gauche vers l'église. 60 mètres avant l'église, prendre à gauche le chemin qui part entre une maison et un hangar agricole (borne jacquaire à l'angle) et franchir le ruisseau à gué (ou passerelle en bois à gauche).

À la fourche suivante, virer à gauche vers Monreal, (fléché à 2 km) par un chemin qui monte. Le chemin passe plus loin, en sous-bois (forêt de chênes verts). À la sortie de la forêt, laisser le stade de football à gauche et après celui-ci, tourner à gauche.

Face à la rivière, passer par le pont passerelle en béton à droite. Laisser une aire de jeux pour enfants à droite. À la place de Santa Barbara (4/12/78), vous laissez à gauche l'ancien pont des pèlerins pour prendre sur votre droite la rue qui remonte.

Apres 150 mètres, emprunter la calle de la Gorte (escalier) à gauche. L'auberge se trouve sous l'église après les escaliers à gauche.

La source de saint François

A deux pas de Sangüesa, de l'autre côté du río Aragón, Rocaforte est le lieu d'une légende liée à saint François d'Assise. En route avec d'autres moines vers Saint-Jacques-de-Compostelle, saint François se serait arrêté à Rocaforte.

Il aurait demandé à l'un de ses compagnons d'y fonder un gîte pour les pèlerins. A son retour de Saint-Jacques, passant à nouveau à Rocaforte, saint François put admirer le refuge. Une source jaillit alors par miracle sur son passage.

Monreal

Monreal se situe dans la zone non bascophone de la province de Navarre ; on y parle le castillan. On accède au village en franchissant le río Elorz par le pont des Pèlerins.

Le village conserve quelques vestiges de fortifications ainsi que les ruines du château royal (real) sur les hauteurs.

Sur la Higa de Monreal (Figue de Monreal), mont qui culmine à près de 1300 mètres, la chapelle de la Ermita de Santa Barbara veille sur le Chemin qui passe à ses pieds.

Etape N°38 31.5 Km
De Monreal à Puente la Reina

 8h10

A **Ezperun** vous avez marché 1 h 40 et parcouru 8 km.
A **Guerendiain** vous avez marché 2 h 30 et parcouru 9.5 km.
A **Muruarte de Reta** vous avez marché 4 h 40 et parcouru 17.6 km.
A la **Chapelle de Eunate** vous avez marché 6 h 50 et parcouru 26.1 km.
A **Obanos** vous avez marché 7 h 30 et parcouru 28.6 km.
A **Puente la Reina** vous avez marché 8 h 10 et parcouru 31.5 km.

Le pont de la Reine, sur le rio Arga

Dans les villages suivants : Yarnoz, Otano, Ezperun, Guerendiain : aucun commerce.

Tiebas
Refuge pour pèlerins, 12 places, clefs chez José Mari, tél : 948 36 02 22. Nuitée et PdJ à 12 €.

Dans les villages suivants : Campanas, Biurrun, Ucar, aucun commerce.

Eunate
Refuge à proximité de l'église octogonale tenu par un hospitalier. Ce refuge est fermé l'hiver.

Jusqu'à Tiebas, l'étape d'aujourd'hui est la copie conforme de celle d'hier. Il faut emprunter d'incessants petits chemins qui serpentent à flanc de collines. Et s'il a plu le risque est grand de glisser sur les larges plaques de grès naturel qui parsèment le parcours, soyez prudent !

Attention cette première partie d'étape jusqu'à Tiebas est difficile, mais très belle car le sentier serpente bien loin du bitume. Peu à peu on sent l'approche de la grande agglomération de Puente la Reina. On aperçoit d'abord sur la droite au loin les faubourgs de Pampelune (Iruna en Basque), puis le canal de Navarre qui tente de gérer au mieux la ressource précieuse qu'est l'eau. Les bourgs se rapprochent les uns des autres.

Obanos
Refuge pèlerins chez Juan, 42 places, nuitée à 8 €, cuisine en gestio libre, PdJ à 3.50 €. Bar.

Puente la Reina
Ville tous commerces.

Refuge pèlerins des pères Reparadores, 90 places, tél : 948 34 00 50, nuitée à 5 €, cuisine en libre gestion.

Refuge Santiago Apostol, après le pont, 90 places, tél : 948 34 02 20, ouvert d'avril à octobre, pas de cuisine.

Hôtel Bidean, 2 Calle Mayor, tél : 948 34 11 56, chambres à partir de 40 €.

Hôtel Jakue***, tél : 948 34 10 17, 38 places en dortoir à 11 €. Mais aussi chambres à partir de 65 €.

A voir, à visiter à Puente La Reina

Le couvent des Pères reparadores. Le Pont de la Reine Dona Mayor. L'Eglise de Santiago (XIIe), située dans la Calle Mayor, et qui conserve une des plus belles sculptures polychromes de l'Apôtre saint Jacques du Chemin (Beltza). L'église San Pedro (XIVe).

Monreal - Puente la Reina 212

Dans la deuxième partie de l'étape on quitte sans regret la terre poussiéreuse ou boueuse (selon la saison) et ce sont de larges pistes de craie blanche qui dégagent enfin le paysage.

A Obanos, il est possible de trouver une halte pour la nuit, mais il n'y a aucun ravitaillement possible, c'est pour cela qu'il est plus sage de poursuivre à quelques kilomètres de là vers Puente la Reina. Il est désormais fréquent de voir au loin sur le chemin un sac à dos se balancer sur le chemin … De quoi faire de nouvelles rencontres amicales !

A Puente la Reina il restera encore 700 km pour rejoindre Saint-Jacques-de-Compostelle… Buen Camino ! Buen Viaje !

<u>Chemin à suivre pour les pèlerins à pied</u>

Laisser le refuge dans votre dos et rejoindre à 80 mètres devant vous la ruelle centrale du village. Laisser sur votre gauche le Centro Parroquial. Sur la route principale du village (mairie en face), tourner à gauche par la rue qui monte et quitter le village par la Calle del Burgo.

Poursuivre tout droit par la piste gravillonnée qui serpente à travers les champs (fléchée vers Tiebas 14 km). Parcourir 1 petit kilomètre avant un petit cours d'eau qui vient de la gauche, quitter la piste pour un sentier étroit sur la droite entre 2 haies.

Passer à proximité du Crucero de San Blas et franchir une petite passerelle en bois de 2 mètres de long et poursuivre sur le sentier entre les haies. Après le pont (borne jacquaire) tourner à gauche pour franchir le rio Elorz et poursuivre par la piste de cailloux blancs qui se dirige dans un premier temps vers la montagne.

À mi-pente, la piste vire à droite vers Yarros (clocher visible) La piste remonte en serpentant à flanc de colline vers le village (excellent balisage local).

Laisser l'église à droite et poursuivre en face par la route bitumée qui monte légèrement (borne et coquille). Après 400 mètres, laisser le cimetière sur la droite et poursuivre par le petit raidillon et laisser le village de Botano sur la droite.

Poursuivre par le sentier qui passe au dessus du village, ce sentier serpente à flanc de collines par de petites montées et de petites descentes quelquefois dangereuses, boueuses et glissantes par temps de pluie. Franchir un portillon (qu'il faut refermer).

Sur la route de l'usine à ciment et matériaux de construction, tourner à gauche et monter en direction du rocher visible à 50 mètres. Poursuivre tout droit. Dans la montée, emprunter sur la droite le chemin qui quitte la route pour rejoindre Ezperun. Dans un virage, poursuivre tout droit (fléchage vers Tiebas 6 km), par la piste blanche qui monte vers le sommet.

Après 300 mètres, au virage à gauche, quitter le chemin pour prendre le sentier discret à droite et qui débute par 4 marches. Après de nombreux méandres au village de Guerendiain, passer derrière l'église du village puis, à la fourche, prendre l'embranchement de droite (belle pierre fléchée Buen Camino), par le chemin qui descend.

Laisser une usine sur la gauche (carrière extraction de granit) et poursuivre par la piste de cailloux blancs qui descend en serpentant. Au bloc de grès (borne jacquaire) s'engager dans le petit sentier qui serpente dans les bosquets, et poursuivre ensuite à flanc de coteau vers Tiebas (forêt de chênes et de houx).

Après 2 Km au carrefour suivre le bon balisage jaune qui se poursuit droit devant et qui descend. La piste blanche rejoint la route nationale que vous traverserez en direction des ruines d'un château visible au loin. Sur une deuxième route bitumée à l'entrée de Tiebas, poursuivre tout droit en laissant les ruines du château à droite. À la fourche à l'entrée de Tiebas, prendre l'embranchement de droite (fléchage albergue) par la calle mayor.

Monter jusqu'à l'église que vous laisserez sur la gauche, poursuivre sur la route principale. Le refuge se trouve à la fourche suivante. Pour poursuivre vers Puente la Reina, emprunter l'embranchement de gauche par une route bitumée qui se dirige vers un lotissement neuf. Se diriger ensuite vers l'usine en laissant le lotissement à droite.

Suivre la direction de Campo de Futbol que vous laisserez ensuite sur votre droite. Prendre la route bitumée qui descend fortement par un sentier de terre (borne jacquaire). Passer sous une ligne de moyenne tension. Delaisser ensuite l'axe principal pour prendre sur la gauche un sentier entre les taillis (fléchage parfait). On rejoint le sentier quitté il y a peu et qui longe l'autoroute. Au rond-point suivant, tourner sous l'autoroute et passer un deuxième pont à 100 mètres (attention à la circulation).

Obanos, la place du village

Engagez-vous ensuite dans un chemin qui démarre et monte à gauche (panneau en bois de présentation du chemin) et laisser sur la gauche un terrain militaire. A la voie ferrée (voie unique), poursuivre vers Muruartede Reta. Avant de rentrer dans le village, à la première maison, tourner à droite pour passer sous le pont RENFE.

50 mètres après, monter les 19 marches. Face à la Calle San Esteban (maison Murugain) à l'angle, tourner à gauche par la route qui descend. Après 100 mètres (fourche) prendre l'embranchement de droite qui monte légèrement. On arrive ensuite au village de Olcoz (bar restaurant à gauche à 200 mètres), et avant d'entrer dans le village tourner à droite par la rue bitumée pour contourner le village par la droite.

Après 100 mètres emprunter ensuite sur la droite la piste blanche qui descend fortement. Dans la descente, emprunter sur la gauche la piste (borne jacquaire). Dans cette descente vous pouvez voir le canal de Navarre à gauche. Plus loin vous passez au-dessus de ce canal sur la montagne.

200 mètres après, à une toute petite fourche, s'engager sur le sentier de gauche (caïrn à gauche) qui se rétrécit plus loin. Laisser sur la droite une oliveraie. Franchir ensuite une piste et poursuivre la descente à flanc de colline pour rejoindre une piste blanche que vous emprunterez vers le village.

Attention : À la hauteur de plants de vignes plantés à droite, engagez-vous (après les vignes) à droite par un sentier qui part discrètement entre 2 haies (borne jacquaire) et qui longe un petit cours d'eau discret. Franchir la route bitumée et laisser sur la droite la coopérativa Cerealista Orvalaiz, et poursuivre par la piste blanche jusqu'à rejoindre le bourg.

Sur la place du village, poursuivre tout droit par la route principale, puis par la piste qui tourne le dos au village (très bon balisage local). Après 2 km apparaît à droite la chapelle de Eunate. S'engager à droite par la piste qui se dirige vers la chapelle (borne jacquaire, panneau indicateur à gauche indiquant Puente la Reina à 5,5 km).

À la chapelle poursuivre par la piste qui se dirige vers le haut de la colline par un sentier qui monte entre les champs. De l'autre côté de la colline, prendre la piste qui part à droite et vire ensuite rapidement à gauche.

Après 1 km, franchir un petit cours d'eau. Sur la route NA 601, poursuivre tout droit (très bon balisage local). Après la bergerie, tourner à gauche et laisser plus loin sur la droite le cimetière. Après 100 mètres, franchir le Stop et la route pour poursuivre tout droit vers Obanos par la route qui monte fortement.

À la fourche à l'entrée d'Obanos, prendre l'embranchement de droite par la ruelle qui monte encore plus fortement. Sur la pace du village (Plaza San Guillermino), prendre l'embranchement de gauche (fléchage jaune) et retrouver la Plaza de Los Fueros.

Franchir le porche sur votre gauche, l'auberge des pèlerins d'Obanos se trouve à 150 mètres avant de franchir le porche sur la droite. Rejoindre la route principale puis emprunter sur la gauche la route qui part perpendiculairement pour laisser plus loin la chapelle Ermita de San Savlador sur la gauche.

Quitter Obanos pour s'engager par un sentier à gauche qui descend vers la route NA 601 au kilomètre 12. Sur cette route NA601, tourner à gauche vers Puente La Reina. Après 300 mètres, quitter la route nationale et prendre sur la gauche la route en sens interdit qui descend. Laisser l'Hôtel Jakue sur la gauche. Pour rejoindre Puente la Reina-Gares et le refuge des pères Reparadores, tourner à gauche à l'entrée de la ville.

Eunate

L'église de Santa-Maria d'Eunate appartient à la municipalité de Muruzabal. Isolée, elle est à un kilomètre de la route. Cette construction romane octogonale est très originale. Datant du XIIe siècle, ses côtés sont inégaux comme tant d'autres, qui ont été construites à des fins funéraires sur le modèle du Saint-Sépulcre de Jérusalem.

Sur la façade méridionale, un phare guidait les pèlerins comme à Torres del Rio. Dans la chapelle principale, on vénère la reproduction d'une statue romane de la Vierge d'Eunate dont l'original a disparu. Mais la plus grande surprise de cette église reste la galerie découverte qui l'entoure complètement.

Les trois côtés sud sont romans, alors que les autres sont du XVIIIe siècle. Il semblerait que l'église ait fait partie d'un hôpital pour pèlerins dirigé par l'ordre des hospitaliers de Saint-Jean. De récentes fouilles ont mis à jour des tombeaux de pèlerins ornés de coquilles Saint-Jacques.

Puente la Reina

On entre à Puente la Reina par la "Calle Mayor", enserrée dans une succession de manoirs, de petits palais et de maisons bourgeoises remarquables. On y découvre aussi l'église du Crucifix qui communique avec l'auberge des pèlerins par un très bel arc gothique.

Dans la même rue se situe l'église de Saint-Jacques-le-Majeur, à l'intérieur de laquelle se trouve la célèbre statue de bois, connue populairement sous le nom de "El beltza", ce qui veut dire : le noir, parce que retrouvée sous une épaisse couche de suie !

On sort de Puente la Reina par la "Calle Mayor", en traversant le pont qui lui a donné son nom. C'est un magnifique ouvrage à six arches, dont "le dos rond" enjambe superbement le rio Arga.

A quelques kilomètres de Puente la Reina, la chapelle d'Eunate...

Vos remarques nous interéssent,

pour la prochaine édition

Nous avons vérifié la totalité des informations contenues dans cet ouvrage : chemin à suivre, hébergements, gîtes d'étapes, petits restaurants de campagne, épiceries...

Cependant, les campagnes françaises et espagnoles changent et de nouvelles possibilités de gîtes et d'hébergements apparaissent, tandis que d'autres ferment...

Merci de nous signaler tous les changements, bons tuyaux, adresses inédites, ou bonnes tables que vous aurez pu relever durant votre randonnée.
Nous tiendrons compte de vos remarques dans la prochaine édition.

Envoyez-nous vos remarques sur papier libre en y joignant les coordonnées des établissements que vous avez repérés (éventuellement factures, cartes de visites, photo...).

Nous insérerons vos noms et prénoms dans la prochaine édition.

Merci de joindre ce bulletin qui nous permettra de vous identifier et de vous répondre.

Nom : ....Prénom : ....

Adresse : ....
....

e-mail : ....@..

Guide via Tolosana

LEPERE EDITIONS
13 Bourg 27 270 Grand Camp
http://www.lepere-editions.com

Les adresses des amis rencontrés sur le Chemin

Nom……………….Prénom ……….....……………...
Adresse postale…………………………………………….
………………………………………………………………….
Ville……………………..Pays …………………………...
E-mail ………………………………………………...……

Nom……………….Prénom ……….....……………...
Adresse postale…………………………………………….
………………………………………………………………….
Ville……………………..Pays …………………………...
E-mail ………………………………………………...……

Nom……………….Prénom ……….....……………...
Adresse postale…………………………………………….
………………………………………………………………….
Ville……………………..Pays …………………………...
E-mail ………………………………………………...……

Nom……………….Prénom ……….....……………...
Adresse postale…………………………………………….
………………………………………………………………….
Ville……………………..Pays …………………………...
E-mail ………………………………………………...……

Nom……………….Prénom ……….....……………...
Adresse postale…………………………………………….
………………………………………………………………….
Ville……………………..Pays …………………………...
E-mail ………………………………………………...……

Nom……………………Prénom ……………..…………...
Adresse postale…………………………………………….
……………………………………………………………..
Ville……………………….Pays ………………………...
E-mail ……………………………………………...………

Nom……………………Prénom ……………..…………...
Adresse postale…………………………………………….
……………………………………………………………..
Ville……………………….Pays ………………………...
E-mail ……………………………………………...………

Nom……………………Prénom ……………..…………...
Adresse postale…………………………………………….
……………………………………………………………..
Ville……………………….Pays ………………………...
E-mail ……………………………………………...………

Nom……………………Prénom ……………..…………...
Adresse postale…………………………………………….
……………………………………………………………..
Ville……………………….Pays ………………………...
E-mail ……………………………………………...………

Nom……………………Prénom ……………..…………...
Adresse postale…………………………………………….
……………………………………………………………..
Ville……………………….Pays ………………………...
E-mail ……………………………………………...………

Nom……………………Prénom ……………..…………...
Adresse postale…………………………………………….
……………………………………………………………..
Ville……………………….Pays ………………………...
E-mail ……………………………………………...………

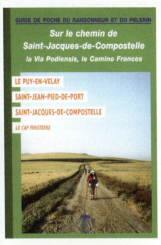

FRANCE ET ESPAGNE...

LE PUY - SAINT-JACQUES-DE-COMPOSTELLE
Tous les hébergements répertoriés sur le chemin, l'histoire d'un chemin millénaire, les astuces à connaître avant de se lancer dans la grande aventure.

Prix : 25 E + 3 E de port.
LEPERE EDITIONS
13 Bourg
27270 Grand Camp

En vente sur http://www.lepere-editions.com

LA VOIE DE VEZELAY

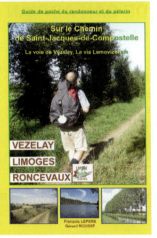

Le premier guide officiel de la voie de Vézelay, édité la première fois en janvier 2000. Cette réédition mise à jours (tout en couleur) permet de rejoindre Roncevaux.
Il intègre les 2 chemins (Bourges au nord et Nevers au sud). Il possède des cartes IGN et les plans des principales grandes villes (Nevers, la Charité-sur-Loire, Saint-Amand-Montrond, Bourges, Issoudun, Chateauroux, Argenton-sur-Creuse, Limoges, Périgueux, Mont-de-Marsan, Orthez). Cet ouvrage est coédité en collaboration avec 2 associations de la voie de Vézelay, (Berry, Landes).

Prix : 22 E. E + 3 E de port

LE CHEMIN DE TOURS ET PARIS

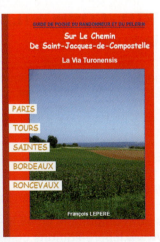

PARIS - SAINTES - RONCEVAUX

Sans doute le guide le plus précis et le plus riche en hébergements et facilités que l'on trouve sur le chemin mais aussi dans un périmètre de 5 km tout autour de l'itinéraire. Ce guide vous explique très précisément le Chemin à suivre sur les 900 km de Paris jusqu'aux portes de l'Espagne.

Prix : 22 E + 3 E de port.

LEPERE EDITIONS 13 Bourg
27270 Grand Camp

LA VIA DE LA PLATA
SEVILLE - MERIDA - SALAMANQUE
SAINT-JACQUES-DE-COMPOSTELLE

Pour les pèlerins qui aiment l'histoire, les grands paysages et les beaux monuments, ce guide ouvre le chemin Mozarabe. Il liste hébergements et commerces. Il contient les plans des grandes villes espagnoles avec la localisations des hébergements.

Prix : 15 E + 2.90 de port.

LEPERE EDITIONS
13 bourg 27270 Grand Camp

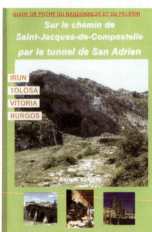

LE TUNNEL DE SAN ADRIAN
IRUN - VITORIA - BURGOS

Cet ouvrage ré-ouvre le Chemin primitif
à travers le Pays Basque pour rejoindre le
Camino Francés à Burgos...
Il décrit parfaitement le chemin à suivre,
les hébergements...

Prix : 22 + 3 E de port.
En vente sur http://www.lepere-editions.com

LISBONNE - PORTO - COMPOSTELL
La via Lusitana

Hébergements, itinéraire à suivre et historique
du Chemin de Saint-Jacques au Portugal...

Prix : 22 E + 3 E de port.

LEPERE EDITIONS
13 bourg
27270 Grand Camp

**Tous ces guides sont disponible en 48 h
sur le site http://www.lepere-editions.com**

Les 37 étapes de la voie d'Arles

Dossier conseil   Page   005

Etape N°01 d' Arles à Saint-Gilles	Page	016
Etape N°02 de Saint-Gilles à Gallargues	Page	024
Etape N°03 de Gallargues à Montpellier	Page	029
Etape N°04 de Montpellier à Montarnaud	Page	036
Etape N°05 de Montarnaud à Saint-Guilhem	Page	039
Etape N°06 de Saint-Guilhem à St Jean-de-la-Blaquière	Page	045
Etape N°07 de St Jean-de-la-Blaquière à Lodève	Page	048
Etape N°08 de Lodève à Lunas	Page	052
Etape N°09 de Lunas à St Gervais-sur-Mare	Page	057
Etape N°10 de St Gervais-sur-Mare à Murat-sur-Vèbre	Page	061
Etape N°11 de Murat-sur-Vèbre à La Salvetat-sur-Agout	Page	066
Etape N°12 de La Salvetat-sur-Agout à Anglés	Page	069
Etape N°13 d' Anglés à Boissezon	Page	073
Etape N°14 de Boissezon à Viviers-les-Montagnes	Page	077
Etape N°15 de Viviers-les-Montagnes à Revel	Page	084
Etape N°16 de Revel à Montferrand	Page	090
Etape N°17 de Montferrand à Baziège	Page	094
Etape N°18 de Baziège à Toulouse	Page	100
Etape N°19 de Toulouse à Léguevin	Page	110
Etape N°20 de Léguevin à L'Isle-Jourdain	Page	115
Etape N°21 de L'Isle-Jourdain à Gimont	Page	119
Etape N°22 de Gimont à Auch	Page	124
Etape N°23 de Auch à Montesquiou	Page	132
Etape N°24 de Montesquiou à Marciac	Page	137
Etape N°25 de Marciac à Lahitte-Toupière	Page	143
Etape N°26 de Lahitte-Toupière à Morlaàs	Page	148
Etape N°27 de Morlaàs à Lescar	Page	155
Etape N°28 de Lescar à Lacommande	Page	161
Etape N°29 de Lacommande à Oloron-Sainte-Marie	Page	166
Etape N°30 de Oloron-Sainte-Marie à Sarrance	Page	173
Etape N°31 de Sarrance à Borce	Page	178
Etape N°32 de Borce au col du Somport	Page	182
Etape N°33 du col du Somport à Jaca	Page	187
Etape N°34 de Jaca à Arrés	Page	195
Etape N°35 de Arrés à Ruesta	Page	199
Etape N°36 de Ruesta à Sanguësa	Page	203
Etape N°37 de Sanguësa à Monreal	Page	207
Etape N°38 de Monreal à Puente-la-Reina	Page	211

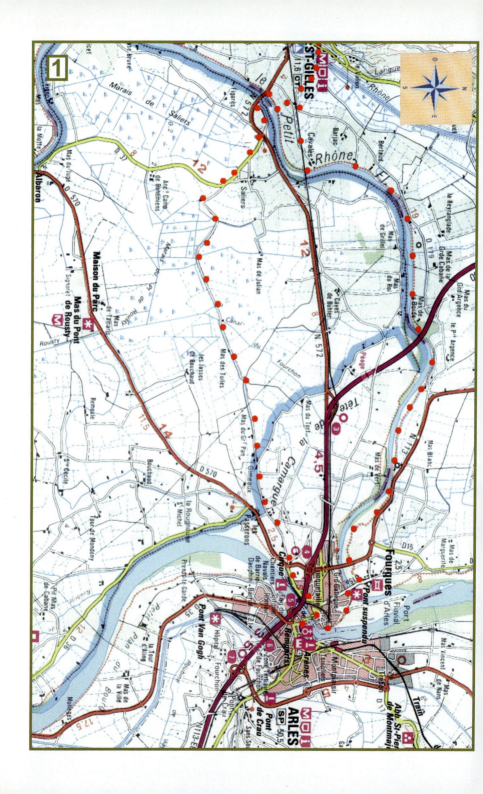

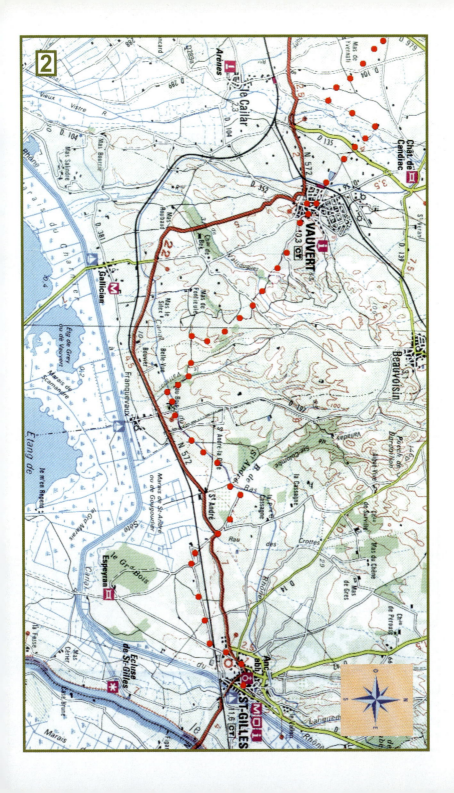

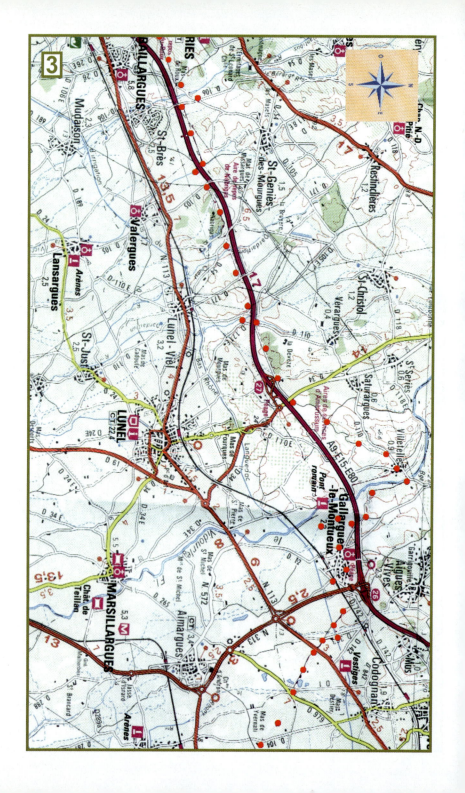

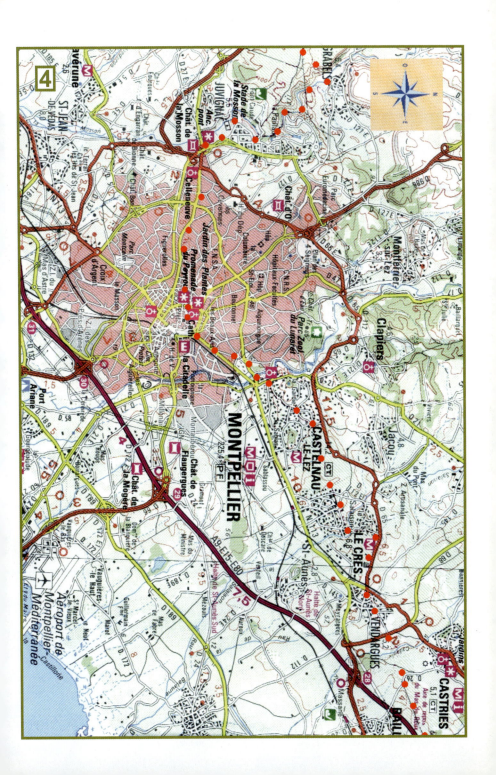

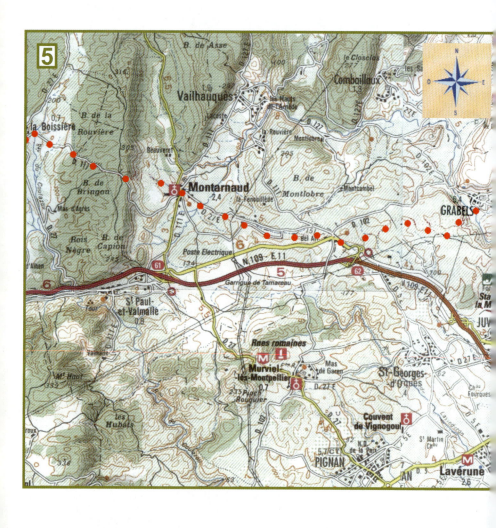

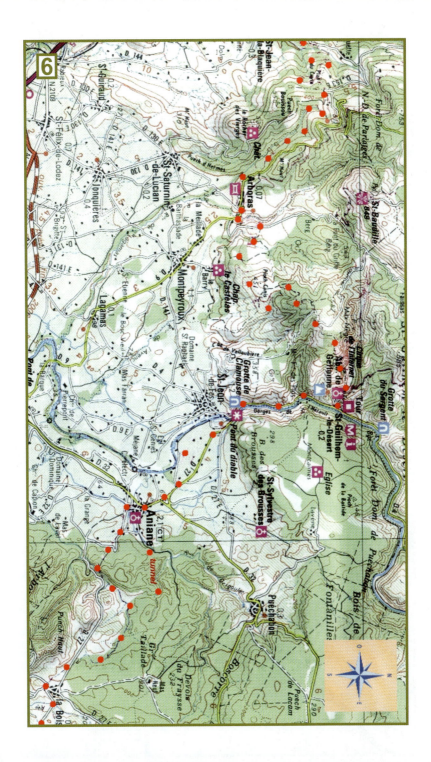

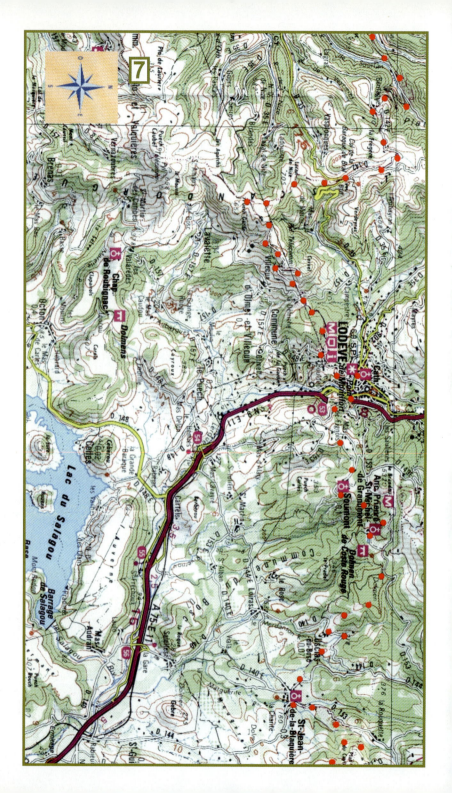

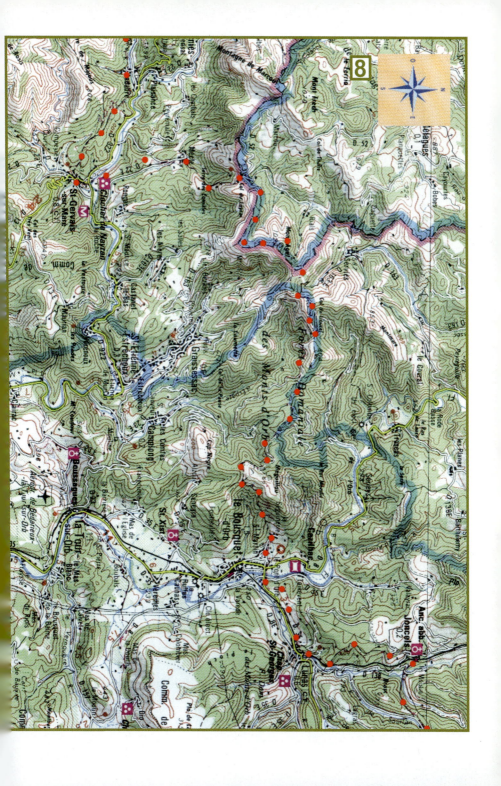

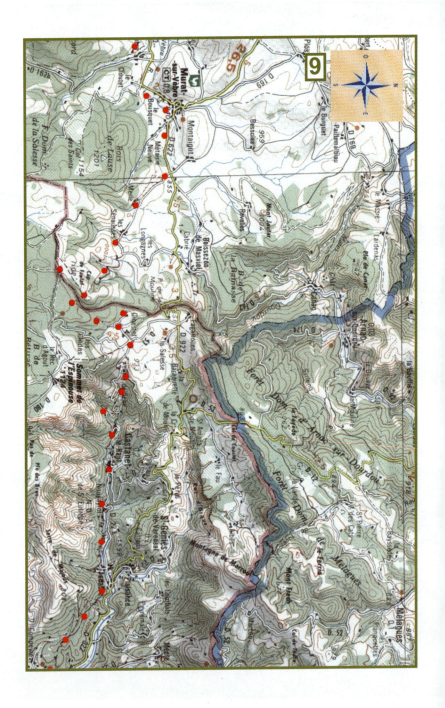

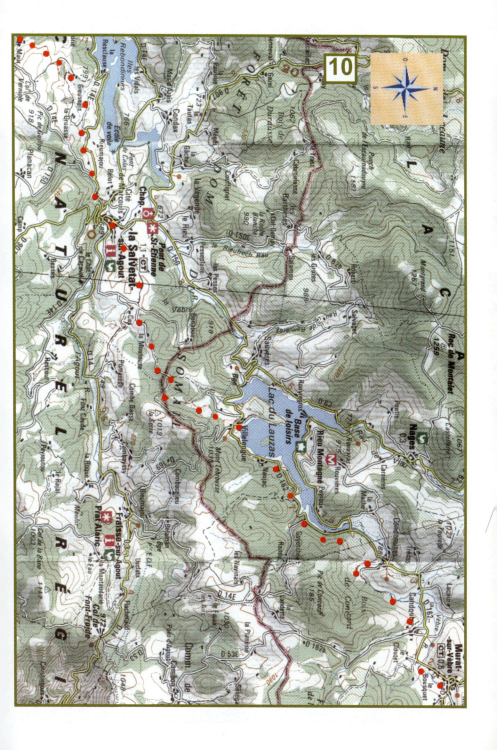

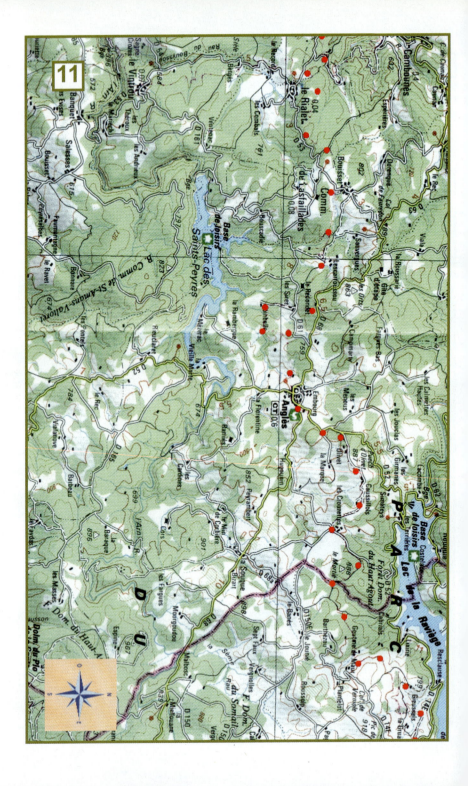

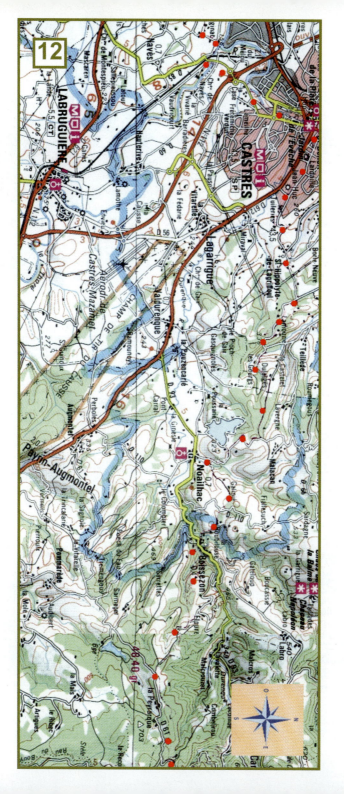

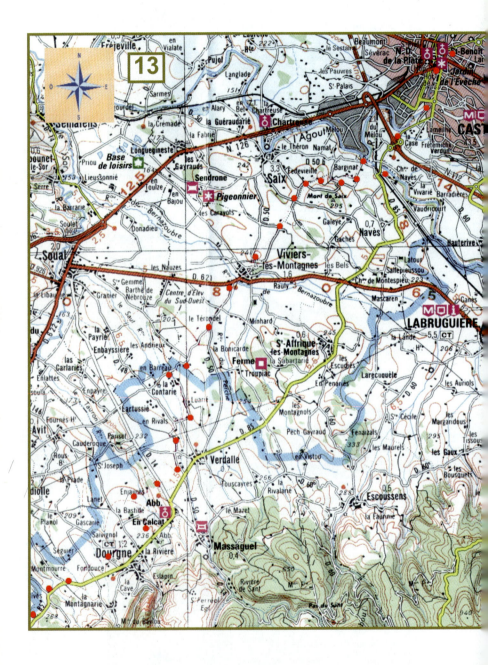

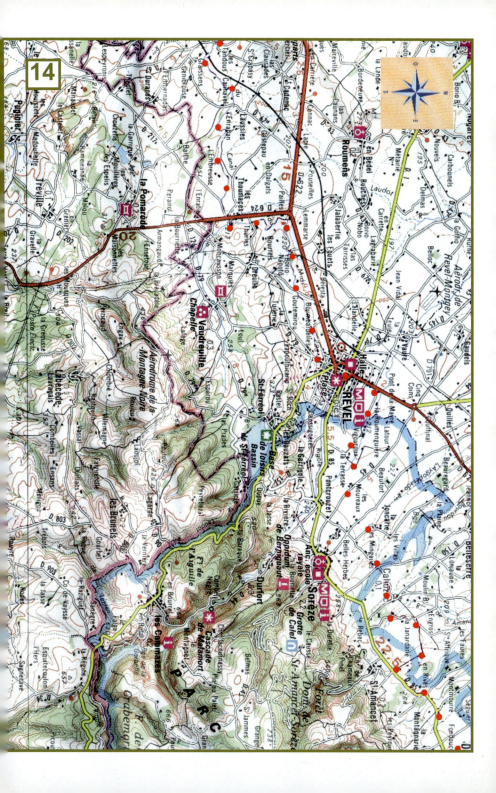

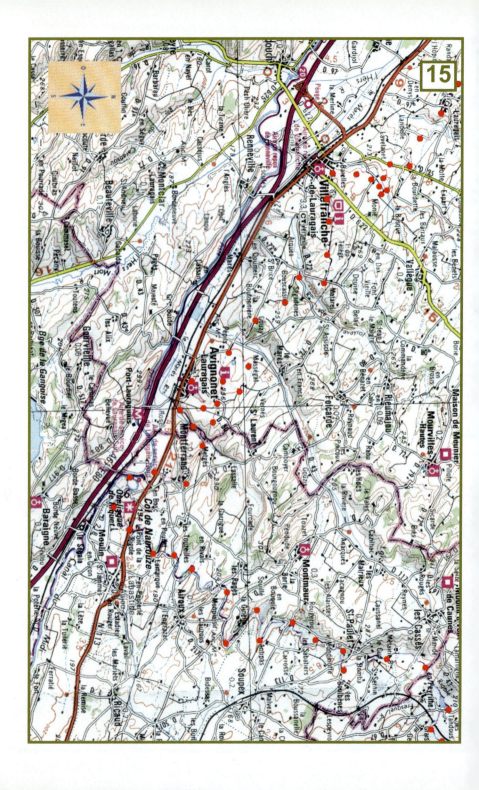

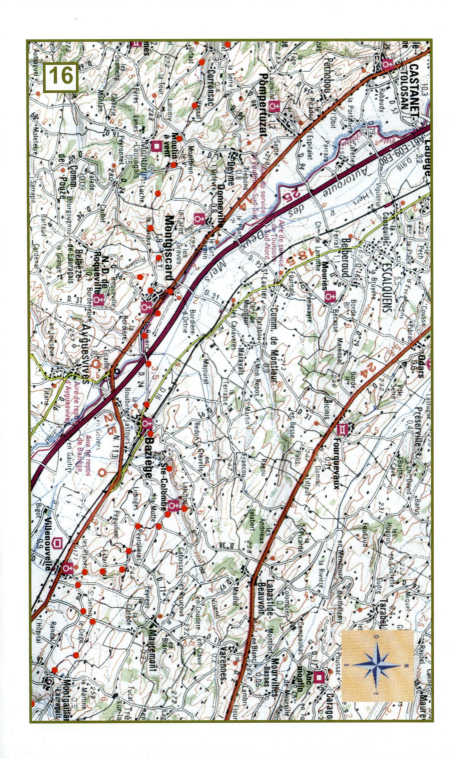

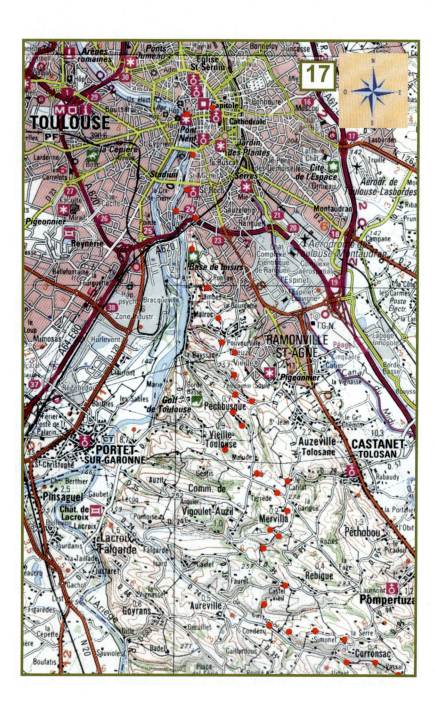

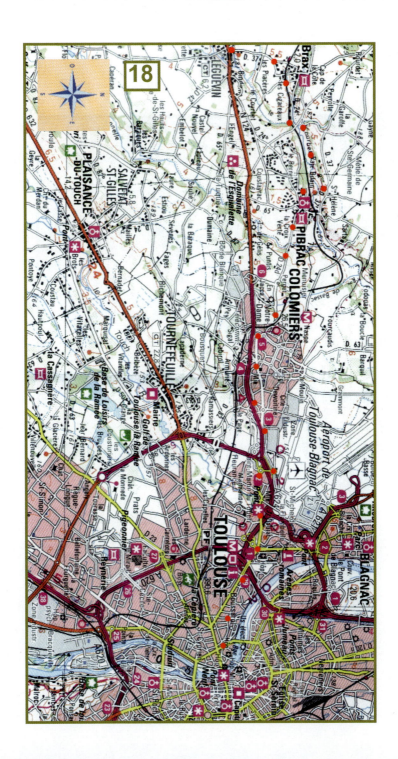

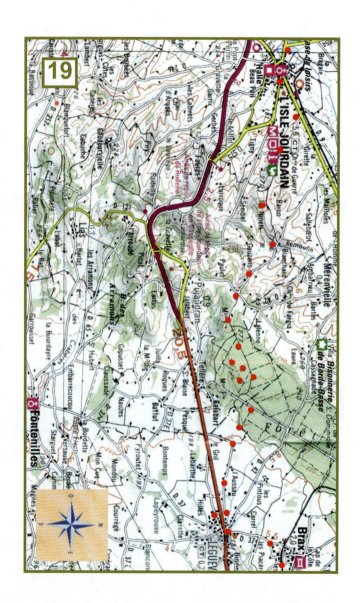

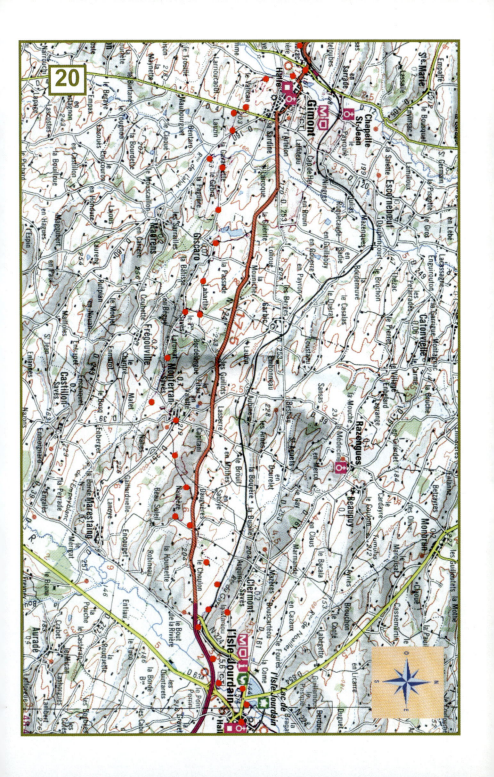

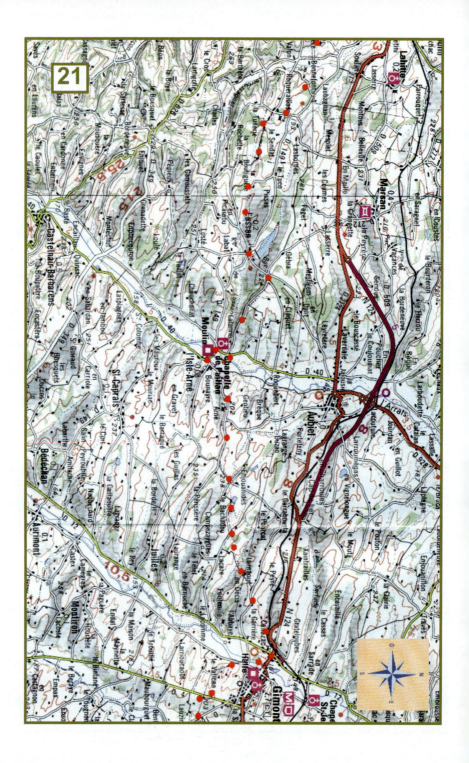

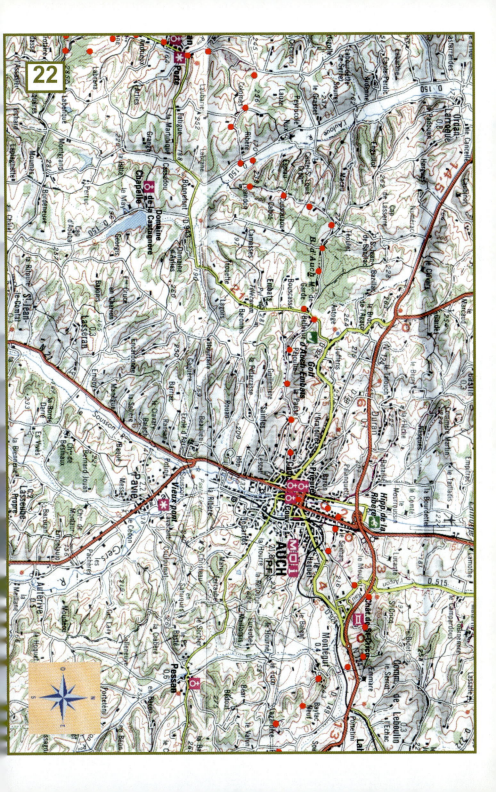

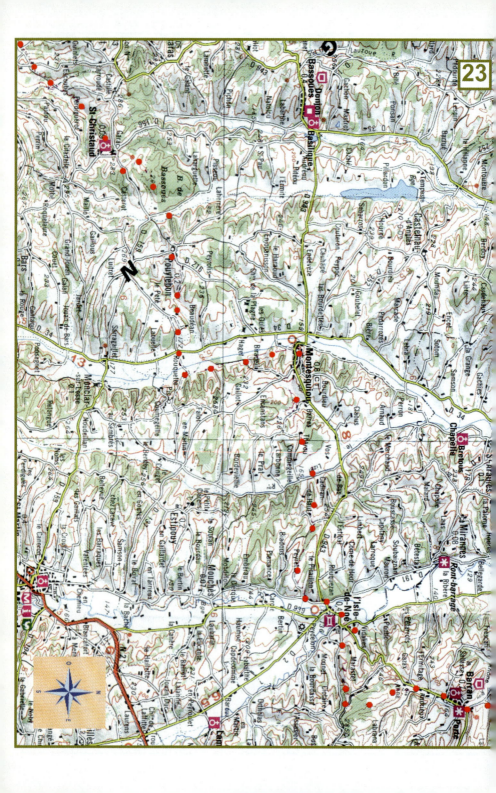

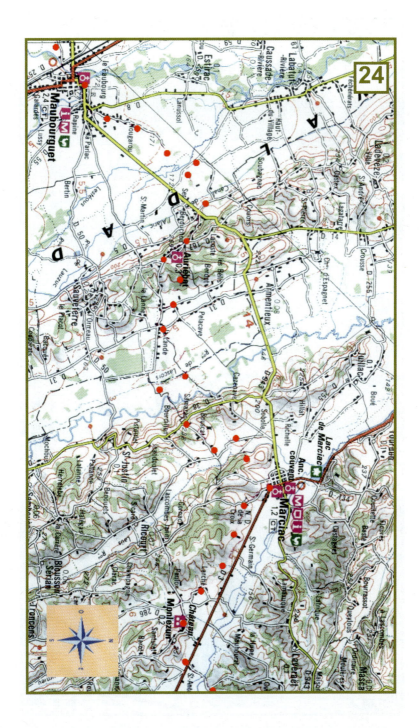

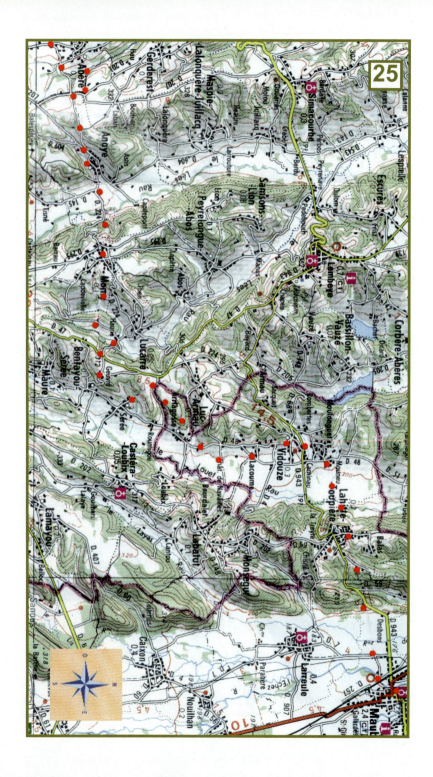

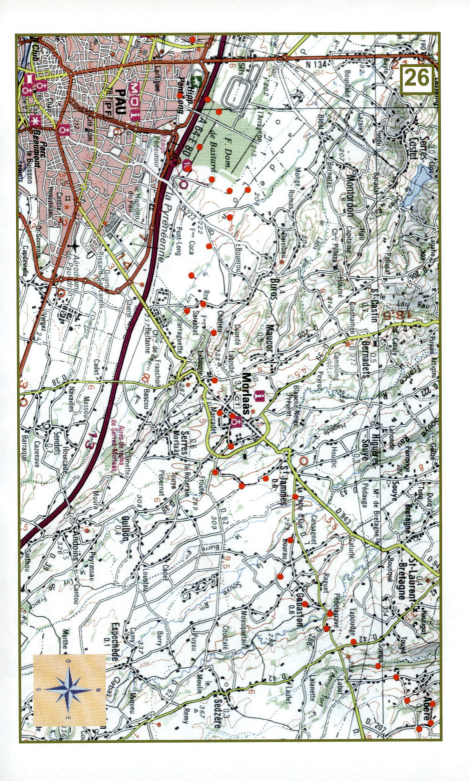

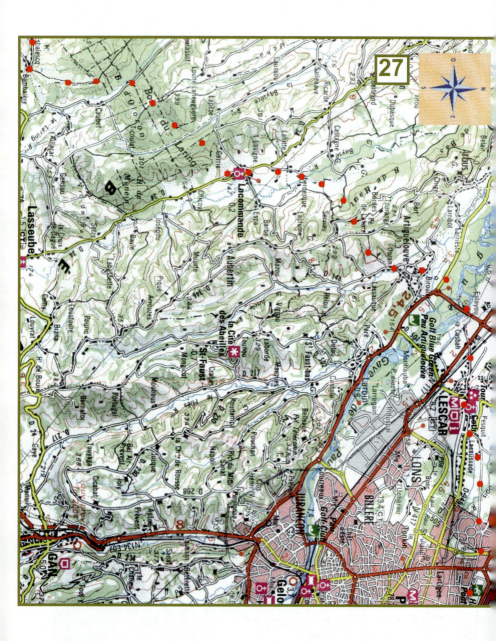

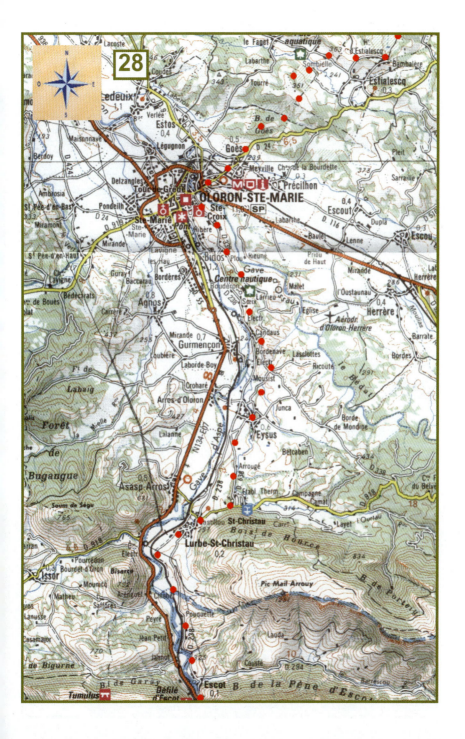

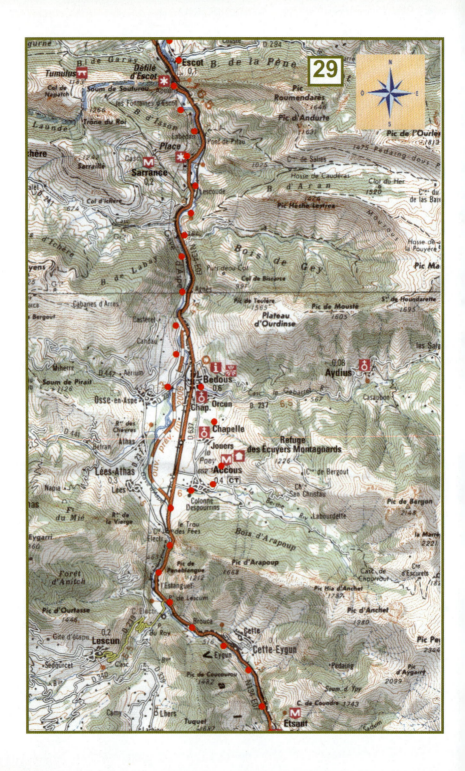

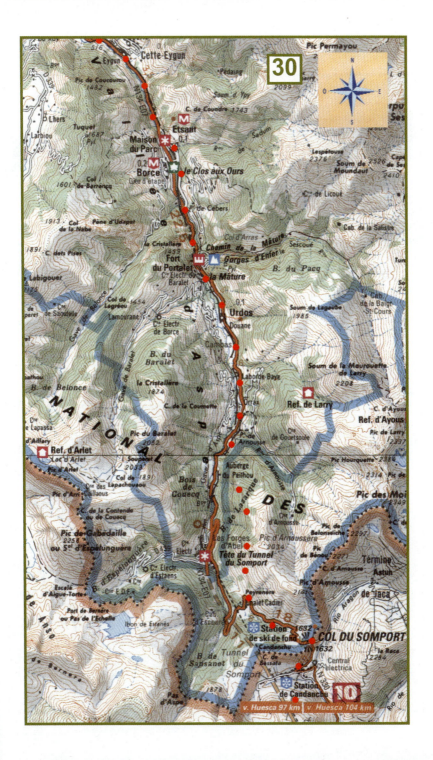

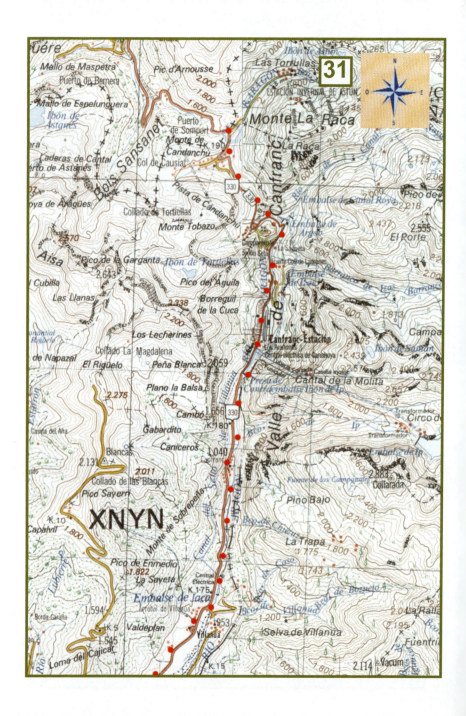

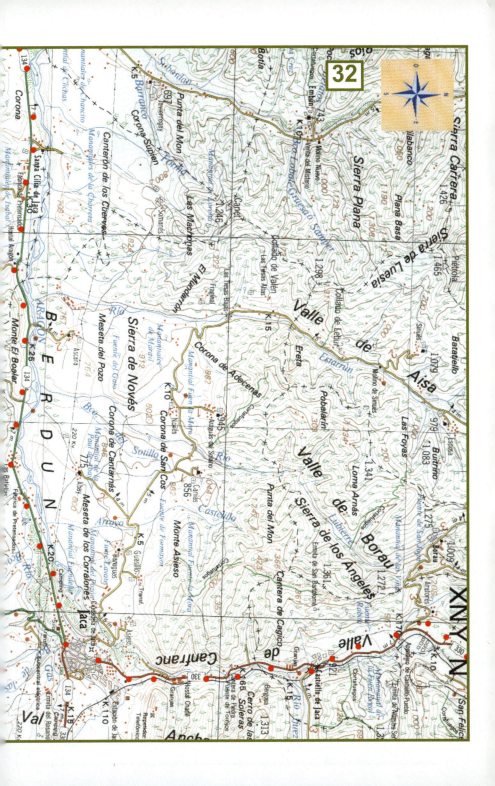

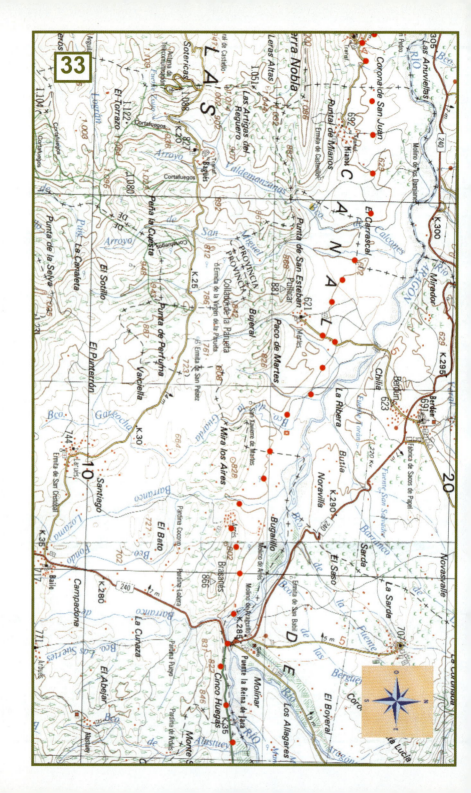

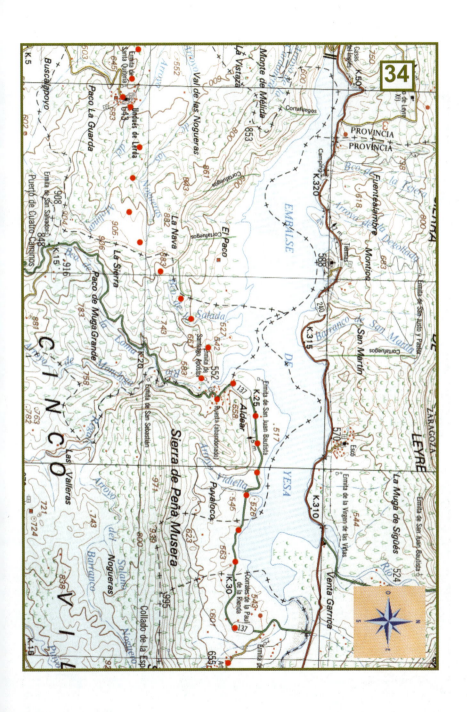

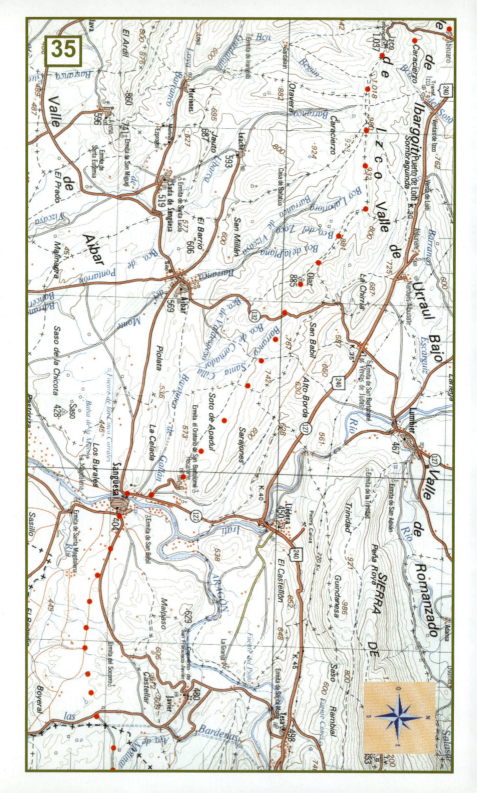

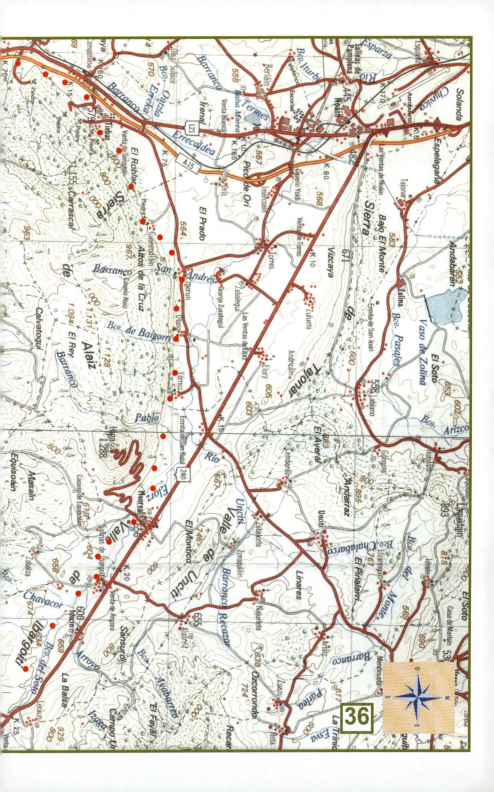

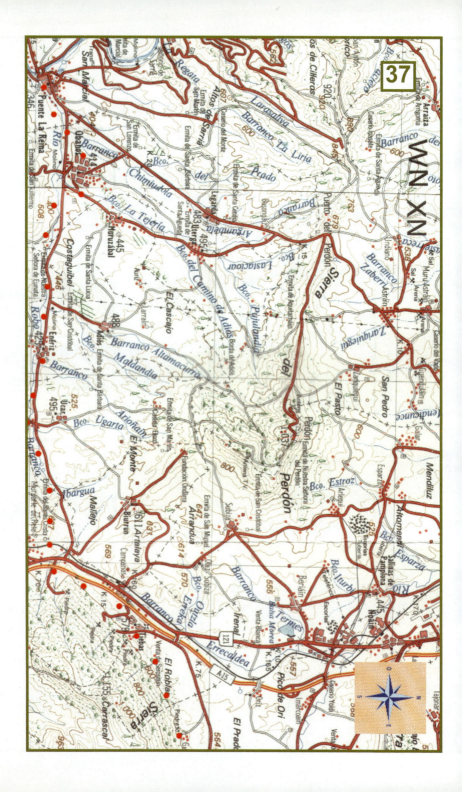